JN438928

이라크 교회

초기부터 우리 시대까지 교회의 역사와 발전과 사명

La Chiesa in Iraq
Storia. sviluppo e missione, dagli inizi ai nostri giorni
by Fernando Filoni

이라크 교회

— 초기부터 우리 시대까지 교회의 역사와 발전과 사명

교 회 인 가 • 2025년 3월 17일
제1판 제1쇄 • 2025년 3월 31일

지은이 • 페르난도 필로니
옮긴이 • 한영만
펴낸이 • 최준규
펴낸곳 • **가톨릭대학교출판부**
등 록 • 제300-1989-1호(1989년 1월 13일)
주 소 • 03083 서울시 종로구 창경궁로 296-12
전 화 • 02-740-9718
전 송 • 02-745-9793
전자우편 • cukpress@catholic.ac.kr
홈페이지 • http://press.catholic.ac.kr
인쇄제작 • 재영아트

ISBN 978-89-7108-393-2 93230

값 20,000원

초기부터 우리 시대까지 교회의 역사와 발전과 사명

페르난도 필로니 지음
한영만 옮김

가톨릭대학교출판부

✣✣✣ 차례 ✣✣✣

— 제 4 장 —

20세기 인구학적·지리적 격변과 이라크의 탄생

— 제 5 장 —

교황청과 이라크

/한/국/어/판/ /서/문/

가톨릭대학교출판부는 문화와 의식, 언어가 한국 교회와는 다른 교회의 역사를 한국어로 번역하여 출판하기로 결정했습니다. 그러나 두 교회는 같은 대륙에 속해 있습니다. 한 교회는 이라크, 다시 말해서 메소포타미아 지역에, 그리고 다른 한 교회는 한반도에 자리하고 있습니다. 비록 두 교회는 지역적으로 멀리 떨어져 있지만 자신들의 고유한 역사 속에서 고대 철학과 문화와 매혹적인 종교적 표현들을 발전시켜 왔습니다. 또한 수 세기에 걸쳐 이 교회들은 눈부신 발전을 거듭해 왔습니다.

저는 이 책의 출판에 전념해 준 번역자와 가톨릭대학교출판부에 감사드립니다.

이 책의 저자로서 저는 스스로에게 물었습니다. 과연 아주 오래되고 다른 표현들로써 그리스도교를 다룬 어떤 책이 종교적 혹은 문화적 감성에 있어서 전혀 공통점이 없는 독자들의 관심을 유발할 수 있는가? 저는 있다고 생각합니다. 바로 그렇게 다르기 때문에 관심의 대상이 될 수 있다는 것입니다.

저는 어떻게 한반도에 복음이 전해졌는지에 대해서 생각해 보았습니다: 복음이 얼마나 독창적이고 매혹적인 방식으로 전달되는지 놀라움을 감출 수 없습니다. 한반도에서 복음 전파는 선교사들의 시작으로 이루어지지 않았습니다. 오히려 한국의 몇몇 학자들이 복음을 원했던 것입니다. 그 후 가혹한 박해의 시기를 거치는 동시에 풍요로운 발전의 시기도 있었습니다. 저는 오랜 세월 동안 동방에 거주했고 또 인류복음화성 장관으로 재직하며 한국을 방문하는 기회를 가졌기에, 이 교회에 대하여 알게 되었고 그래서 엄청난 존경심을 지니고 있습니다. 저는 프란치스코 교황님이 한국 교회를 사목 방문하실 때(2014년 8월) 함께 방문할 수 있었으나, 교황님이 출발 전날 저에게 이라크에 있는 그리스도교인들에게 위로와 연대감을 전달해 달라고 요청하셔서 한국을 교황님과 함께 방문하지는 못했습니다. 당시 이라크에는 소위 이슬람 극단주의 국가(ISIS)가 그리스도교인들을 그들의 지역과 마을에서 강제로 추방하고 있던 때였으며 상상할 수 없는 학살을 일삼고 있을 때였습니다. 저는 바로 이 지점(고통의 지점: 옮긴이 첨언)에서 아주 의미 있는 우연성을 만나게 되는데, 말하자면 두 교회가 만나는 지점이라고 본다는 것입니다.

역사란 과거와 현재, 다른 장소들과 전통들 사이의 무한한 대화라는 것이 사실이라면, 동방의 사도인 성 토마스의 복음선포에 뿌리를 둔 영웅적이고 아주 오래된 교회를 아는 것은 단지 호기심을 충족시키는 것만이 아니라 오히려 민족들 사이의 연결점을 강화하고, 필요한 우정 관계와 서로의 문화와 독특한 영적 감성을 깊이 존중하게 만드는 것이라고 생각합니다. 이 메소포타미아의 그리스도교는 그 영광스러웠던 역사 속에서 실크로드라는 길을 통하여 거대한 아시아 대륙의 중국까지, 그리고 그 너머까지 도달했던 것을 생각해 보시기 바랍니다.

이제 메소포타미아 교회/이라크 교회의 역사는 한국 독자들에게도 잘 알려질 수 있게 되었습니다. 이 교회가 비록 그 옛날의 관할 지역에 있어서 숫자적으로는 적지만, 아주 오래되고 단단한 뿌리를 가지고 있으며 전 세계에서 많은 나라에 그 소속 신자들이 분포해 있다는 점을 기억해야 하겠습니다. 또한 그들의 언어적, 전례적 전통은 위대한 교회 역사를 완성하는 부분을 차지한다는 점을 기억해야 하겠습니다. 그리고 잊지 말아야 할 점은, 그 교회들이 어디에 있든지 신앙과 아름다움과 용기 있는 증거적 삶에 있어서, 상호 친교 속에서 서로 도움을 주면서 하느님 백성을 감동시키고 관심을 이끈다는 점입니다.

이런 점은 여러 나라에 신자들을 두고 있는 한국 교회도 마찬가지입니다. 한국 교회는 선교적 신선함과 독특한 기원으로 유명한 교회입니다. 이런 점들은 지금 저로 하여금 사도 시대 그리스도교의 찬란한 유산과, 한반도에서 온화한 특성을 가진 찬란한 유산을 하나로 묶는, 소중하고 이상적인 연결점을 생각하게 만듭니다.

페르난도 필로니 추기경

/서/문/

중동, 특히 메소포타미아(현재의 이라크)의 그리스도교 역사를 이해하는 것은 그렇게 편안한 문화 체험이 아닙니다. 이를 위하여 이 지역의 개별적이고 극적인 상황들을 넘어서는 이유들을 이해하고 그리스도교인들의 삶과 문화, 신앙에 대한 증거, 그리고 그들의 고향에 대한 깊은 애착과 그들의 적들에 대한 불굴의 의지를 고취시키는 원동력을 이해하는 접근 방식이 요구됩니다.

우선 중요한 것으로, 두 가지 근본적인 현실에서 형성된 이 사람들의 고귀함을 이해하는 것이 필요합니다: 1) 소수민족으로서 자신의 가치, 출신, 문화에 대한 강한 애착이 있다는 점. 2) 이들은 순교자와 신앙의 증거자들의 직계 후손으로서 선조들의 가치와 신앙을 자랑스럽고 독특한 방식으로 지니고 있다는 점. 그들과 함께 살았고 그들의 길을 아는 사람들은 그들을 사랑할 수밖에 없습니다. 왜냐하면 이해는 우리가 그들의 이야기를 공유하고 참여할 수 있게 해 주기 때문입니다. 역사는 그 자체로 무지와 소외시킴, 무관용에 대한 승리이며 과거의 실수를 되풀이하지 않기 위한 존중을 요구합니다. 이런 이유 때문에 저는 이 글을 쓰는 것이 도움이 될 것이라고 여깁니다.

역사는 이 공동체가 수 세기에 걸친 징벌적 과세, 강요와 금지, 증오와 무관용, 시기(猜忌), 박해 속에서 어떻게 살아남았는지 말해줍니다. 이 모든 것은 이 그리스도교인들이 얼마나 놀라운 힘, 실용적이고 문화적인 적응력, 불굴의 신앙으로 살아남았는지를 보여 줍니다. 하지만 주님이 다시 오실 때 이 땅에 남아 있는 믿음을 발견하실 수 있을까요?

이 책은 메소포타미아에서의 그리스도교 공동체의 탄생과 성장, 발전을 시기적절하게 이해시켜 주려고 노력하고 있습니다. 또한 이 책은 이 공동체의 아름다움과 더불어 이 공동체가 처한 위기, 박해 상황에서의 신앙의 증거와 매우 강한 힘을 정치 사회학적 맥락에서 설명하고 있습니다. 이 그리스도교 공동체는 사도 시대까지 그 뿌리가 닿아 있는 공동체로서, 그리스도와 교회에 대한 사랑을 20세기까지 지속적으로 축적한 유산을 지니고 있습니다. 그리고 이 공동체는 시대의 권력 앞에 무릎을 꿇기보다는 모든 것을 기꺼이 버리고자 합니다.

베네딕토 교황과 프란치스코 교황이 말씀하신 것처럼 이 교회는 영웅적인 교회입니다. 이 교회가 없었다면 — 이와 비슷한 발자취를 남긴 중동의 모든 교회가 남긴 것처럼 — 현재의 교회는 없었을 것입니다. 이 지역에서 박해와 고난을 겪은 다른 많은 소수민족과 종교적 소수자들은 말할 것도 없습니다. 이 지역은 민족, 종교, 신앙이 모자이크처럼 얽혀 있는 곳입니다. 만약 그렇지 않았다면 이 지역은 영원히 파괴되었을 것입니다. 이러한 사실은 고위직 무슬림 지도자들과 평범한 무슬림 시민들 — 이들은 나에게도 자주 이 말을 했습니다 — 에 의하여 반복되는 일입니다. 이것은 긍정적인 것이기는 하지만 우리는 이 소수자들이 보다 쉽게 영구적으로 정착할 수 있도록 도와야 할 것입니다.

2014년 8월 10일 프란치스코 교황님이 저를 교황 특사로 이라크에 파견하시어, 이슬람 극단주의자들에 의하여 희생된 이들과 만나보고 대화하고 위로하고 함께 기도하며 연대했던 일이 있었습니다. 이것은 저에게 엄청난 감동을 준 체험이었습니다.

이 책은 제가 만났던 피해자들, 그리스도교인들이든 비그리스도교인들이든 남자든 여자든 구별 없이 그분들에게 감사의 말씀을 전하기 위하여 구상된 책입니다. 저는 당신들의 용기에 감사드리고, 희생과 사랑으로 두려움과 불안의 짐을 덜도록 노력한 분들에게 감사드립니다. 결코 그들의 용기와 희망이 줄어들지 않기를 희망합니다.

바로 이것이 저로 하여금 이 책을 완성하게 한, 강하게 타오른 염원입니다.

/들/어/가/면/서/

지정학적 배경

라마단 첫날인 2014년 6월 29일, 아부 바크르 알 바그다디는 이라크와 국경을 접한 시리아 동부에서 '이슬람 국가'의 칼리프 탄생을 선포했다. 지하디스트 반란은 승리와 학살을 이어갔다. 이 집단에 대해서 모술의 주민들은 꽤 오래전부터 알고 있었고 무엇인가 변화하고 있다고 느끼고 있었다. 시아파가 지배하는 바그다드 정치에 불만을 품었고 옛 바아디스트 정권에 대한 향수를 갖고 있는 모술의 수니파 사람들의 애정은 남달랐다. 사담 후세인 정권 시기에도 사우디아라비아에 뿌리를 두고 있는 와하비스트 근본주의자들은 오랫동안 바그다드에서 활동했었고, 종종 그리스도교인들에 대한 불안과 공격을 조장하는 등의 지속적인 안보 위협을 일으키곤 했다. 2004년 7월에 이슬람 테러리스트들은 칼데아의 주교인 파울로스 파라즈 라호의 거주지를 공격했다. 그는 2008년 3월에 납치되어 잔인하게 살해되었고, 그의 납치 당시 동료 세 명도 무자비하게 살해당했다. 그 1년 전인 2007년 6월에는 칼데아의 사제 라지드 가니와 3명의 차부제들이 살해되었다. 그리고 칼데아 주교좌 성당과 도미니코회 성당도 공격받았는데 당시 시리아 가톨릭 신자들과 아르메니아인들에게 속한 다른 건물들도 공격받았다. 그리스도교인들에 대한 납치와 협박은 수없이 많았고, 밤에 그들은 이슬람으로 개종하라거나 모술을 떠나라는 요구를 받기도 했다. 같은 기간 동안 시리아 가톨릭 대주교의 집도 방화되었고 정교회 소속 다른 경배 장소들도 방화되었다.

모술은 오랜 시간 동안 이라크 북부에 존재해 온 다양한 문화와 언어, 전통을 만날 수 있는 만남의 장소였다. 모술 지역에는 성경에 나오는 고대 도시 니네베의 유적이 남아 있고, 남동쪽으로 몇 킬로미터 떨어진 곳에는 기원전 8세기 초 아시리아 제국의 수도였던 님루드 유적이 있다. 현지인들은 아직도 이곳을 여전히 자신들의 문명의 정점으로 이야기하고 있다. 이 도시는 동쪽에서 북쪽으로 넓은 반원을 그리며 흐르는 그레이트 자브 강과 튀르키예 국경이 만나는 광활한 평원에 자리한 이라크 쿠르드 자치 지역으로 가기 전 수니파의 마지막 주요 전초 기지이기도 하다. 그레이트 자브 강은 남쪽으로는 북위 6도선과 티그리스 강까지 흘러, 그리스도교인과 비그리스도교인이 오랜 세월 함께 살아온 비옥한 삼각 지대를 형성하고 있다. 모술로 뻗은 이 평야는 니네베 평야라고도 불리며 메소포타미아의 곡창 지대로 여겨진다. 메소포타미아의 중심부로 진입하여 페르시아를 넘어 진출하려는 모든 군대는 이곳을 정복해야만 했다.

오늘날 시리아의 동쪽 국경에서 이란의 서쪽 국경까지 이어지는 이라크 영토는 두 나라 사이를 쐐기처럼 관통하며, 유프라테스와 티그리스라는 두 개의 주요 강에 의해 전체 길이를 따라 나뉜다. 이 지역은 수메르인부터 아카드인, 바빌로니아, 아시리아에 이르기까지 여러 위대한 문명의 중심지였다. 우르, 수사, 에리두, 우룩, 라르사, 바빌론, 앗수르, 니네베, 마리, 님루드와 같이 오늘날까지 이어지는 문명의 뿌리가 된 위대한 도시의 이름을 다시 부를 수 없는 사람이 있을까? 메소포타미아의 이라크에는 자연적인 경계는 없고, 제1차 세계대전이 끝나면서 남겨진 경계선만 있다. 1919년 파리 평화협정과 1920년 세브르 협정 때 오스만 제국이 해체되면서 이 지역에는 중동의 지정학적 경계가 남게 된 것이다.[1] 튀르키예, 이란, 이라크, 시리아 사이에 위치한 광활한 산악 지역인 쿠르디스탄은 독립 국가로 인정받지 못하고 주변 국가들로 나뉘어져 있다. 세브르 조약에 따라 그리스도교인 및 기타 소수민족과 종교를 보호하기 위한 여러 가지 안전장치와 함께 임시 자치권을 부여받았지만,[2] 1923년 7월 24일 로잔 조약으로 새로운 국가들의 이익을 위해 희생되었다.[3] 1925년 12월 16일 국제연맹 평의회는 이라크와 튀르키예 사이의 국경을 공식적으로 인정하여 하카리 지역(쿠르드-아시리아)은 튀르키예에, 모술 북쪽의 아마디야까지는 이라크에 넘겨주었다. 이렇게 오스만 쿠르드족은 분리되었고, 세속적 비주류가 되어 이스탄불, 바그다드,

---

1) Cf. Agnes de Dreuzy, *The Holy See and the Emergence of the Modern Middle East: Beneditct XV's Diplomacy in Greater Syria, 1914-1922,* Washington, D.C., The Catholic University of America Press, 2016.

2) Treaty of Sèvres, August 10, 1920, art. 62.

3) Cf. M. Galletti, *Le Kurdistan et ses chrétiens*, Cerf, Paris, 2010, p.140.

다마스쿠스, 테헤란에 있는 중앙 세력과 오랜 세월을 싸우며 오늘날까지 이어오고 있다. 독립 쿠르디스탄의 꿈이 사라지면서 아시리아 그리스도교인(코차니스, 데홐, 아마디야 등)의 소박한 영토마저도 사라지게 되었고, 쿠르드족과 그리스도교인들은 식민지 세력이었던 영국과 프랑스의 국제적 이익과 최근에 성립된 새 국가들에 의하여 희생되어 버린 자신들을 보게 되었다. 이것은 또한 해외 및 주변 신생 국가로 이주하는 물결의 시작이 되었다. 이라크에서는 주로 모술과 바그다드로 이주가 집중되었지만, 대다수의 그리스도교 신자들은 니네베 평야와 이라크 쿠르디스탄에 분포되어 살았고 일부 큰 마을에는 시리아 가톨릭신자와 정교회 신자, 칼데아인, 아시리아인이 주로 거주하게 되었다. 비그리스도교 소수민족들 특히, 야지디족, 샤박족, 튀뤼키족과 만대인족들은 샤이칸, 랄리쉬, 신자르 지역에 모여 살았다.

1920년 영국의 위임통치에 따라서 새로운 정치 체제가 수립된 후에[4] 이라크는 위임 권력에 따른 군사적·경제적 제약이 일부 있었지만, 1932년 10월 실질적이고 근본적인 자유를 얻게 되었다. 이라크의 국경은 민족과 종교적, 문화적 전통이 아닌 강대국의 이해관계의 득실에 따라서 결정되었다. 게다가 영국은 프랑스를 대신해 이른바 '하셰미테 정책'[5]을 채택했던 런던의 의사를 존중하여 왕국을 세우고 파이살 1세에게 권력을 위임했다. 반면, 시리아는 프랑스의 위임통치 하에 놓이게 되었다. 사실 이라크는 독립을 누리던 전통이 있었지만, 지정학적 실체도 없었고 식별

4) 이라크 왕국은 1919년 10월 1일 탄생한다.

5) Cf. F. Filoni, *La Chiesa nella terra di Abramo*, Milano, BUR, 2008, p.142.

가능한 단일 민족이 거주한 적도 없었다. 이라크는 오히려 정복자들의 전리품이었고 수 세기 동안 다양한 국적, 부족, 종교, 문화가 공존하면서 한쪽은 불확실한 사막 국경, 다른 한쪽은 이란과 접하는 국경을 가진 붕괴된 제국이었을 뿐이다.

부족장은 국가 정체성의 상징으로 세워졌고 국민 통합을 구축하고 보장하기 위해 설치되었다. 그는 오스만 전통보다는 유럽 스타일에 따라 만들어진 의회와 행정부의 협조를 받았다. 이런 제도는 이라크를 오랫동안 지배하게 되는 군사 독재 정권의 길로 인도했고 역할의 혼동을 가져왔다. 이 독재 정권은 폭동과 봉기를 반복하면서 국가 위에서 강제하려 했다.[6] 하셈파이기도 한 수니파 바트파는 이라크 중남부 지역에 거주하는 시아파 다수에게 힘을 실어 주었고 진정한 민주적 절차에는 권위를 허용하지 않았다. 북부 지역의 쿠르드족은 수니파든 시아파든 결코 받아들이지 않았다. 오히려 수니파 바아디스트가 통치권을 행사하는 것을 용인했다. 비록 시아파에게 일부 행정적 자치가 허용되었다고 해도 바그다드에 대한 저항은 아니었다. 2003년 영미 연합군의 침공으로 사담 후세인 정권이 무너진 다음, 시아파가 이라크 정권을 장악하여 정부에 막강한 영향력을 행사하기 시작했다. 그러나 10년 넘게 유혈 폭력으로 대응해 온 수니파는 이를 수용할 수 없는 일이었다. 시아파와 수니파의 오래된 신학적 논쟁은 문화 및 부족 간의 경쟁과 함께 두 공동체를 지속적이고 해결 불가능한 갈등 상태로 만들고 있고, 기회만 생기면 언제든 폭발할 준비가 되

6) *Ibid.*, p.143.

어 있다.

나자프와 카르발라에 성지를 둔 시아파와, 바그다드와 모술을 포함한 중서부 지역의 수니파, 이 두 공동체 사이의 갈등을 시아파 이란과 다른 수니파 아랍 국가들이 정치적으로 외부에서 부추기면서 분열이 계속되고 있으며, 미래를 불안정하게 하고 지정학적 상태를 취약하게 만들고 있다. 북부의 쿠르드 분리주의는 이라크에서 세 번째로 큰 정치 블록이다. 쿠르드족은 한 편은 튀르키예와 국경 쪽에 있는 수니파와 접하고 있고 다른 한 편은 시아파 이란 사이에 위치해 있다.[7] 이 지배적인 세 부류의 정치 및 종교 세력 사이에서 소수민족은 실질적인 역할을 할 수 없으며, 더 큰 공동체의 갈등으로부터 평화롭게 멀어져서 자신의 권리, 역사, 문화, 전통을 지켜나가기 위해 힘써야 하는 상태에 있는 것이다.

7) 오늘날 경제 발전의 중심지는 북쪽에 자리한 데훅과 아르빌인데 이 지역은 바르자니 가문의 역사적 영향력 아래 있는 지역이다. 그리고 또 다른 경제 발전의 중심지는 동쪽에 있는 탈라바니 가문의 영향력 아래 있는 슬래가 마니야 지역이다.

— 제 1 장 —

고대 그리스도교 공동체들

1. 복음화의 시작과 동방교회의 형성

공통된 전승에 따르면 그리스도교는 초세기부터 성 토마스와, 특별히 앗다이(Addai, Taddeo di Edessa, 주교)와 마리(Mari, 주교)의 복음 전파에 힘입어 북부 메소포타미아(오스로네,[1] 니네베, 하트라, 아디아베네[2]), 남부 메소포타미아(셀레우키아, 바스라), 유프라테스 강 동쪽에 유입되었다. 이 유프라테스 강 동쪽에는 파르티 아르사치디 제국(Partico-arsacide: 247 BC ~ 224 AD)이 티그리스부터 메디아 페르시아까지 지배하고 있었다.

성령강림을 설명하는 사도행전에도 이미 사도들의 설교를 듣던 청중들 가운데 '메소포타미아 주민들'[3]에 대해서 언급되어

1) 오스로네 왕국은 오늘날 터키의 우트파, 당시 에데사를 수도로 삼고 있었다.
2) 이 지역은 큰 자브강과 작은 자브강 사이에 있는 지역으로 오늘날 이라크의 쿠르디스탄인 아르빌을 수도로 갖고 있다.

있고 이들은 그들의 고유한 언어로 설교를 들었던 것이다. 토마스 사도와 그 제자들이 복음을 이 지역에 가져왔고 남부 메소포타미아 지역에까지 전파했었다는 흔적은 체사레아의 에우세비오[4]가 쓴 『교회사』[5]에 수집되어 기록으로 보존된 전승들 속에 나타난다. 복음 전파의 길들은 시리아 해안 혹은 다마스쿠스에서부터 시작하여 알레포를 통과해서 에데사와 누사이빈을 거쳐 파르티 아르사치디 제국 동부와 아나톨리아 중심부까지 이어진다. 그리고 남쪽에 니네베, 아르빌, 셀레우키아-크테시폰, 끝으로 바빌론으로 이어진다. 그리스도교 시절에 지어졌던 두라 에우로포스의 집터들과 양피지로 된 성찬 기도문들은 2, 3세기에 이미 그리스도교 공동체가 생활하고 있었다는 것을 생각하게 한다. 이 길들은 군대, 캐러밴, 상인들과 복음 전파자들의 길이었다. 그리고 이 길들은 전쟁으로 파괴된 지역의 전쟁 난민들과 유배를 가는 사람들이 걸었던, 자주 이용되던 길이었다.

오늘날 바그다드의 위치보다 조금 남동쪽에 위치했던 티그리스 강변의 양대 도시 셀레우키아-크테시폰[6]은 마리 주교의 제

---

3) 사도 2,9.

4) 팔레스타인 체사레아의 에우세비오는 주교이자 학자였다. 그는 교부로 인정받는 사람으로 콘스탄티누스 황제의 고문이자 전기 작가였다.

5) 체사레아의 에우세비오는 그의 책 제3권에서 사도들의 설교 장소를 다루고 있는데, 파르티아 지역이 토마스 사도가 활동하던 곳으로 그가 맡은 지역이었다고 기록하고 있다. Cf. anche J. Habbi, *La Chiesa d'Oriente in Mesopotamia*, in *Mesopotamia* XXVII(1992), p.211.

6) 셀레우키아는 기원전 2세기 셀레우코 1세 니카토르에 의하여 티그리스 강 오른편에, 그리고 크테시폰은 티그리스 강 왼편에 각각 양극을 이루면서 세워졌다. 이 도시는 여러 지역의 수도였고 로마 황제들에 의하여 정복되어 파괴되었다: 트라야누스(기원후 116년), 루치오 베로(기원후 165년), 세베로 7세(기원후

자들이 복음을 전파하는 장소가 되었다. 사실 이 도시는 처음에 파르티 제국의 수도였고 그 후 사산 제국(225~651)의 수도이기도 하였다. 그리고 동방교회[7]는 이렇게 2세기 초부터 780년대까지 주교좌, 대주교좌, 그리고 총대주교좌 교회[8]로 이어졌던 것이다.

서로마 제국에서 온 많은 유대인 공동체들이 광대한 메소포타미아 지역에 퍼져 있었는데 이 공동체들은 새 복음의 첫 종착지가 되었다. 그리고 복음 전파는 교통로를 따라 이어져 나갔고 그러면서 전체 지역에 그리스도교가 확장되었다. 이 교회는 사도적 뿌리를 지니고 있다고 여겨졌으며 천천히 동쪽으로는 페르시아 쪽으로, 또 남쪽으로는 캅카스 쪽으로 확장되었다. 이미 3세기에는 첫 주교좌들이 어느 정도 자립적으로 유지되고 있었던 것이다. 첫 교회구는 셀레우키아-크테시폰의 주교 바르 악가이(267~336)에 의해 설정된다. 그는 자신의 좌를 교회 조직의 정점인 가톨릭 수위좌로 설정했다. 그 시기에 동방교회는 로마의 시리아 관구 국경 너머에 있는 제국의 동쪽 변방에 위치한 것이었다. 학자들에 따르면 교회적 관점에서 볼 때 동방교회는 형식상 로마나 콘스탄티노플에 예속된 것이 아니었다고 본다. 사실 사도적 뿌리를 둔 이 교회들과 그 후의 이 지역의 교회들은 그 시초부터 정치적이고 지정학적인 이유 때문에 일정한 정도에서 분리를 유지하고 있었던 것이다. 그렇지만 이 교회들은 다른 교회들

198년), 마르쿠스 아우렐리우스 카루스(기원후 283년). 에우세비오의 글에는 더 이상 '기원후'란 용어가 나타나지 않는 반면 '기원전'이란 표기는 유지된다.

7) 동방교회는 전례 언어상 시리아어에 기반한 교회를 말한다. 여기서 '동방'이란 용어는 유프라테스 강 동쪽에서 생긴 교회라는 점을 알려 준다.

8) Cf. J. Yacoub, *I Cristiani in Iraq*, Jaca Book, Milano, 2006, p.138.

과 접촉하면서 교류해 왔던 것도 사실이다. 이 교회들은 다른 교회들과 함께 전례적인 문제와 영성적인 문제들, 그리고 유대인과 그리스도교인들의 관계, 교회 구역에 관한 문제 및 신학적인 사안들에 대해서 적당한 토론을 주고받으면서 서로에 대한 이해를 확장시키고 있었다. 그러므로 메소포타미아의 그리스도교 공동체들이 인근에 있는 다른 교회들이나 사도적 뿌리를 둔 안티오키아, 예루살렘, 알렉산드리아, 콘스탄티노플, 로마 교회와 교류하지 않았다고 생각해서는 안 된다. 3세기까지 교회들 사이의 일치는 신앙과 사도적 전승과 성찬례 및 신학적이고 성사적인 깊은 유대에 기초한 신앙으로 보증되고 있었던 것이다. 유프라테스 강 넘어 파르티 아르사치디 제국의 국경 지대에서처럼 동로마 제국 시대의 변방에서도 전승과 예배라는 두 기초 위에 그리스도께 대한 신앙이 확장되어 갔던 것이다.

오스로네(서기 116년경에 트라이야누스 황제에 의하여 정복됨)가 있는 시리아 동쪽에로의 그리스도교 확장에 대해서는 2세기 중반 초기에 이미 기록이 남아 있다. 그 제국의 복음화에 대해서는 공통적으로 앗다이[9]에 의해 이룩되었다고 본다. 그런데 파르티 아르사치디 제국의 수도인 셀레우키아-크테시폰 조금 남쪽은 마리에 의해서 복음화되었다고 여긴다. 앗다이의 복음화 사업은 그 제자인 순교자 악가이에 의하여 계속 이어진 것으로 본다. 역사적인 관점에서 누사이빈(메소포타미아의 에데사와 모술 사이에 있는 도시)에 그리스도교 공동체가 있었다는 것은 마르쿠스 아우렐리우

9) 동방교회에 따르면 앗다이와 마리는 그리스도의 72인 제자들에 속했다고 하고 그들은 이 교회들의 선교사이며 설립자들이었다고 본다.

스 황제 때(167)에 순교한 히에라폴리스의 주교 아베르치오[10]의 증언을 통하여 알려져 있는 일이다.

첫 교회들의 복음화와 형성 과정에 대해서 우리가 갖고 있는 문헌은 많지 않다. 그렇더라도 계속된 전승을 통하여 우리는 앗다이와 마리의 성찬 기도를 이어받았으며 이 성찬 기도는 그리스도교 공동체가 잘 조직되어 있었고 전례적으로 잘 형성되었다는 점을 확실하게 증언해 준다. 앗다이와 마리의 성찬 기도는 시리아-아람어로 작성되어 있으며 교회의 시작까지 거슬러 올라가는 가장 오래된 성찬 기도문 가운데 하나이다. 이것은 분명한 의도를 가지고 그리스도의 지향과 교회의 전승에 따라서[11] 최후 만찬을 충실하게 계승하는 성체성사의 거행을 위하여 작성되었던 기도문인 것이다. 이 특별한 성찬 기도[12]는 메소포타미아의 에데사 공동체들과 셀레우키아-크테시폰과 같은 남쪽의 공동체들에서 사용되었던 기도문이다. 이 기도문은 앗다이와 마리를 언급하고 있지만, 단지 복음 전파자들로서의 이 두 제자의 역할만을 언급하는 것이 아니라 이들이 지녔던 권위에 대해서도 언급하고 있다. 체사레아의 에우세비오는 그의 교회사에서 에데사에 대해 언급하면서 197년에 개최되었던 오스로네 시노드[13]를 기록하

---

10) Cf. I. Ortiz De Urbina, *Gregorianum* 15(1934), pp.83~84.

11) 아나포라(anaphora, 성찬 기도문)는 오늘날에도 동방 아시리아 교회에서 여전히 사용되고 있다. 학자들에 따르면 이것은 200년경 혹은 3세기 초에 작성되었다고 본다. 이 아나포라의 특징은 성체 축성의 말마디가 '감사와 찬미, 전구가 하나로 통합되어 있다'는 것이다(칼데아 교회와 동방 아시리아 교회 사이의 성체성사 허용 지침, 교황청 그리스도교 일치 촉진 평의회, 로마, 2001.07.20.).

12) 이것은 동방 아시리아 교회에서 전통적으로 사용되던 세 가지 아나포라 중 하나이다.

고 있다. 이 시노드는 파스카의 날짜를 토론하기 위하여 소집되었던 시노드다. 이 시노드의 문헌을 보면 많은 그리스도교 공동체가 주교들과 동일한 직무를 수행하던 책임자들에 의하여 설정되었음이 나타난다. 이런 증언은 메소포타미아 지역의 교회들이 굉장히 특별한 어떤 좌를 중심으로 형성되었음을 보여 준다. 그리고 이것은 어떤 초기 단계에서 3세기의 전형적인 공동체 형성 단계로 넘어가는 것임을 알려 준다. 또한 체사레아의 에우세비오는 '주님의 성면(聖面, mandylion)'[14]에 대해서도 언급하고 있는데 이는 에데사에 그리스도, 그의 얼굴과 깊이 결합된 살아 있는 공동체가 있었음을 증명해 준다. 그 옷감에 새겨진 예수님의 얼굴은 '초자연적으로 또 자연적으로' 새겨진 것으로, 이것은 나중에 384년경 특별한 순례자 에제리아[15]의 호기심을 불러일으키기도 했다. '주님의 성면(mandylion)'은 백성들 사이에서 시로-아라마이코 전례에 결합되어 사용된 대표적 성화였던 것이다. 시로-아라마이코 전례어는 페니키아어와 히브리어에 가까운 사투리인데,

13) 에우세비오에 따르면 교회 공동체 안에서 교리와 실천을 감독하는 지역 공의회들은 172년경에 거행되었다는 기록이 있다. 이는 "새로운 교의를 검토하고 불경스러운 것들을 조사하기 위하여 소집되었고 이단적인 내용을 단죄하고 그들을 따르는 사람들을 파문하여 교회에서 추방했던 것이다"(교회사, V. 16, 10). 그는 또한 190년경 부활절 문제를 위하여 주교들의 시노드와 지역 모임들의 의견을, 기원후 189년부터 199년까지 로마의 주교인 교황 비토리오에게 보냈다(교회사, V. 23, 2-3; 24f). 그의 교황 재위 기간 동안에 부활절 축일에 대한 논쟁이 있었으며 교황은 주교들에게 편지를 보내면서 수많은 회신을 받았다. 그중에서 오로엔 왕국의 주교들의 회신이 주목할 만한 것들이다.

14) 에데사의 아브가르 왕을 위하여 제작된 그리스도의 성면이 그려진 천인데, 이것은 사람의 손이 아닌 기적으로 만들어진 것이라고 여기고 있다.

15) 에제리아는 자신이 3년 동안 머물던 이스라엘 성지를 향한 순례 장소들에 대한 보고서를 작성했다. 그가 지나갔던 성지들은 비티니아, 에데사, 유대아, 시나이 이집트다.

아시리아인들에 의하여 광범위하게 사용되었던 언어로 에데사에서는 교회 언어로 사용되었었다. 이 언어는 적어도 8세기에 새로운 승리자들이 아랍어를 강제하기까지 공적으로 사용되었다. 그렇지만 이 언어는 아직도 사투리 형태인 '수레쓰'(sureth, 새 시로-아라마이코어)로 시리아의 아시리아 칼데아, 이라크, 터키, 이란의 그리스도교 공동체에서 사용되고 있다.

2. 이단: 동방교회의 분리와 고립

에데사에는 이단이 있었다.[16] 파르티아 제국의 후예로서 태어난 바르데사네[17]는 압가르 9세(179~216)와 함께 좋은 교육을 받았고 그 후 오스로에네의 왕좌를 이어받았다. 에데사의 주교 이스타스페의 강론을 듣고 그리스도교로 개종한 그는 악가르와 함께 그리스도교 왕국 건설에 동참한다. 바르데사네는 그 당시 영지주의자들에 대항하는 많은 작품들[18]을 남겼다. 그러나 그의 이론은 바빌론 천문학의 영향을 받은 것이어서 시리아의 에프렘에 의하여 반박받기도 했다. 바르데사네는 아마도 오스로에네 왕국이 로마인들에 의하여 멸망하게 된 무렵(216)에, 222년 에데사에서 생을 마감한 것으로 보인다.

---

16) 2세기와 3세기 사이에 마르키온파와 발렌티노파 집단과 같은 그룹들이 널리 퍼져 있었다. 영지주의자인 타치아노는 180년 디아테사론이라고 하는 것을 작사하였는데 5세기경에 이것은 아주 널리 유포되기도 했다.

17) 섹스투스 율리우스 아프리카누스는 바르데사네를 일컬어 파르티코, 바빌론의 포피리오, 로마의 히폴리토 아르메노, 시로의 에프렘 아르메오라고 불렀다.

18) 바르데사네는 시리아어로 찬미와 시, 운명에 관한 대화를 지은 사람이며 5세기에 이단자들 명단에 기록되기도 한 인물이다.

그 동일한 시기에 좀 더 남부 쪽, 아마도 셀레우키아-크테시폰에서는 마니[19]가 3세기 초에 태어난다. 그는 아라마이코-바빌론 환경에서 형성된 이란계 가정에서 태어나는데 '세례자 요한 추종파'(Mandei)[20]에 속한 인물이었다. 이 원리에 따라서 교육받은 마니는 복음서들과 신약 외경들을 접하면서 그리스도교를 알아 갔다. 그는 조로아스터교 사상과 뒤섞어서 그리스도교를 이해했다. 마니는 스스로를 신흥 종교의 창시자이며 파견자로 인식하고 여기에 투신하면서 동쪽에 있던 벨루치스탄(현 파키스탄)까지 설교하러 떠난다. 이것이 가능했던 것은 사산 제국은 아르사치디 제국을 이어받으면서 권력을 장악하고 있었기 때문이다(225). 242년 크테시폰에서 마니는 사포레 1세로부터 자기 교회를 설립할 수 있는 허가를 받고 자기 고유의 우주론[21]을 메소포타미아에서 설파했다. 이는 메소포타미아 지역에 있는 바스라, 바빌론에서 급속하게 전파되었고 곧 아디아베네 지역의 누시아빈까지 전파되었다. 그러는 사이 그의 추종자들은 시리아, 이집트, 캅스카까지 도달했다. 그러나 조로아스터교 추종자들로부터 고발되고 사산 제국의 바흐람 1세의 지지를 상실하게 된 마니는 277년경 감옥에서 죽게 된다. 마니가 죽고 난 다음 그의 추종자들은

19) 마니는 216년 4월 14일에 아마도 파르티 제국의 수도, 셀레우키아 크테시폰에서 태어난 것으로 보인다.

20) 만데파(사베리아파)는 영지주의적 기원을 가진 종교 집단이다. 그들은 세례자 요한의 제자들에 그 기원과 신념을 두고 있고 이원론적인 견해를 주장한다. 그래서 그 원천을 성경에 두고 있다고 해도 이원론적인 주장을 편다: 아담, 세례, 지상 예수와 영적 예수 사이의 분리 등에 대해서.

21) 마니는 불교를 포함하여 그리스도교, 영지주의, 그리고 다른 종교들의 요소들을 혼합하는 혼합주의를 설파했다. 그가 적용했던 교회 구조는 바빌로니아에 좌를 지니고 있는 최고 수장, 12 사도와 72명의 진리의 스승, 360명의 사제, 부제, 남자와 여자들로 구성된 구조이다.

극심한 박해를 받게 되는데 그들 가운데 어떤 이들은 사산 제국의 서쪽으로 또 어떤 이들은 동쪽으로 흩어졌다. 그들은 마니교를 아프리카(디오클레치아누스 황제는 297년 마니교를 강력히 반대하는 명령을 내린다), 스페인, 갈리아, 그리고 로마까지 전파한다. 4세기의 시노드들은 이 문제를 광범위하게 다루었고 많은 황제들은 이에 대하여 사형에까지 이르는 강력한 법률들을 제정하였다. 교회들은 마니교와 아주 오랫동안 싸웠고 상당한 힘을 소비해야만 했다〔아우구스티누스, 대(大)교황 레오, 예루살렘의 치릴로, 에프렘과 아프라아테〕.

이단과의 싸움은 한편으로는 부정적 결과로써 교회의 분열과 복음화 자체의 위기를 가져왔다. 다른 한편으로 긍정적 결과로서는 신학적 명제들을 분명하게 했고, 많은 호교론적 저술들과 교회의 삶을 풍요롭게 하는 수덕 생활과 그 생각에 대한 길을 열어 주었다. 아프라아테(Aphraates)는 3세기와 4세기에 걸친(270~345) 메소포타미아의 그리스도교 역사상 아주 흥미로운 인물에 속한다. 복잡한 시기였던 그때, 이 인물은 교회론 형성에 기여했고 문학에 있어서도 기여하였다. 반면에 시리아와 메소포타미아 고산 지대에서는 수덕 생활의 수도원 현상이 나타났는데, 이는 이집트의 수도생활 양식과는 다른 양상(아프라아테가 보여 준 몇몇 특징들에 따라서 볼 때)을 보였다. 사실 시리아와 메소포타미아 지역에 설립된 공동체들은 어떤 한 종류의 그리스도교를 보여 주었다. 아직 그 신학은 다양한 문화 현상들과 접촉하지 않았지만 나름의 고유한 형식으로 살아 있었던 것이다. 이 교회들 안에서는 수도생활은 고요한 독수 생활 형태(사막, 동굴, 감금 상태, 높은 기둥 위에서 수행하는 형태)이든지 공동체적 생활 형태든지, 나름 신학적이고 영성적인 사상의 발전에 있어서 중대한 역할을 생생하게 수행하고 있었다.[22] 니네베 출신의 '현자' 아프라아테는 몇 가지 점들을 먼저 수도자로서, 그다음은 수도원의 원장으로서, 마지막에는 주교로서 구현했다. 그의 '제안' 혹은 '제시'라고 하는 23가지 담화는 잘 알려진 것이다. 이것들은 그리스도교 생활의 다양한 측면을 다룬다. 신앙, 애덕, 겸손, 기도, 단식, 수덕 생활, 그리스도교와 유대교의 관계 등을 다루었는데 항상 신구약 성경으로부터 다양한 측면들을 도출하곤 했다.

아프라아테와 동시대인으로서 시리아의 에프렘은, 306년 누사이빈의 그리스도교 가정에서 태어난다. 에프렘은 누사이빈 교회의 부제일 뿐만 아니라 신학자요 시인으로서 특출한 인물이었다. 그는 누사이빈에서 지역 그리스도교 공동체 생활을 충실하게 하였고 주교 야고보(303~338)와 함께 '페르시아의 학교'[23]라고 후대에 불린, 도시 신학 아카데미(350)를 설립했던 공동 창립자였다. 그의 산문, 시, 찬미가, 운문에 나타난 신학적 유산은 전체 교회를 위한 영성적 문화적 보물로 아주 깊이 있고 아름답다. 에프렘은 누사이빈이 요비아누스 황제의 평화 협정으로 페르시아에 넘겨질 때(363) 로마 제국 아래 있던 에데사로 이주하였다. 그리고 거기서 설교자로서 활동하다가 373년 세상을 떠난다. 에프렘이 이주할 당시 많은 그리스도교인이 함께 이주하였고 신학 아카데미도 옮겨 갔다. 에프렘에 대해서 기억해야 할 점은, 성목요일 베드로의 수위권에 대한 그의 설교만이 아니라 성 베드로에게 바

22) Cf. Benedetto XVI, *Udienza generale di mercoledì*, 21 novembre 2007.
23) 니시비스 학원에는 철학, 신학, 의학 등 세 분야가 있었다.

친 찬미가다. 그는 이렇게 찬미한다. "하느님의 아드님은, 베드로 당신을 교회의 기초로 세우셨습니다. 그리하여 당신이 모든 피조물의 짐을 지탱할 수 있게 하셨던 것입니다. 마치 성자께서 온 세상을 지탱하시듯이 말입니다. 교회는 당신과 함께 그리스도께서 하느님의 아드님이라고 고백합니다."[24] 에프렘은 베드로가 로마에서 순교했고 그때 그리스도를 고백했다는 점을 잘 알고 있었던 것이다.

메소포타미아 지역의 교회 구조는 시리아와 소아시아 지역의 교회 구조와 유사했다. 특별히 주교의 역할에 대해서 그러했다. 주교는 신자들의 존경과 후보자가 지닌 지혜에 대하여 신자들이 평가하여 선출되었고 그러면 관구 주교들은 그를 합법적으로 축성했다. 그리고 탁덕들과 부제들의 역할에 있어서도 유사했다. 탁덕들은 신자들의 사목을 맡았고 부제들은 주교를 돕는 역할과 애덕 활동을 실행했다. 동시에 선교와 언어, 민족의 이유로 교회 관구들이 형성되었다. 그 안에 시노드들이 개최되었고 그것은 여러 주교들 사이에 법적이고 사목적인 협력을 위한 유대를 표현하는 것이었다. 3세기에 북부 메소포타미아에서 남부 메소포타미아 지역에 걸쳐서 많은 공동체가 주교를 중심으로 존재했었고 페르시아 지역에도 존재했었다. 페르시아에도 시리아 출신 그리스도교인들이 많이 있었는데 그들은 사산 제국의 군대에 의하여 추방당한 이들이었다. 그렇지만 이 그리스도교 신자들은 페르시아 지역에서도 신앙과 경배의 고유 공동체를 조직하여 생활할 수 있었다.

---

24) G. Bosio, *Iniziazione ai Padri*, II, SEI, Torino, 1964, p.185.

325년에 개최되었던 셀레우키아 시노드는 주교들의 관할권에 대한 문제를 다루었다. 410년경 셀레우키아에서 다른 시노드가 개최되었는데 이때 그곳의 주교 이삭 카톨리코스(Καθολικός, catholicòs)는 동방교회의 '수장'이자 '대관구장 주교'로 인정되었다. 이 시노드에서 안티오키아 교회와 서방교회들에 대한 종속은 거부되고 니케아 공의회와 콘스탄티노플 공의회 결정을 수용한다. 또한 셀레우키아-크테시폰 주교좌의 수장 역할을 확정한다.

밀라노 칙령은 로마 제국 내에서 그리스도교의 권리와 종교자유, 그리고 그리스도교인들이 혹독한 박해[25] 속에서 겪었던 불의한 상황을 회복시키는 데 결정적 역할을 하며 상황을 변화시켰다. 이러한 일은 동로마 제국 지역에서도 이루어졌고 그래서 그 지역에서도 그리스도교에 대한 허용이 이루어져야 했던 것이다. 예를 들어서 사회 속에서 종교 생활의 시작, 주일의 설정, 노예해방에 따른 결과, 유대계 그리스도인들에 대한 보호 등을 생각할 수 있다. 그런데 로마 제국 밖에서 밀라노 칙령의 효과가 어떤 것이었는지는 기록을 찾아보기가 어렵다. 그렇지만 에데사에서 밀라노 칙령의 시기는 행복한 때였다. 그리고 4세기 9명의 주교에 대한 에데사의 기록에서 보이는 것처럼, 교회 조직을 재건하는 시기이기도 했다. 그러나 페르시아 제국에서는 상황이 이와 같지 않았다. 누사이빈은 페르시아인들의 손에 넘어갔고(363), 샤푸르 2세(309~379년 통치)는 동방교회를 박해했다. 사실 에프렘을 포함하여 많은 그리스도교인들이 앞서 말한 것처럼 에데사로 이

25) *Vita Costantini* 2, 30~41.

주해야 했었다. 시몬 바르삽베와 사제들, 수도자들, 신자들은 박해를 받아 341년 성금요일에 순교하게 된다. 그리고 또 다른 박해는 야즈데게르드 1세 때인 399년 무렵[26]에 있었는데 이 박해로 두 카톨리코스 샤도스트(Shahdost)와 바르바쉬민(Barba'shmin)이 순교하게 된다. 야즈데게르드 1세는 생애 말년에 다시 박해를 시작했고 그것은 그 아들인 바흐람 5세 때인 422년까지 지속된다. 사실 그 이후 로마 제국이 이 지역을 점령해서 조로아스터교를 용인하였고, 페르시아 제국은 그리스도교를 인정하게 된다.

동시에 메소포타미아의 공동체들의 종교적 삶은 신학적이고 철학적인 논쟁(아리아니즘, 노바티아니즘, 영지주의, 네스토리아니즘, 단성론, 양자설)으로 뒤숭숭해져서 결국 교회 전체를 위한 네 번의 중요한 공의회들이 개최된다. 곧 니케아(325), 콘스탄티노플(381), 에페소(431), 칼체돈(451) 공의회이다.

아리우스(256~336)[27]의 이론적 주장들 때문에 전통적으로 교회가 믿어 왔고 설교했던 그리스도에 대한 사도적 신앙이 공격받게 되었다. 그래서 콘스탄티누스 대제는 325년 5월에 300명 이상의 주교들, 특히 동로마 제국의 주교들을 니케아에 소집한다.

---

26) Cf. Bawai (Mar) Soro, *The Rise of Eastern Churches and their Heritage, 5-8 Century - Churches of Syriac Tradition, II The Assyrian(East Syriacs), in Christianity, A History in the Middle East, Middle East Council of Churches - Oikoumene*, Beirut, 2005, pp.255~287.

27) 아리우스는 알렉산드리아의 사제였다. 그는 안티오키아에서 교육을 받았는데, 그에 따르면 그리스도는 하느님의 아들로서 아버지와 같을 수 없고 아버지와 함께 영원할 수 없으며 그렇기 때문에 아버지에게 종속되어 있다고 고백했다. 이런 이론은 니케아 공의회에서 단죄된다.

그리하여 교회 내에서 교리적 평화와 신앙생활의 평화를 재건시키고 특별히 그리스도교의 중요한 축일인 파스카를 어떻게 거행할지 결정하도록 한다.[28] 니케아 신경은 그리스도의 신성에 대한 교회의 신앙을 재확인했다. 그러나 그리스도론적 논쟁은 종결되지 아니하고 성령을 부정하는 또 다른 문제가 발생한다. 이 문제를 위하여 테오도시우스 1세 황제(379~395)는 콘스탄티노플에 새 공의회를 소집하여 성자와 성령의 신성에 대한 교리와 삼위일체 교리를 확정 짓는다. 그리고 로마 주교의 수위권을 인정하면서, 콘스탄티노플(새로운 로마로서) 총대주교에게는 그 밖의 여러 명의 총대주교들 가운데에서 오직 명예적 차원의 수위권만 부여하기에 이른다.

니케아 공의회에서 다루었던 그리스도론에 관한 논쟁 이후 50년이 지난 다음, 성모님의 호칭인 '하느님의 어머니'(Theotókos)에 관한 새로운 논쟁이 시작된다. 사실 이미 많은 신학자들과 신자들은 성모님을 하느님의 어머니로 불러왔던 것이다. 콘스탄티노플의 주교였던 네스토리우스(428~431)와 알렉산드리아 주교였던 치릴로(412~444) 사이의 격렬한 논쟁은 동방교회의 신앙의 영향을 아주 깊게, 우리 시대에까지 미치게 하였다. 네스토리우스는 크리스토토코스(Christotókos: 그는 마리아를 인간 예수의 어머니로는 인정했지만 하느님의 어머니로는 인정하지 않았다)란 용어가 정확한 것이라고 여겼고 치릴로는 테오토코스(Theotókos: 하느님의 어머니)란 용

28) 니케아 공의회는 사도 시대 예루살렘 공의회 이후로 처음 열린 공의회다. 이 공의회는 다음과 같은 몇 가지 사항들을 결정했다: 부활절은 춘분 다음 첫 주일에 거행한다. 주교 축성은 세 명의 주교가 참여해야 하고 대주교의 승인을 받아야 한다. 그리고 로마 주교는 모든 주교들보다 우선한다.

어가 정확한 것이라고 여겼던 것이다. 에페소 공의회는 치릴로가 주장한 교리, 마리아의 인적-신적 모성을 확정했고 로마 주교인 첼레스티노가 이를 인정했다. 그러나 그 20년 후에도 여전히 논쟁이 식지 않아 보스포루스 해협의 칼체돈에서 제4차 공의회가 개최된다. 사실 이 공의회 전에 에페소에서는 '제2차 에페소 공의회'(Latrocinium)가 개최되었는데 이는 테오도시우스 2세 황제가 449년에 소집한 공의회로서, 에우티케스와 그의 단성론을 방어하기 위한 공의회였으며 이 이론들은 레오 1세 교황(440~461)에 의하여 단죄된다. 칼체돈 공의회는 레오 1세 교황과 일치하여, 사람이며 신이신 예수 그리스도에 대한 참된 신앙을 결정적으로 확정하고 원칙적인 선에서 동서방 교회의 일치성을 복원시킨다. 거의 130년 동안 교회는 교의적 문제로 어려움을 겪었고 아직 더 오랜 기간 그 어려움은 계속될 것이었다. 니케아 공의회에는 누시비안의 주교 야고보와 에데사의 주교 사아데스가 참여한 것으로 알려져 있다. 에데사의 주교 사아데스는 자신의 교회와 메소포타미아 교회의 정통성에 동의하여 서명한다. 그는 에데사의 대주교로 인정되어 있었다. 콘스탄티노폴리스에서 오스로네의 대주교로 에울로지오(†386)가 기록되어 있다.

에데사와 누시비안에 있던 신학 아카데미들은 논쟁에 의한 분열을 겪었다. 또한 시리아 인근 지역과 아르메니아, 아나톨리아, 페르시아 인근 지역의 신학 아카데미들도 이와 같은 일을 겪었다. 에데사의 주교 라불라(414~435)는[29] 네스토리우스의 주장을

29) 이교도와 그리스도교인 사이에서 태어난 라불라는 400년경에 그리스도교로 개종한 이후 수도자와 주교가 되었다. 처음에 그는 알렉산드리아의 치릴로와 적

반대했었다. 그래서 그는 그의 친구였던 몹수에스티아의 테오도로(350~428)와 결별한다. 왜냐하면 이 테오도로는 정통 교리에서 어긋난 위험스런 그리스도론을 설파했기 때문이다.[30] 그 후 라불라는 테오도로의 사상과 책들을 단죄하고 그의 추종자들을 에데사의 신학 아카데미에서 추방시킨다. 신학 아카데미를 정통 교리 안에서 유지하고자 했던 그의 노력들은 그의 후계자 주교 히바(435~449: 451년부터 그 사망 때인 457년)에 의하여 어느 정도는 수포로 돌아갔다. 히바는 네스토리우스파에 속하지는 않았지만 그런 태도를 취함으로써 네스토리우스파가 득세하여 다시 자리를 잡게 하였다. 동방교회에서 몹수에스티아의 테오도로 사상이 전파된 것은 그의 탓이기도 하다. 이런 교리적 싸움은 계속 이어졌고 종국에 에데사의 신학 아카데미도 다시 전염시키기 시작했다. 특별히 히바의 후계자인 나르사이에 의하여 그렇게 되었다. 이 사람은 주교 치로(471~498)와 일치하지 못했기 때문에 에데사를 떠난다. 결국 에데사의 아카데미는 489년 비잔틴 황제 제노에 의하여 폐교된다. 그 결과 우선 나르사이와 필로-네스토리안 추종자들은 누시비안으로 도망가서, 거기서 나르사이는 바르 사우마 주

대적이었고 네스토리우스와 몹수에스티아의 테오도로를 지지했었다. 그러나 에페소 공의회 이후 그는 공의회의 교리를 적극적으로 지지했다.

30) 네스토리우스의 스승들은 타르소의 디오도루스와 몹수에스티아의 테오도로였는데 이들은 자신들의 교리가 위험하다는 점이 지적되고 단죄되기 전에 사망했다. 테오도로에 따르면 영원하신 말씀이 취한 인성은 인간 육체와 이성적 영혼으로 구성된 완전한 인성이다. 영원하신 말씀은 바로 은총으로 이 인성과 결합한 것이다. 그러므로 영원하신 말씀은 인간 안에서 일종의 천막이나 성전처럼 내주한다. 그 결과 이런 결합은 본질적인 현존이 아니라 단순히 호의에 따른 것이다. 바로 여기서 마리아는 본성상 인간의 어머니이며 관계에 있어서는 하느님의 어머니인 것이다. 네스토리우스는 테오도로의 바로 이런 이론을 본질적으로 지지하고 있었다.

교의 도움으로 네스토리아니즘의 본거지가 된 누시비안의 신학 아카데미를 시작하게 된다.

정치적으로 비잔틴에 저항하던 페르시아는 그리스도교 이단이 활성화되고, 누시비안에서는 네스토리아니즘에 영향을 받은 신학자와 성직자들 세대가 형성되기에 이른다. 누시비안의 주교 바르 사우마(460~484)는 에데사 신학 아카데미 출신이었는데, 셀레우키아-크테시폰의 카톨리코스 바보오와이 1세 대주교를 반대하는 네스토리아니즘을 추종했다. 바보오와이 1세 대주교는 콘스탄티노폴리스와 정통 교리를 추종한다는 이유로 484년 사형된다. 셀레우키아-크테시폰 좌를 바보오와이 대신 차지한 네스토리우스파 바르 사우마는 동방교회와 단절하면서 독자적 교회를 선포한다. 491년 그는 베이트 라파트 시노드(484)[31]를 반대한 이들에 의하여 살해된다. 이 시노드에서 네스토리아니즘이 페르시아 교회의 교리로 선포되고 수도자들과 주교들의 독신제가 폐지된다. 이 시기에 셀레우키아-크테시폰 교회는 마르 바바이 1세 대주교(497~503)에 의하여 더욱더 네스토리아니즘을 추종하게 되었으며 결국 사산 제국의 왕 자마습은 모든 이들의 독신제를 폐기하였고 다른 교회들에 대해 이 교회의 독립성을 확인했다(497).[32] 정치적인 압박과 신학자들의 영향으로 동방교회는 네스토리아니

31) 페르시아에 있는 베이트 라팟은 260년경 사포르 1세가 비잔틴과의 전쟁에서 승리한 후 그곳으로 보내지는 포로들을 수용하기 위하여 만든 도시다. 이곳에는 많은 그리스도교인들이 모여들어 공동체를 형성했다. 초기에 베이트 라팟은 주교좌가 있던 곳이었는데 410년에 동방교회의 대주교가 거주하는 곳이 되었다.

32) 마르 바바이 1세는 총대주교가 되었을 때 기혼자였다.

즘에 빠진 교회가 되고 말았다. 네스토리아니즘은 항상 평화를 해치는 논쟁적 주장이었다. 이런 논쟁은 사실 사산 제국과 동로마 제국 사이의 대치 상황과 결합된 이유들을 갖고 있었다. 사산 제국은 네스토리아니즘을 옹호했고 동로마 제국은 그것을 거부하여 싸웠기 때문이다. 이런 이유들은 정통성을 능가하는 것이었다. 전쟁과 신학적 논쟁에 지친 그리스도교 공동체는 평화를 갈망하게 되었는데 이런 염원이 동방교회가 네스토리아니즘에 빠지게 된 원인이 되었던 것이다. 또한 네스토리아니즘의 길을 따르게 된 동기에는 인근 교회들인 시로-안티오키아 교회, 콘스탄티노플 교회로부터 동방교회가 독립된 존재로 있었다는 점도 포함된다. 이것은 280년부터 이미 셀레우키아-크테시폰 주교는 그 자체로 카톨리코스, 곧 대주교 칭호를 지니고 있었고 그것은 그 후계자들에게도 이어졌으며, 410년 시노드에서 대주교 칭호에 '대관구장 주교와 동방교회의 수장'이란 칭호가 부여된 것을 고려하면 더욱 분명해진다. 이런 상황에서 정치적 요인들은 단절을 더욱 촉진시켰고, 424년에 마르 다디쇼 1세(421~456)는 스스로 총대주교 칭호를 사용했다. 몇몇 학자들은 동방교회가 네스토리아니즘에 동의하는 상황이 존재했음에도 불구하고 5세기와 6세기 시노드 기간 중에 그 신앙고백은 아직 정통성을 유지했던 것으로 보고 있다. 왜냐하면 612년에 이르러서야 네스토리아니즘이 번창하여 그 문제가 드러났기 때문이다. 본질적으로 동방교회는 정통 신앙을 유지한 것으로 보인다. 반면에 사산 제국은 교회를 단절시켜서[33] 네스토리아니즘의 영향 속에 남게 했던 것이다. 셀레

33) Cf. L. Sako, *The Chaldean Church – A Story of Being*, stampato in proprio, Kirkuk, 2009, p.7.

우키아-크테시폰 교회의 좌는 그 설정 초부터 마르캅타 시노드까지(424) 약 20개의 대도시를 거느린 것으로 드러난다. 이 공의회는 '카톨리코스 대주교'는 그리스도로부터 직접이 아닌 한 재판받지 아니한다는 것을 결정했다. 그리고 사르디카 공의회(343)의 결정들이 동방교회에서도 수용되었지만 셀레우키아-크테시폰 대교구는 다른 교회들로부터 독자적인 교회라는 점을 결정했다. 사르디카 공의회에서는 주교들의 소송 사건에서 교황에게 올리는 상소 원칙을 재확인했다.[34)]

5세기와 6세기 동안 박해[35)]와 신앙에 대한 허용을 둘 다 경험한 동방교회는 사산 제국과 비잔틴 제국 사이의 수많은 전쟁으로 어려운 시기를 보냈다. 이런 전제들은 동방교회를 더욱 폐쇄적인 길로 가게 만들었다. 130년 동안 메소포타미아, 시리아(611년 사산 제국의 호로스 2세에 의하여 점령됨), 예루살렘(614년에 침탈당하고 파괴됨), 이집트(621)는 전쟁터였던 것이다. 메소포타미아 중심부에 대한 비잔틴 제국의 공격(628)은 니네베와 크테시폰의 티그리스 강 평원까지 이어졌다. 이렇게 사산 제국은 멸망의 길에 들어서게 되었다. 사실 사산 제국은 이슬람 아랍인들의 침략과 더불어 사산 제국 마지막 황제인 야즈데게르드 3세가 메르브에서 살해당하고 나서(651) 얼마 후 사라지게 된다. 아라비아인들과 사산인들 사이의 5년 동안의 전쟁에서 페르시아 제국의 멸망은 급속도로 이루어졌고 그 지역은 '칼리파칼리프'(Califfato)가 지배하는

34) Cf. *Oriente Cattolico - Cenni storici e statistiche, Sacra Congregazione per le Chiese Orientali*, Città del Vaticano, 1974, p.378.

35) 특히 태양신에 대한 믿음으로 그리스도교를 대체하려 했던 코스로이 2세 치하에서 더욱 그러했다.

지역이 된다.

그러나 5세기와 6세기는 동방교회에서 수도원을 중심으로 선교가 이루어진 시기이기도 한다. 수도 생활은 메소포타미아 전역과 페르시아, 아라비아 해안, 북쪽으로는 실크로드를 따라 중앙아시아 민족들에게까지 영향을 미쳤다. 비록 수도 생활이 시리아에서 넘어왔기에 어느 정도 그 영향이 있었다고 해도 메소포타미아 북부 지역에서는 점차적으로 대중화되었다. 누시비안 근처에는 상당수의 수도 생활 장소들이 퍼져 있었음이 기록되었을 정도였다. 예를 들면 3세기 말로 추정되는데, 누시비안의 주교였고 338년에 사망한 야곱 은수자, 그리고 에데사와 오스로에네에 있던 마르 줄리안 사바(†367), '노수도자'(열 명 정도의 은수자들이 모여서 공동 수도 생활을 함) 등이 있다. 아직 이 시기의 수도 생활은 그렇게 잘 정립되지는 못했던 것 같은데, 에데사의 주교 라불라는 수도 생활을 발전시키기 위하여, 보다 더 규칙을 정하고 정돈하였다. 그렇더라도 백성들 사이에서는 수도원들과 은수자들, 그리고 하느님을 찾고 고행과 기도 생활을 추구하는 사람들이 찾아갔던 동굴들에 대한 상당한 존경심이 있었다. 350년경에는 누시비안 근처 이즐라 산에 아주 중요한 수도원이 설립되었고, 이 수도원으로부터 많은 수도원들이 다른 지역에까지 전파되었다. 특이한 점은 여성들 사이에 은수자 생활이 시작되었다는 점이다. 치로의 테오도레토[36]에 따르면 마라나와 치라가 있다. 이들은 자신들과

36) 그는 안티오키아 학파의 위대한 마지막 신학자였고 치루스의 열성적인 주교였고 에우티케의 단성론을 반대한 사람이었다. 393년경에 태어나 466년에 죽었다. 『수도자들의 역사』(440), 에우세비오를 이은 『교회사』(450), 『간략한 이단사』(453)와 같은 많은 저술을 남겼다.

다른 여인들을 위하여 수도원을 창립하였고, 그들은 세속과 떨어진 은수 생활을 했다. 시리아의 에프렘도 '계약의 딸들'에 대해서 언급하는데 이들 가운데 프로티니데, 토마이데, 페브로니아는 누시비안에서 수도 생활의 발전에 기여한 이들이다. 페브로니아는 자매들에게 영적 지도자로 큰 역할을 했으며 디오클레치아노 황제 박해 때에 순교한다(†305). 주목할 만한 일은 그 시기 교회에는 라불라 주교가 언급한 것처럼 '여성 부제들'(diaconesse)이 존재했었다는 점이다. 이 여인들은 성당에서 은둔하며 지내기도 하고 자기 집에서 지내기도 했다. 이들의 존재는 5세기와 6세기에는 공동생활 형태로 발전한다.

5세기에 동방교회의 수도 생활은 교리적 논쟁이 지속되는 가운데 베이트 라파트 시노드에서의 수도자 독신제 폐지 결정으로 손상되었다. 이 결정은 553년에 개혁이 있기까지 상당한 문제를 야기시킨 결정이었다. 이즐라 산의 수도원장 카슈칼의 아브라모(492~586)가 수도 생활의 위대한 개혁자였다면, 바바이 총대주교(609~628)는 혼인한 수도자들을 수도원에서 모두 추방하면서 개혁을 완성했다. 이런 개혁 정신은 복음을 전파해야 할 지역에서 수도원을 설립하면서 복음 전파의 중요한 사명을 수도자들이 이해하도록 하는 것만이 아니라, 신학 발전과 사제 양성을 위한 수도원들을 설립하도록 했다. 사실 이것은 교회가 항상 필요로 하는 긴급한 요청들이었다. 이런 맥락에서 많은 수도자들이 교구들을 인도하도록 부름 받았던 것이다. 아비 1세 총대주교(540~552)는 동방교회의 조직을 재정비했고, 이즐라 산의 수도자였던 바바이 총대주교 시대에는 메소포타미아와 페르시아 지역의 백성들 대부분이 그리스도교 신자들이었다.[37] '시안의 석비'(781)가 증언하고 있듯이 아랍인들의 침공 때(651) 동방교회는 중국 방향인 동쪽으로 확장되었다. 그리고 그리스도교 신앙은 중앙아시아의 튀르키예와 몽골 민족들 사이에서도 고백되었던 것이다. 뿐만 아니라 아프가니스탄(헤라트), 사마르칸트(우즈베키스탄), 인도에도 주교좌들이 설정되었다.

---

37) 루이스 사코에 따르면 바바이는 교회에서 가장 저명한 인물이 되었다. 그의 그리스도론은 몹수에스티아의 테오도로에 대하여 명확하게 밝혔고 그의 용어도 612년 신학 논쟁에서 동방교회에 의해 채택되었다(Cf. L. Sako, *op.cit.*, p.8).

— 제 2 장 —

아랍,
몽골,
투르크메니

1. 아랍에 의한 정복과 지배 그리고 동방교회의 확장: 번성기와 쇠락기

아랍인들은 헤지라 기원후 622년경[1]에 아라비아 중심부를 떠나 비잔틴과 페르시아를 공격하면서 이집트, 팔레스티나, 시리아를 정복하기 시작한다. 아랍인들은 까디시야 전투에서 페르시아 사산 제국에 승리하고 제국의 수도 크테시폰을 점령한다. 그리고 그들은 페르시아의 내부를 향한 동쪽 길을 개척한다. 몇 년 후에 비잔틴 제국의 절반 정도와 페르시아 제국의 절반가량이 아랍인들의 손에 넘어가고 칼리파 통치 시대가 열린다. 비잔틴 제국과 페르시아 제국 사이의 잦은 전쟁은 두 제국 모두를 약화시켰다. 그리고 비잔틴 제국에서 벌어진 단성론자들과의 교리적 싸움과 그들에 대한 비잔틴인들의 박해는 그 시대의 그리스도교를 근본적으로 약화시키는 데 일조했고 그래서 새로운 정복자들에게 쉽

1) 〔옮긴이 주〕 무하마드는 이때 메카에서 메디나로 출발했다.

사리 자리를 내주게 되었다. 비록 그리스도교인들이 이슬람으로 개종해야 할 의무는 없었지만 아랍인들의 지배라는 새로운 환경에 적응하는 것은 단순한 것이 아니었다. 칼리파 통치하에서 그리스도교인들은 아주 무거운 지즈야라는 세금을 부담해야 했다. 사실 메소포타미아에서 사산 제국인들은 가장 무거운 세금을 내야 했다. 아랍의 몇몇 권력은 그리스도교인들에 대하여 적대적 태도를 취하기도 했다. 왜냐하면 이슬람교도는 그리스도교인이나 다른 종교인들과 동등한 입장에서 취급될 수 없다는 생각 때문이었다. 실질적으로 이슬람 신자가 아닌 사람들, 지하드 정신으로 무장된 이슬람인들에 의해 정복된 비이슬람 피정복자들은 개종, 죽음, 노예 생활을 선택해야 했고 유대인이나 그리스도교인들은 딤미라는 세금 제도를 받아들여야 했다. 다시 말해서 보호를 받는 대신에 '오마르 조약'[2]처럼 보호세를 납부해야 했던 것이다.

예전에 로마 제국이든 사산 제국이든 그 지역의 그리스도교 신자들은 종교적으로나 문화적으로 중요한 도시들에서 새로운 환경에 적응해 나가야 했다. 전쟁에서 승리한 자들은 점령지 도시의 그리스도교 신자 부족들과 계약을 맺었고 그곳에서는 당시의 제도들을 그냥 유지하는 일종의 경배 자유와 어느 정도의 자치권이 인정되었다. 사실 이슬람교는 하느님과 예수님에 대한 유대-그리스도교적 신앙의 요소들을 갖고 있었다. 이는 사실 네스

2) '오마르 조약'은 이슬람이 정복한 땅에서 비무슬림(유대인과 그리스도교인)의 시민 지위와 관계들을 조정하기 위해 칼리프 오마르 이브 알 카탑이 673년 체결한 역사적 조약이다.

토리아니즘의 영향을 받았던 것의 유산물이었고, 성모마리아에 대해서도 그들은 알고 있었다. 이런 점들은 이슬람교도들이 그리스도교인들에 대한 약간의 관용 정책을 펼치는 데 기여했다. 또한 하루에 다섯 번 기도하는 것, 단식, 자선 등과 같은 것들은 윤리와 영적 생활에서 이슬람교도들이 그리스도교인들과 공유하고 있던 것들이다. 이렇게 적어도 처음에는 그리스도교인들의 종교 생활은 그런대로 유지될 수 있었고 성당들과 수도원들도 자유를 누렸다. 그러나 이런 시간은 그리 오래 지속되지 않았다. 왜냐하면 경제적인 측면에서 지즈야와 딤미를 낼 수 없어서, 빈곤층에 속한 이들은 종교적으로 이슬람을 선택할 수밖에 없게 되었던 것이다. 또한 승리자의 종교로 개종하는 것은 혼인상의 문제를 동반했다. 그리스도교 여성 신자가 이슬람 남자와 결혼할 경우가 그런 것이다. 이런 경우 정치적 의도 혹은 시기심, 혹은 복수심으로 문제가 야기되는 경우들이 생겨났다. 이런 현상과 더불어 메소포타미아 중남부의 어떤 부족은 정치적·경제적 이유로 보다 나은 이익을 취하기 위하여 이슬람으로 개종한 경우도 있었다. 네스토리아니즘에 속해 있던 히라의 락흐미디가 대표적 부족이다. 이들은 동방교회의 수도자들에 의하여 전교된 사람들이었다. 또한 페르시아도 조로아스터교에서 새 종교인 이슬람으로 개종하게 된다.

그리스도교 교부 시대에 있어서 아랍의 침공은 부정적인 측면들을 유발하였다. 예루살렘의 주교이자 오르토오씨아의 수호자이며 수도자이고 신학자인 소프로니오(634~638)는 도시가 아랍에 점령당하는 것을 본다(638). 그렇지만 소프로니오는 칼리프 오마르에게서 정복자라기보다는 순례자와 같은 모습을 보았다. 증거자 마씨모(580~662)는 수도자이면서 신학자였는데 이집트의 알렉산드리아에서 작성한 어떤 편지에서 하느님의 이름으로 자행된 잔인함을 비난했다(서한 14). 그리스 교회의 마지막 신학자이며 다마스쿠스 칼리프 시대에 그리스도교 백성의 수장의 아들이었던 다마스쿠스의 요한(650~749)은 101개의 이단 가운데에서 이슬람 신앙을 비판했다. 다마스쿠스의 요한은 네스토리우스파, 이집트와 시리아의 단성론자들,[3] 단의론자들,[4] 마니교도들[5]에 대해서 논쟁을 벌이곤 했다. 그 후에 호교론자들은 새로운 종교에 대하여 그리스도교 신앙을 옹호하는 데 기여했다. 또한 동시에 출중한 저술가들이 등장했다.[6] 이들은 이슬람 세계에서 그리스 고전과 의학, 수학 및 예술에 대한 이해를 소개했다. 이렇게 동방교회는 다른 교회들과 함께 아랍의 지배하에서도 커다란 문화적 흐름을 형성해 갔던 것이다.

메소포타미아는 에데사와 누사이빈과 같은 자신의 역사적 아카데미들과 함께, 그리고 바그다드와 같은 문화적이고 인구가 증가한 새로운 도시들과 함께 아바스 칼리파국 속에서도 새로운

---

3) 단성론에 따르면 그리스도 안에는 인간의 육신을 취한 유일한 본성, 곧 영원하신 말씀의 본성밖에 존재하지 않는다. 이집트의 단성론자들은 콘스탄티노플의 정통주의자들에게 반감을 품었고 그래서 그들의 영향력에서 벗어나기 위하여 아랍인들이 이집트로 들어오는 것을 기꺼이 맞아들였다.

4) 단의론자들은 그리스도 안에 오직 하나의 의지, 곧 신적 의지밖에 없다고 주장했다.

5) 그들은 현실을 선과 악 사이의 끊임없는 투쟁으로 표현한다.

6) Cf. I.M. Beaumont, *Christology in Dialogue with Muslim: A Cristical Analysis of Christian. Presentations of Christ for Muslim from the Ninth and Twentieth Centuries*, Oxford, Paternostre, 2005.

문명의 등대와 같이 변화되었다. 다시 말해서 메소포타미아는 자신의 고대 유산을 상기시키는 곳이 되었던 것이다. 아랍어는 이런 문화적 연결고리를 형성시켰다. 아랍어는 언어학적으로 발전되고 종교 행정, 학교, 사상 등의 삶의 모든 영역에서 중요한 자리를 차지하게 된다. 이슬람 사상은 코란에 대한 획기적 발전을 이룬다. 이슬람은 그리스도교의 방법론을 취하여 이슬람 정경들을 발전시키고 철학, 신비신학, 어문학, 인식론과 건축 및 예술을 발전시켰다.

8세기부터 11세기까지 그리스도교 학자들 가운데 몇몇 사람들을 언급하지 않을 수 없다. 우선 동방교회의 대주교 티모테오 1세(728~823)다. 그는 알 마흐디 칼리파와의 논쟁으로 유명하다. 다음으로 티모테오 1세와 동시대인으로서 아부 누흐 이반 알 살트 알 안바리가 있는데 그는 두 저서를 통하여 코란을 거부하였고 삼위일체 하느님에 대하여 논증했던 네스토리우스주의자였다. 그다음, 에데사의 테오도로 아부 큐라하(750~820)가 있다. 그는 멜키트 교회의 신학자로서 하란의 주교였고 아랍어와 그리스어로 많은 저서를 남겼다. 또한 그는 네스토리아니즘과 단성론자들의 주장에 맞서 정통 교리를 설파하였고 이슬람교 앞에서 그리스도교 신앙을 전파했다. 그리고 티크리트의 아부 라티압 하빕 이븐 후다이파(†830)가 있다. 그는 야곱파로서 4편의 신학 저서의 저자였고 어떤 이슬람 신도에게 삼위일체와 육화에 대하여 설명하는 서신들의 저자이기도 하다. 또, 네스토리우스주의자였던 암마르 알 바스리(바스라 출신, 800~850)도 있다. 그는 아랍어로 두 개의 호교론을 저술했다. 후나인 이븐 이삭(808~873)은 네스토리우스주의자로, 참된 종교에 도달하는 방법을 설명하면서 그리스도교가 참된 종교로서 기준을 모두 충족하고 있음을 알리는 글을 썼다. 그의 아들 이삭도 역시 번역가이자 저술가로서 활동했다. 그리고 압드 알 마쉬흐 이븐 이삭 알 킨디(9~10세기)가 있었는데 그는 이슬람과 그리스도교인 사이의 대화를 통해, 한 번은 그리스도교인이 이슬람교도를 초대하고 그다음은 이슬람교도가 그리스도교인을 초대하는 형식으로 대화를 하면서 두 종교 사이에 논쟁을 전개한 것으로 유명하다. 야흐야 이븐 아디(†974)는 야곱파로서 철학자이며 신학자였다. 그는 플라톤과 아리스토텔레스의 저술들을 번역한 사람이었다. 이사 이븐 츄라흐(†1008)는 바그다드 출신으로 철학자며 의사였고 호교론자였다. 아브 나스르 야흐야 이븐 쟈리르(1030~1103)는 티크리트 출신으로 야곱파 신부였고 의사이며 어문학자, 신학자였다. 누시비안의 엘리사(1049)도 유명한데 그는 대주교이며 네스토리우스주의자였고 알 마그리비와의 일곱 차례 만남에 대한 저술을 남겼다. 압달라흐 이븐 알 타이입(1000~1050)은 네스토리우스주의자로, 의사였고 그리스 고전의 해설가였으며 성서학자이면서 신학자였다. 조르조 와르다는 아르빌의 네스토리우스주의자로서 12세기경에 생존했던 인물이다. 이슬람과 그리스도교 사이의 논쟁에 있어서 언급하지 않을 수 없는 중요한 인물이 칼리파 알 마문이다. 그는 813년에서 833년 사이에 이슬람 공동체를 통치했던 인물인데 바그다드에 '바이트 알 힉크마'(지혜의 집)를 설립했다. 이 집은 칼리프 휘하의 학자들과 번역자들의 연구소였다. 이들은 그리스 사상이 아니라 그리스도교의 비이성적인 면모들을 추출하여, 비 이슬람교 신자들과의 이념적 논쟁의 도구들을 제공하는 목적을 갖고 있었다.

이런 맥락에서 우마이야 칼리파 통치 시대(661~750)와 그다음 압바스 칼리파 통치 시대(750~1258)에 동방교회 신자들이 무수히 이슬람으로 개종하게 되었다. 단순히 그리스도교 신앙이 사람들 사이에 뿌리내리지 못해서가 아니라, 이슬람 지하디즘(Jihadism)에 젖은 사람들, 그리스도교인들의 종속 조건, 경제적이며 행정적인 법률로 강제된 조건들, 그리고 공식 언어로서 아랍어 사용의 의무화[7] 등은 그리스도교 신자 행정관들을 아랍 행정관들로 대체시키는 일을 만들었다. 사회적 차원에서 이것은 그리스도교 신자들 공동체에 많은 결과들을 만들어 냈다. 비록 그런 일들이 서서히 이루어졌지만 말이다. 그렇지만 그리스도교 신자들 스스로 방어하는 효과를 가져오기도 했는데, 그래서 신자들은 시리아어와 아람어를 생활 언어로 고수했고 신자들 마을이 아니면 방문하지 않았으며 그런 식으로 자신들의 땅과 신자들 사이의 혼인 거행을 유지했던 것이다. 아랍어는 단지 외부 세계와 상업을 위한 언어로만 사용하였다. 셀레우키아-크테시폰의 파괴(642) 이후 총대주교좌는 일정한 시기에 장소를 옮겨야 했으며[8] 동시에 메소포타미아 지역에서의 선교적 활동에 제한을 받게 된다. 이 시기에 선교는 아랍의 지배권 밖의 지역에서 활발하게 성장하게 된다.

이 시기에 동방교회의 유명한 카톨리코스들이 있었다. 우선 이쇼야브 2세(628~645)가 있다. 그는 주교좌들의 서열을 정했다

7) 이는 우마이야 왕조의 세 번째 칼리프 알 왈리드(705~715) 때에도 일어났다.
8) 카톨리코스 이쇼야브 2세(628~645) 치하에서 총대주교좌는 보다 더 북쪽으로 옮겨가게 되었는데 지금의 키르쿠크로 옮겨간다.

(642년 시노드).[9] 마렘메흐(647~649)는 누사이빈에서 수학했고 수도자였으며 애덕 활동을 많이 한 덕스러운 사람이었다. 또한 이쇼야브 3세(650~658)는 누사이빈에서 교육을 받았고 수도자였으며 니네베의 주교와 아디아베네의 대주교였고 마지막으로는 카톨리코스가 되었다. 이쇼야브 3세는 아랍인들과 좋은 관계를 유지했으며 수석 주교로서 역할을 잘 이행했고 전례를 개혁했다. 그는 성체 공경을 위한 세 개의 찬미가, 곧 '압다이와 마리' '테오도로' '네스토리오'를 수도자 헤나니쇼의 도움으로 재편집하여 후드라(전례적인 사용을 위한 찬미가집)를 간행했다.[10]

지바르지스 1세와 요한난 1세 카톨리코스 시절에, 이슬람은 카르발라에서 알 후사인 이븐 알리가 살해(680)된 이후 가장 큰 위기를 겪었다. 그의 추종 세력들은 수니파 우마이야와 대항하면서 시아파를 형성했고 카르발라와 나자프라는 거룩한 도시에 뿌리를 내렸다. 시아파는 메소포타미아 남부에 이슬람 신앙을 세웠고 거기에서 페르시아로 확장해 나갔다. 8년 후 아바스 칼리파의 폭동으로 시아파 칼리파국은 다마스쿠스에서 바그다드로 이전했고(762),[11] 바그다드는 새로운 수도가 되면서 동방교회의 가톨릭 중심좌가 되었다. 이슬람에 의하여 통합된 이런 지정학적 환경에서 그리스도교인들 사이의 갈등은 사라지고 동방교회는 서방에까지 확장되어 나갔다. 그래서 그 주교좌들이 다마스쿠스, 예루

---

9) 대주교좌 다음으로 베이트 라파트(군디샤푸르), 니시비, 바스라, 아르빌, 키르쿠크, 라오르다시르, 메르브, 할라 좌들이 우선순위에 따라서 열거되어 있다.

10) Cf. L. Sako, *op.cit.*, p.10.

11) 칼리프 알 만수르에 의하여 762년과 767년에 세워졌다.

살렘, 알렉산드리아에까지 확장된다. 또한 남아시아와 중앙아시아에도 동방교회가 확장되었고 티베트까지 선교를 확장했다. 누사비안의 압디쇼(†1318)는 시리아의 저술가였는데 동방교회가 그의 시대에 이미 20개의 대주교좌와 200개의 주교좌를 갖고 있었다는 점을 언급한다.

카톨리코스의 기록에 따르면 바그다드로 좌를 옮긴 다음에 동서방 교회가 분열되기까지 46명의 총대주교가 있었다고 한다. 그렇지만 그 좌들이 항상 메소포타미아 지역에 있었던 것은 아니었다. 주교좌는 마르 야발라하 3세[12]때에 마라게로 이전했는데 이곳은 이란의 북서쪽에 위치한 도시였고 우르미아 호수에서 멀지 않은 곳이다. 이 도시는 몽골의 훌라구 칸(1217~1265)[13]에 의하여 만들어진 도시였는데, 바그다드를 파괴하고 만든 도시였다. 실제로 1258년 2월 13일 바그다드는 점령되어 파괴되었고 소중한 역사적 문헌들을 소장했던 도서관도 함께 소실되었다. 그리고 오랫동안 바그다드는 폐허로 남아 있게 되었고 주민들이 살지 않았다.

12) 마르 야발라하 2세의 이름은 랍반 마르코스다. 그는 1245년 북경에서 터키-위구르 가문 출신으로 태어난 것으로 보인다. 그는 중국에서 예루살렘까지 이어지는 고행의 순례길을 랍반 바르 사우마와 함께 하였다. 순례 도중에 랍반 마르코스는 마르 딩카 1세(1265~1281) 총대주교를 만나는데 이 총대주교는 마르코스를 중국의 대주교로 임명한다. 그러나 마르 딩카 1세가 죽자 랍반 마르코스는 야발라하 3세(1281~1317)라는 이름으로 동방교회 수장으로 선출된다. 그가 선출된 것은 아마도 몽골인들 가운데 인기가 있었기 때문일 것이라고 본다. 1304년 그는 몽골 제국의 수도 마라가에 거주하게 되었고, 그곳에서 여생을 마쳤다.

13) 그는 칭기즈칸의 조카이자 쿠빌라이 칸의 형제다. 훌라구 칸의 어머니는 동방교회의 네스토리우스파 그리스도교인이었고 그의 아내는 불교 신자였다.

2. 몽골인들의 시대와 투르크 시대. 동방교회의 쇠퇴기. 로마와 접촉하는 시도들

야발라하 3세 총대주교의 역사는 아주 의미심장한 방법으로 로마 교회의 역사와 연결되어 있다. 이는 아주 중요한 면이다. 왜냐하면 이는 로마 교회의 최고 권위와 동방교회와의 관계에 있어서 접촉이 없었던 몇 세기 이후로 다시 접촉하기 시작한 그 초기 접촉들을 형성하기 때문이다. 프란치스칸이었던 교황 니콜라오 4세(1288~1292)는 이제 막 교황직에 선출된 상태였는데, 그 시기에 로마에 랍반 바르 사우마[14]가 와 있다는 것을 알았고 그래서 그를 만나보고 싶어 했다. 랍반 바르 사우마는 야발라하 3세의 이름으로 교황을 방문하러 로마에 왔고 필립 4세와 에두아르도 1세에게 몽골의 사신으로 파견되었던 것이다. 랍반 바르 사우마는 교황 니콜라오 4세로부터 카톨리코스로 인정하는 주교 반지와 다른 선물들과 함께 하나의 칙령을 받게 된다. 그 칙령으로 랍반 바르 사우마는 동방교회 모든 신자들의 총대주교라는 사실을 인정받았다. 또한 랍반 바르 사우마는 1288년 성지 주일에 영성체를 하고 교황으로부터 성체성사를 집전할 수 있는 허가를 받는다.[15] 로마에서 바르 사우마는 로마 교회를 알게 되었고, 또한 '필리오쿼'(Filioque)를 배제한 신경을 외우던 동방교회를 로마에 알렸던 것이다. 니콜라오 4세는 문제점들을 모르지 않았다. 왜냐

---

14) 바르 사우마는 1220년경에 북경에서 태어났다. 위구르족 출신이었고 랍반 마르코스의 제자이자 수도자로서 20여 년을 생활한 사람이었다.

15) '필리오쿼(Filioque, 성자로부터)'라는 언급을 하지 않아 논란이 일기도 했지만 그는 추기경들에게 '나는 반대하러 온 것이 아니라' 교황을 경배하러 왔다고 말했다.

하면 랍반 바르 사우마는 수사로서 동방교회에 대한 문제를 다루어야 하는 인물이었기 때문이다. 이것은 1274년 리옹 공의회에서 다루어진 비잔티움 교회와의 관계처럼 민감한 문제였다. 그래서 니콜라오 4세는 아주 주의 깊게 이 수도자를 대접했던 것이다. 사실 니콜라오 4세 교황은 신심 깊은 사람이었고 평화를 사랑했으며 교회의 선익을 위해 헌신했다. 그는 예루살렘 성지 문제에 대하여 매우 우려했고 그 탈환을 위해 고심했다. 그는 타르타르족과 중국인 선교에 관해서도 관심이 높았다. 그렇기 때문에 니콜라오 4세는 이들과의 접촉은 그리스도교를 위하여 유익할 것이라고 생각하였다. 야발라하 3세 총대주교는 베네딕토 11세 교황(1303~1304)에게 보낸 1304년 5월자 편지에서 자신의 신앙을 고백했으나 네스토리우스파 주교들에 의하여 교회 일치가 거절되었다. 그러는 사이에 랍반 바르 사우마는 바그다드로 돌아갔고 거기서 자신의 방문기를 정리하여 기록한 후 1294년에 생을 마감한다.

압바스 왕국(1258)의 말기에 동방교회는 짧게나마 평화로운 시간을 보냈다. 쿠빌라이 칸을 포함하여 많은 몽골 황제들은 그리스도교인인 모친을 가졌었고, 지즈야 제도가 폐기되고 그리스도교인들은 국가의 다른 공직을 맡을 수 있게 되었다. 그리스도교에 호의적이었던 고대 도시들(누시비안, 에데사, 알레포, 다마스쿠스)은 이제 아랍인들에게서 몽골인들에게로 넘어가게 되었다. 그런데 쿠빌라이 칸 이후에 가잔 칸(1271~1304)은 그리스도교인 어머니에게서 태어났지만 불교로 인도되었다가 이슬람으로 개종하게 된다. 1295년 황제가 된 그는 처음부터 무관용의 태도를 보인다.

그래서 그는 지즈야 제도를 다시 도입하고 교회들을 파괴하면서 교회를 이슬람 회당으로 변경시키기도 했다. 어느 정도의 자유를 누리던 그리스도교인들은 무슬림들에 의하여 보복당하면서 피해를 입게 된다. 거의 1세기 동안 동방교회의 많은 성당과 수도원이 파괴되고, 가잔 칸의 통치 30여 년 동안 바그다드, 티크리트, 아르빌, 키르쿠크와 같은 도시에서 그리스도교인들은 급속히 사라지게 된다. 아르빌(1310), 디야르바키르(1317)에 있던 그리스도교인들은 무자비하게 처형되었고 여기에는 여인들과 아이들도 포함되었다. 어떤 이들은 노예가 되기도 했다. 그리스도교인들의 이런 쇠퇴는 메소포타미아의 종교적 지형을 변경시켰다. 이는 티무르 왕 시대에 극에 달했는데 그는 몽골계 튀르키예인으로서, 일차로 바그다드를 점령했다가 1401년에 다시 두 번째로 바그다드를 점령했다. 전해지는 이야기에 따르면 그 시기에 무려 9천여 명이 살해당했고 거기에는 그리스도교인들과 수니파인들이 포함되어 있었다.[16] 그때부터 바그다드는 그 지역의 중심 수도로 자리 잡게 된다.

야발라하 3세 총대주교의 뒤를 이어 티모테오 2세(1318~1331)가 총대주교가 되었는데 그는 향후 19세기에나 개최된 동방교회 시노드 이전으로는 마지막 시노드를 개최했었다. 티무르 왕국 내내 동방교회는 거의 모두 파괴되었고 그리스도교 공동체들은 페르시아에서 중국에 이르기까지 모교회와 단절되기에 이르렀으며 1368년 이후에는 사라지게 되었다. 이렇듯 그리스도교 공동체의

16) Cf. D. Wilmshurst, *The Ecclesiastical Organization of the Church of the East, 1318-1913*, Lovanii, In Aedibus Peeters, 2000, p.185.

쇠퇴는 급속도로 진행되었다. 메소포타미아 자체도 인구의 상당수가 전쟁과 굶주림, 페스트와 같은 전염병으로 감소되었다. 그래서 총대주교좌들도 카톨리코스들에게 안전이 보장되는 지역으로 자리를 옮기게 된다. 딩카 2세(1336~1381)는 니네베 근처의 카람레쉬로 자기 총대주교좌를 옮겼고 그다음에 쿠드샤니스로 옮겼다. 이후에 하카리 산으로 옮김으로써 통신망이 없는 외딴 지역에 자리 잡게 된다.

시몬 4세 바시디(1437~1497) 치하에서 로마와 동방교회에 접근하려는 새로운 시도는, 피렌체 공의회(1445)에서 교황 에우제니오 4세가 키프로스의 칼데아인과의 연합에 관한 교서 「베네딕투스 싯 데우스」(*Benedictus sit Deus*, 1445년 8월 7일)를 반포하면서 일어났다. 여기서 '칼데아'라는 용어는 로마와 친교를 맺은 네스토리우스 신자들을 가리키는 데 사용되었다. "하느님 찬미받으소서 (…) 이 하느님은 점점 더 많은 선의의 표시와, 공로가 없는 우리가 받을 것보다 더 행복한 결과를 가져다주시고 동행하시는 하느님이시고 피렌체 보편 공의회에서 동방교회와 서방교회와의 일치를 가져다주셨습니다. (…) 그리고 아르메니아인들, 야곱 족, 메소포타미아 사람들이 순종으로 돌아온 후 (…) 칼데아 사람들은 그들의 대주교인 나를 보냈고, 나 티모테오는 존경과 신심으로 신앙과 교리를 다음과 같이 고백하였습니다: '키프로스의 대주교인 타르사의 티모테오는 제 자신과 모든 백성을 위해, 가장 복되신 교황 성하 에우제니오 5세와 이 거룩한 사도좌 앞에서, 장차 나는 당신과 거룩하고 유일한 어머니 로마 교회와 다른 모든 이들의 머리로서의 당신의 후계자들에게 항상 순종할 것을 약속합니다.'"[17]

3. 동방교회 안에서 분열: 칼데아 교회

사실 일치는 조금밖에 지속되지 않았지만 그런 사건은 그냥 사라질 일은 아니었다. 로마와의 친교를 재개한 것은 동방교회 내에서의 분열에 의한 결과였다. 그 당시 튀르키예 이슬람 당국으로부터[18] 자신을 방어하기 위해서, 즉, 앞서 언급한 시몬 4세 바시디가 삼촌-조카 관계에 따라 가문의 세습 특권을 통하여 총대주교가 되어야 한다고 주장하는 이슬람 당국으로부터 자신을 방어하기 위한 것이었던 것이다. 그 뒤를 이어 네 명의 총대주교가 등장한다: 시몬 5세(1497~1501), 엘리야 5세(1502~1503), 시몬 6세(1504~1538), 시몬 7세 바르 마마 이쇼바브(1539~1558)이다. 총대주교직 수행[19]과 세습 계보의 확립에 대한 논란은 결코 사그라들지 않았다. 많은 주교들은[20] 오랜 논쟁 끝에 선출직으로 돌아가기를 희망했다. 그리하여 1552년, 세습 계보에 반대하던 요한난 술라카를 알코쉬 근처에 있는 수도원인 랍반 호르미즈드 수도

---

17) Bolla, *Benedictus sit Deus,* Sess. XIV.; Cf. S. Rassam, *Christianity in Iraq,* Gloucester, Freedom Publishing, 2010, p.108.

18) 타르멜레네 이후 페르시아 사파비 왕조는 메소포타미아를 점령하여 이들을 추방하기까지 두 개의 투르크파들이 이라크를 통치하다가 1538년 오스만 제국에 의해 대체되었다.

19) 시몬 7세 총대주교 시절(1538~1551), 그는 커다란 스캔들을 일으킨다. 10살짜리 조카와 15살짜리 조카를 대주교로 축성하고 평신도들에게 총대주교좌 행정을 맡겨 버린 것이다.

20) 이들은 아미드, 시어트, 우르미아의 주교들이었다.

원장으로 선출하였다. 술라카는 프란치스코회를 통해 로마로 가서 율리오 3세에게 가톨릭 신앙을 고백하고(1553년 2월 20일), 주교서품을 받고 '모술과 아시리아의 총대주교'[21]라는 칭호와 팔리움을 받는다. 얼마 지나지 않아 그런 칭호는 '칼데아인의 총대주교'로 변경되고 요한난 술라카란 이름으로 아미드(디아르베키르)에서 가톨릭 신앙을 가르치는 임무에 있어서 두 명의 도미니칸 수도자들에게 도움을 받게 된다.[22]

새 총대주교는 두 명의 대주교와 세 명의 주교를 서임하지만 네스토리우스파 시몬 빌의 선동으로 오스만 제국은 그를 체포하여 고문하고 살해한다(1555). 그래서 그는 로마와의 일치를 위한 순교자로 기억된다. 요한난 술라카가 축성한 주교들은 술라카의 후임으로 압디쇼 4세 마론(1555~1570)을 선출했고 그는 1562년 비오 4세의 인정을 받아 세르트 수도원에 거주하게 된다. 술라카 총대주교와 함께 그 유명한 시몬이라는 총대주교 계보가 성립되며, 그 총대주교들은 여러 곳에 거주지를 정하게 된다(아미드, 우르미아, 시르트, 살른마스). 그러나 술라카의 후계자들이 모두 로마에 가거나 신앙 고백서를 로마로 보내서 교황의 승인을 받은 것은 아니었다. 압디쇼 4세 마론 후에는 세 명의 총대주교가 있었는데 야발라하 5세 시몬(1572~1580), 시몬 9세 딩카(1580~1600), 시몬 10세 엘리야(1600~1638)가 그들이다. 시몬 9세 딩카는 마지막으로 로마로부터 형식적인 승인을 받은 후에 다시 가문 세습 체제를 도입한다. 그리고 시몬 10세 엘리야는 총대주교좌를 살마스로 옮긴다. 시몬

21) 로마에서는 총대주교 시몬 7세가 사망했다고 여겼던 것이다.

22) Cf. S. Rassam, *Christianity...*, *op.cit.*, p.109.

10세 엘리야 이후 다른 세 명의 총대주교가 뒤를 잇는다: 시몬 11세 에슈요우(1638~1656), 시몬 12세 요알라하(1656~1662), 시몬 12세 딩카(1662~1700). 시몬 12세 딩카는 코차니스로 총대주교좌를 옮겨서 거주하며 1692년에 공식적으로 로마와의 친교를 단절하고 만다.

반면에 알코쉬에서는 거기에 거주하게 된 이들이 취한 엘리야 계보가 형성된다. 몇몇 사람들은 이 총대주교 계보를 동방교회 분열 이전 사도 성 토마스까지 거슬러 올라가는 적통이라고 생각하곤 한다. 여기에 속한 이들은 다음과 같다. 엘리야 6세(1558~1591), 엘리야 7세(1591~1617) — 이 총대주교는 로마와의 친교를 다시 재건한다 — 그러나 그의 후계자인 엘리야 8세 시몬(1617~1700)은 이를 거부한다. 그리고 다른 네 명의 총대주교가 이들의 뒤를 잇는다. 1778년 엘리야 딩카 총대주교가 사망하자 알코쉬의 총대주교좌는 로마와 친교를 맺지 않은 엘리야 13세 이쇼야브(1778~1804)와 가톨릭 신앙을 고백하는 그의 사촌 요한난 8세 호르미즈드(1778~1830)로 분리된다. 사실 엘리야 13세 이쇼야브(1778~1804)가 사망하고 나서 그 후임자인 요한난 8세 호르미즈드(1778~1830)는 로마와의 관계를 재건한다. 가문 세습 계보를 따르지 않은 이 모든 총대주교는 가장 거대한 총대주교 공동체의 수장들이 되었던 것이다.

1681년 아미드에는 유수프 계열이라는 총대주교 계보가 형성된다. 이 총대주교 계보는 알코쉬좌와 분리되어 로마와 친교를 이룬 계보이다. 이 계보의 시작은 아미드의 유수프 대주교가 카푸친 회원들의 도움으로 엘리야 9세 요한난 마로긴(1660~1700) 총대주교와 결별하고, 교황의 인정을 받고 유수프 1세(1681~1696)라는 이름을 얻으면서 시작되었다. 그의 뒤를 이은 총대주교들은 세 명이다: 유수프 2세 슬리바 마루프(1696~1713), 유수프 3세 티모시 마로게(1713~1757), 유수프 4세 라자레 힌디(1757~1780). 이들 모두는 유수프 5세 아우구스티누스 힌디(1780~1872)까지 가톨릭 교회와 친교를 이루던 총대주교들이다. 유수프 5세 아우구스티누스 힌디(1780~1872)는 1802년부터 총대주교좌 서리였고 1812년부터 칼데아 바빌론 총대주교좌의 교황사절로 활동했던 인물이다. 그는 로마로부터 총대주교로 인정받지 못했다. 형식상 1830년 요한난 8세 호르미즈드 총대주교와 함께 엘리야 계보인 유수프 계열과 재결합하여 현재의 칼데아 교회좌가 있는 모술에 정착하기까지, 총대주교좌는 공석으로 남게 된다.

이 복잡한 역사 속에서 소위 시몬 계열의 총대주교들은, 코차니스에서 시몬이라는 이름으로 총대주교직을 맡은 이래로, 그 마지막인 시몬 21세 이사이(1920~1975)까지 이어간다. 이 계보는 시몬 21세 이사이로 종지부를 찍는다. 이 총대주교 계보는 오늘날 아시리아 동방교회를 형성하게 되는데, 이는 1964년 고대 동방교회 설정으로 또 다른 분열을 만들고 만다.

12세기 이후 동방교회는 위에서 언급한 모든 역사적 사건 때문에 급격한 쇠퇴를 겪게 된다. 이런 쇠퇴는 단지 지리적 관점에서만 이루어진 것이 아니라 수적으로도 축소된 것을 의미한다. 그리하여 동방교회는 거의 공간이 확보되지 않은 소수민족의 종교 집단으로 남게 되었고 6세기부터 12세기까지의 황금기와 같은 과거에 대한 향수에 젖어 생존하는 집단으로 쇠퇴하고 말게 된다. 이런 상황이 지속되게 된 이유에는 동방교회가 지리적으로 고립되었던 요인만이 아니라 이슬람의 종교 정책, 군주들의 정복, 20세기 초 아르메니아, 시리아, 아시리아, 칼데아인들에 대한 대량 학살로 끝난 오스만 제국의 지배도 한몫했다. 그러나 아주 미묘한 위기는 교회 자체 내부에서 유래한 것이다. 총대주교좌의 혼란, 성직자들의 사목 생활 결여, 가문이 지배하는 봉건적 영주로 변질된 주교좌, 대부분 기혼 상태인 사제들의 교육 부재, 수도 생활의 위기 등 교회 내부 자체에서 비롯된 위기였던 것이다.

동방교회의 재건과 사목적 부흥에 있어서 주목할 만한 자극은 바로 라틴 교회와의 접촉과 관계였다. 처음에는 메소포타미아 북쪽에서 아주 큰 성공을 이루었는데 이는 프란치스코 회원들을 통해서 이루어졌다. 그 후 도미니코 회원들과 가르멜 회원들과 예수회원들에 의하여 많은 주교와 신자가 가톨릭교회와 친교를 맺게 되었다. 이 선교사들은 특별히 칼데아 교회에 영적인 힘을 제공하는 주된 통로가 되었고 신심, 수도 생활, 성직자와 신자들의 교육을 조직화하고 지원했다.

— 제 3 장 —

메소포타미아의 라틴 교회: 사파비 왕조와 오스만 시대

1. 페르시아와 메소포타미아에서의 라틴 교회(로마 가톨릭) 선교의 기원

1508년부터 1534년까지 26년 동안 페르시아 사파비왕조는 메소포타미아를 점령하고 투르크족에 대한 지배를 이어갔다. 샤 이스마일(Shah Ismail) 1세는 1487년 권력을 장악한 후 1502년 시아파 이슬람(Shiite Islam)을 국교로 선언하였다. 1508년 그가 "두 강 사이의 땅"(land between two rivers)을 차지하자, 수니-오스만-투르크족들은 메소포타미아와의 합병을 정치와 종교에 대한 페르시아의 팽창주의 정책으로 간주하고 위협을 느끼게 되었다. 그리하여 다소 무자비한 군주였던 술탄 세림 1세(Sultan Serim I, 1465~1520)는 페르시아인들과 전쟁을 시작하여 1514년 칼드론(Caldron)에서 이들을 제압하였다. 그러나 1534년에 마침내 바그다드를 정복하고 대부분의 메소포타미아 지역에서 실제로 항복을 받아 낸 사람은 바로 술레이만 대제(Suleiman the Magnificent, 1520~1566)였다. 이때부터 이 지역은, 특히 아나톨리아(Anatolia) 국경 지대부터 멀리는 바그다드와 바스라(Basra), 가까이는 시아파 성지에 이르기까지 바람 잘 날 없이 끊임없는 분쟁이 일어나는 곳이 되어 버렸다. 16세기에 들어서 선교사들은 페르시아와 메소포타미아에 관심을 두기 시작했으나, 페르시아인들과 오스만족 사이에 지속된 갈등은 선교사들의 삶을 종종 힘들게 만들었다.

페르시아와 메소포타미아에 라틴(로마 가톨릭) 교회가 시작된 역사는 매우 흥미롭다. 이 두 나라에서 전개된 선교사들의 활동은 첫 교구(diocese)가 설립되고 교계 임명(episcopal appointments)과 사목 활동의 필요성에 대한 최초의 규정들이 만들어지기까지 수년 동안 서로 얽혀 있기 때문이다. 선교사들의 존재는 로마 교회(the Church of Rome)와 동방교회(the Church of the East)의 만남을 위한 중요한 촉매제가 되었고, 이러한 만남은 칼데아 교회(Chaldean Church)의 탄생을 가져온 가시적인 결실로 이어졌으며, 활기찬 시리아 가톨릭(Syriac-Catholic) 공동체, 그리스 멜키트(Greek-Melkite) 공동체, 그리고 아르메니아 가톨릭(Armenian-Catholic) 공동체가 탄생하는 계기가 되었다.

트렌트 공의회는 종교개혁 이후 교회의 성격과 나아갈 방향을 모색하기 위해 개최되었는데, 개신교의 종교개혁 지역들은 물론 동유럽과 서유럽까지 신속하게 문호를 개방하고 새로운 지역에서의 선교 활동을 재개할 것을 재차 권고하였다. 특히 9세기에 걸쳐 회교(Islam) 세력의 침략이 확산되어 자리를 잡아 가던 고대 동방교회(Eastern Churches)의 근동(Near East) 지방에 특별한 관심을 두었다. 이 지역은 요한난 술라카(Yohannan Sulaqa)의 지도하에

네스토리우스파들이 1553년에 로마와 친교를 이루었던 곳이기도 하여, 그리스도인들의 일치(Christian unity)가 무엇보다도 절실하였다.

트렌트 공의회 이전에는 동지중해(the Levante) 주변국들과의 친교가 간헐적으로 이루어지기도 했었다. 일반적으로 선교사들은 메소포타미아 북쪽 지역을 가로질러 실크로드를 만났고 계속 동쪽으로 나아갔다. 반면 남쪽으로 방향을 바꾸어 유프라테스강이나 티그리스강을 따라 내려가거나, 아니면 이 두 큰 강과 인접한 지역에 머무는 경우는 매우 드물었다. 최초의 라틴 선교사 중 하나로 알려진 인물은, 복음 전파자들의 수도회(The Order of Preachers) 창시자인 도미니코 성인(St. Dominico)의 제자이자 동료였던 프랑스인 기욤 드 몽페라(Guillaume de Montferrat)로, 그는 1235년 바그다드의 종교 지도자 칼리프(the caliph)의 궁정으로 왔다. 몇 십 년 후 피렌체 도미니크 수도회의 몽테크로체의 리콜도(Ricoldo of Montecroce)[1]라는 수도사가, 동방을 선교하라는 교황 니콜라스 4세(Nicholas IV)의 명령을 받아 1290년에 이라크의 모술(Mosul)을 거쳐 마침내 바그다드에 도착하였다. 바그다드의 통치자 야발라하 3세(Patriarch Yaballaha III)는 그에게 네스토리우스 성당에서 설교할 수 있는 권한을 부여하였다. 그러나 그는 "하느님의 어머니(Mother of God), 마리아"를 언급하며 네스토리우스파의

---

1) Ricoldo of Montecroce(1243~1320)는 1288년부터 1300년 사이에 아시아 변방에서부터 메소포타미아에 이르는 지역을 여행하였다. 그의 기록은 근동에 대한 여러 가지 '놀라운 일들'(wonders)을 전한 최초의 기록 중 하나이며 그가 체험했던 여러 지역과 사람들을 묘사하고 있다(Cf. Enrico Artifoni et al., *Storia medievale*, Rome, Donzelli Editore, 1998, p.405).

심기를 건드리는 말을 공개적으로 하여 지역 사제와 충돌하기도 하였다. 그럼에도 불구하고 몽골인들은 그에게 선교할 수 있는 권한은 아니라 할지라도 기도실을 건립할 수 있도록 허용해 주었다. 그곳에서 그는 10년간의 임기 동안 쿠란(Qur'an)의 라틴어 번역을 시작하였고, 그 지역을 광범위하게 여행하였으며, 현지 수도원들도 방문하였다. 그는 이와 같은 자신의 경험을 『동방 지역 순례의 책』(*Book of a Pilgrimage in Parts of the East*)에 기록하였다. 이어서 도미니코 수도회의 복음 전파자들(preachers)과 프란치스코 수도회의 탁발 수사들(friars)이 14세기까지 이 지역에 간헐적으로 파견되어 로마와 네스토리우스파 총대주교 사이에 일종의 관계가 형성되기는 하였으나 어떠한 의미를 부여하기에는 많이 미흡했다.

트렌트 공의회(1545~1563)의 기대에 부응하기 위하여 교황 그레고리오 13세(Gregorio XIII)는 공의회가 끝난 후 10년이 되던 1573년에 '그리스문제성'(Congregation for Greek Affairs)을 창설하여 동방 기독교인들에 대한 특별한 관리를 책임지게 하였다. 그 후 이 기구는 교황 클레멘스 8세(Clement VIII)에 의해 '신앙 및 가톨릭 종교 문제성'(Congregation on Matters of Faith and the Catholic Religion)으로 전환되었다. 그러나 교황 그레고리오 15세(Gregorio XV)는 교서 「인스크루타빌리 디비내」(*Inscrutabili divinae*, 1622)와 함께 가톨릭교회 전체의 선교 지원 활동을 책임지는 포교성성〔Sacra Congregatio de Propaganda Fide, 현 인류복음화성(Sacred Congregation for the Propagation of the Faith)〕을 설립하여 동방 가톨릭 선교에 보다 많은 관심을 기울이고 관리를 맡도록 하였다. 그 후 가톨릭 신앙을 홍보하고 방어하는 임무를 맡은 포교성성은 교황 우르바노 8세(Urban VIII, 1623~1644)에 의해 한층 더 많은 개혁이 이루어졌다. 그는 동방 기독교인들에 대한 사목적 필요성을 충족하고 로마와 동방교회와의 재결합을 추진하기 위하여 특별한 책임을 지닌 두 위원회를 설립하였다. 동시에 교황은 메소포타미아 출신 사제들을 포함하여 그 지역 출신의 방인 사제들을 교육하고 훈련시키기 위한 최초의 기구인 포교성(College for Propaganda Fide, 1627)을 설립하였다. 그레고리오 15세 교황의 역사적 통찰력을 이어받아 교황 비오 9세(Pius IX)는 1862년 포교성 안에 동방전례평의회(Pro negotiis ritus orientalis)를 설립하였다. 베네딕토 15세(Benedicto XV) 교황은 한층 더 나아가 1917년 획기적인 개혁을 단행하여 동방교회의 정체성을 심화시키고, 동방교회에 대한 이해와 그들과의 유기적 일치를 증진하며, 그들과의 친교와 예식, 규율, 그리고 영성에 있어서 다양성을 보존하기 위하여 현재의 동방교회성(Congregation for Eastern Churches)을 설립하고 그 기능과 역할을 대폭 확대하였다.

메소포타미아 라틴 교회의 안정적인 현존은 1632년 9월 6일 설립된 바그다드 교구의 창설로 이어진 사건들과 밀접한 관계가 있다. 이 교구는 그 3년 전인 1629년 10월 12일 설립된 페르시아의 이스파한 교구(Diocese of Isfahan)와 거의 1세기 동안 서로 연관되어 있었다. 당시 페르시아는 아바스 1세(Shah Abbas I, 1587~1629)의 강압 통치하에 있었다. 그는 서쪽으로 영토를 확장하여 메소포타미아를 정복하였으며, 재임 기간 동안 로마 교황들과 광범위하게 서신을 교류하였다. 1592년 9월 30일자 서신에 의하면 클레멘스 8세(Clement VIII)는 투르크 술탄에 대항하여 전쟁 중이던 크리스천 연맹에 합류하도록 아바스 1세를 초청하였다. 페르시아도 이미 투르크와 전쟁을 벌이고 있었기 때문에 아바스는, 점점 더 막강해지고 전쟁을 일삼는 오스만 제국을 견제하기 위해 서방과 우호 관계를 유지해야만 하는 실질적인 동기가 있었다.

그러나 상호 의사소통은 쉽지 않았다. 선교사들과 무역상들만이 거의 유일하게 양측을 오갈 수 있었으나, 그들이 가야 하는 길은 봉쇄된 육로, 아니면 험난한 바닷길뿐이었는데, 양쪽 모두 위험으로 가득한 긴 여정이었다. 마침내 아우구스티노 수도회 소속의 맨발의 형제들 세 명이 이 험난한 여정을 시작하게 되었다. 이들은 포르투갈령 인도 제도의 총독에 의해 파견되어 해상을 통해 페르시아에 도착하였으며, 1603년 5월에서 1604년 1월 사이에 이스파한(Isfahan)에 도착했다. 그리하여 이들은 페르시아 왕 샤(shah)의 승낙을 받아 이스파한에 정착한 최초의 가톨릭 선교회가 되었다. 아우구스티노회 수도사들은 1607년 7월 맨발의 가르멜 수도회의 파올로 마리아(Paolo Simone di Gesù Maria) 신부가 소규모의 선교단과 함께 페르시아에 도착하여 아바스 왕(Shah Abbas)에게 알현을 요청했을 당시에도 이스파한에 있었다. 교황 클레멘스 8세가 파견한 5명의 가르멜 수사는 폴란드, 러시아, 그리고 코카서스를 거쳐 페르시아의 수도에 도착하였다.

그들 중 후안 타데오(Juan Taddeo) 신부는 이스파한에서 최초의 주교가 되었다. 이들은 왕에게 "교황의 사절"(emissaries of the pope)이라고 자신들을 소개하였으며 그들이 주장한 권한이 그대로 받아들여졌다. 아바스 왕은 그들에게 상당한 외교적 예우로 응대해 주었고, 페르시아 제국과 교황청 사이에 지속적인 사절단을 교환하자고 제안하였으며, 아르메니아 천주교인 백성들이 더 잘 동화되기 위하여 이스파한에 주교를 임명하도록 로마에 요청하기까지 하였다.[2] 이 작은 가르멜 공동체는 이제 왕의 보호를 받으며 스스로 새로운 환경에 맞부딪치기 위하여 페르시아와 아르메니아의 현지 언어뿐만 아니라 아르메니아인들의 종교적 관습과 전통을 학습하며 선교 활동을 시작하였다. 그러나 불행하게도 아우구스티노회 수도사들은 그와 같은 왕실의 배려를 누리지 못하였다. 그들은 1613년 결국 이스파한을 떠나게 되었고 바그다드를 거처 바스라에 도착했다. 포르투갈인들은 이 두 도시에 상업적인 관심을 지니고 있었기 때문에 수도사들이 선교 활동을 하는 동안 그들을 극진하게 보호해 주었다.

페르시아에 온 가르멜 회원들의 주된 목적은 분리되어 나간 네스토리우스파와 아르메니아인들이 로마와 가톨릭 신앙으로 다시 복귀하도록 하는 것이지만, 한편으로는 상업적인 업무로 그 지역을 이동하는 여행객들에 대한 사목적인 관심도 가지고 있었다. 또한 인도주의적 사업, 특히 부채나 다른 이유로 부유한 회교도에게 노예로 팔려 간 그리스도교인들의 구제에 특별한 관심을 기울이고 있었다.[3] 수도사들은 회교도를 상대할 때 직접적인 선교는 전적으로 금지되어 있었기에 자제를 하였지만 그럼에도 불

2) H. Chick, *A Chronicle of the carmelites in Persia and the Papal Mission of the XVIIth and XVIIIth Centuries*, vol. 1, London, Eyre and Scottiswoode, 1939, p.148.

3) *Ibid.*, p.243.

구하고 곧 시리아 기독교인, 아르메니아인, 조지아인, 아랍인, 네스토리우스파 모두 영적이고 도덕적인 도움을 받기 위하여 가르멜 수도사들에게 몰려오기 시작하였다. 우르바노 8세 교황은 이 용감무쌍한 선교사들에게 "우리의 자녀이자 대표로서 (…) 바빌론의 바스라에서 신앙을 전파하기 위하여, 바빌론에서도 그랬고, 아랍에서도 그랬던 것처럼" 왕의 자비를 받으라고 지시하였다.[4] 1623년경 바스라에서 세 명의 가르멜회 사제가 선교를 시작하였으나 거의 눈에 띄지 않을 정도였으며, 같은 해에 시라즈(Shiraz)에서는 페르시아에서의 첫 미사가 봉헌되었다.

이 무렵 유럽 왕국들의 정치적·경제적 관심이 고조되기 시작하자 선교사들의 선교 활동은 확대된 야심을 충족시켜 주기 위한 지원책으로 활용되었다. 프랑스는 페르시아만에 눈독을 들이고 있었다. 그곳에서 포르투갈, 스페인, 네덜란드, 그리고 영국은 이미 포함 외교(gunboat diplomacy)를 통해 무력으로 외교 관계를 형성하고 있었다. 그들은 튀르키예 제국에도 진출하였는데 1628년 리슐리외(Richelieu) 추기경은 프랑스 카푸친 회원들을 페르시아로 파견하였다. 1628년 6월 23일 세 명의 수사가 알레포(Aleppo)를 출발하여 25일 만에 테헤란의 북쪽 콰즈윈(Qazwin)에 도착하였다. 이들 중 한 명은 프랑스 국왕의 친서를 지니고 있었다. 그 친서는 그를 사절로 임명한다는 내용이었으나 당사자인 수사는 그 내용을 모르고 있었다. 그리하여 이 세 명의 사제가 "프랑스 사절단"으로 알려지게 되었고 이스파한과 바그다드에 거

4) Urban VIII, Apostolic Letter, March 9, 1624: *A Chronicle of the Carmelites in Persia*, vol. 1, pp.272~275.

주지를 얻었지만, 바그다드는 페르시아의 점령하에 있었다.[5] 가르멜회 수도사들은 페르시아의 수도에서 보낸 서신에 "아우구스티노회 형제들은 스페인 왕의 사절로, 가르멜들은 교황이 파견한 손님들로, 카푸친들은 프랑스 국왕의 사절들로 간주된다"라고 보고하였다.[6] 그러므로 메소포타미아 지역과 페르시아에 라틴 교회가 현존하게 된 것은 가르멜회, 카푸친회, 아우구스티노회 등 주요 수도회들의 노력의 결과였으며, 그밖에 도미니코 수도회는 아르메니아에서 적극적인 활동을 펼쳤고, 예수회는 시리아로 진출하였다.

가르멜들은 아바스의 통치 기간 동안 페르시아에서의 선교 활동에서 괄목할 만한 진전을 거두었다. 아바스 왕은 스페인인 후안 타데오(Juan Taddeo) 수사에게 진정한 호감을 보였다. 타데오 수사는 22년간 그 나라에 머물면서 그 나라의 언어를 배우고 그 나라의 관습들을 존중하였다. 자신의 왕국에서 라틴 주교가 탄생하길 원했던 아바스 왕은 가르멜회 수사들로 구성된 대표단을 로마로 파견하여 페르시아의 수도에 교구(episcopal see)를 창설해 줄 것을 요청하였다. 1628년 11월 2일 후안 타데오 신부는 교황 우르바노 8세에게 보내는 국왕의 친서를 지니고 페르시아를 출발하여 로마로 향하였다. 1629년 10월 29일, 그사이에 아바스 국왕이 서거한 사실을 알지 못한 채 그는 카스텔 간돌포(Castel Gandolfo)에서 교황을 알현하였다.[7] 페르시아에서 최초의 교구

5) *Ibid.*, p.283.

6) *Ibid.*, p.284.

7) 아바스는 서거 전에 그리스도교인 가정의 가족 구성원이 회교로 개종하면 전

탄생은 포교성성의 법령에 의해 마침내 실현되었다. 이는 그 나라에 다양한 선교사들이 파견되어 그와 같은 넓은 지역에서 광범위한 사목적 요구가 있음을 인정한 결과였다.[8] 그리고 타데오 신부가 페르시아에서의 독특한 경험과 현지 언어와 지역민들의 관습에 대한 해박한 지식을 소유하고 있었기 때문에 이 새로운 임무의 적임자로 간주되었다. 하지만 그는 로마의 주교좌(Holy See)를 대변하고 페르시아에서 활동 중인 다양한 종교 집단과의 조화를 지속적으로 유지하려면 세속 사제가 더 적합할 것이라고 믿었기 때문에 새로운 직책을 수용하는 데에 미온적이었다.

2. 이스파한과 바그다드(혹은 바빌론)의 라틴 교구 창설: 페르시아 시대 (17세기와 18세기)의 라틴 주교들

후안 타데오 신부가 주교로 임명되던 즈음에 그는 이미 59세로 건강이 의심스러운 상태였다. 같은 날, 또다른 가르멜회원인, 팔레모 출생이지만 스페인 국적을 가진 티모테오 페레즈 바르가스(Timoteo Pérez Vargas) 부교구장 주교에게는 바그다드 겸 바빌론 주교(episcopus Bagdadi sivi Babylonis)라는 직함이 주어졌다.[9] 베르나르디노 스파다 추기경(Bernadino Cardinal Spada)은 1632년 9월

체 가족 소유의 재산을 1/7까지 즉시 상속받도록 법을 제정하였다. 20년 내에 5만 명 이상의 그리스도교인들이 빈곤을 피하기 위해 개종한 것으로 추정된다. Cf. *ibid.*, p.288.

8) 1629년 10월 2일 우르바노 8세 교황에 의해 승인됨.

9) Michel Le Quien, *Oriens christianus, in quattuor partriarchatus digestus*, 5. "바그다드"와 "바빌론"은 서로 동일한 의미로 사용 가능하다.

18일 로마의 성령 성당에서 이 두 명의 가르멜 수사들을 이스파한과 바그다드의 주교로 각각 임명하는 착좌식을 거행하였다. 두 교구 지역의 경계는 포교성성의 법령에 의해 1632년 11월 3일에 결정되었다. 그리하여 이스파한 주교는 아시리아, 아르메니아, 조지아는 제외되더라도 페르시아 전역을 관할하게 되었고, 바그다드 주교는 모술(Mosul)에서 바스라(Basra)까지 아시리아와 메소포타미아를 아우르는 전 지역에 걸쳐 관할권이 주어졌다. 그러나 이스파한 주교에게 서면으로 동의를 받은 경우를 제외하고는 바그다드 주교는 페르시아에서는 어떠한 권한을 가질 수 없었다.[10)] 임명 직전에 교황은 타데오 신임 주교에게 그가 맡게 된 여러 가지 사목적 임무 이외에 별도로 새로운 선교지에서 다양한 분리론자들, 이단자들, 그리고 배교자들과의 화해를 도모하라는 특별 과제를 추가로 부여하였다. 또한 교황은 주교들에게, 아직 자신의 새로운 직책에 익숙하지 않은 사피 국왕에게 1633년 1월 9일자 친서를 전달할 것을 지시하였다. 사피(1629~1642)는 왕위에 등극할 당시 19세에 불과하였으며, 그리스도교 공동체, 특히 가르멜회 선교사들에 대해 특별한 존경심을 지니고 있었기 때문에 교황에게 그들의 활동을 치하하는 서신을 보내기도 하였다.

터키와 페르시아 전쟁(1630)의 여파로 이스파한과 하마단(Hamadan)의 종교 공동체에는 많은 문제가 야기되어 어려운 시기를 겪게 되었다. 바그다드 지역이 위협을 받게 되자 1629년부터 그곳에서 활동해 온 카푸친들도 심각한 위험에 처하게 되었다.

---

10) 이 경계는 1754년 4월 29일 연이은 포교령(decrees)으로 수정되었다.

1638년 무라드 4세(Sultan Murad IV)에 의해 포위된 바그다드는 12월 25일 투르크족에게 정복당하였다. 메소포타미아의 심장부에서 행해지던 선교 활동은 외국인들의 동향에 대해 가해진 엄격한 통제로 인해 중단되었다. 1633년 봄과 여름 사이에 타데오 주교는, 페르시아로 돌아가기 전에 방문하고자 했던 스페인을 향해 로마를 출발하였다. 그러나 그는 선교지에서의 자신의 직무를 맡지도 못한 채 1633년 9월 5일 레리다(Lerida)에서 선종하고 말았다. 그의 선종으로 부주교 티모테오 페레즈(Timodeo Pérez)가 이스파한의 주교가 되었다. 이 소식을 들은 포교성성은 바그다드 교구에 페레즈의 후임자를 임명하기 위한 절차를 시작하였다. 분쟁 지역을 가로지르는 긴 여행의 위험을 피하기 위하여 교황은 이미 바그다드에서 활동 중이던 가르멜의 디마스 델라 크로체(Dimas della Croce)를 바그다드 주교로 임명하였다. 페레즈는 당시 39세였으며 지시대로 이스파한에서 새로운 직책을 맡을 준비를 해야 하지만, 자신이 동양 언어에 무지함에 주눅이 들어 새로운 직책을 맡을지를 진지하게 숙고하기 시작하였다. 디마스는 1634년에 스페인에 머무는 동안, 그는 세고비아에 머물 수 있도록 로마에 휴가를 요청했다. 그리고는 마침내 교황의 칙령에 의해 자신의 직책에서 벗어나게 되었다.[11] 페레즈를 임명한 것도 신중하지 못했지만, 그가 임명을 받아들였다 해도 그에게 더 크게 실망을 했을 것이다. 그는 여하한 교회 관련 직무에는 전혀 야망이 없는 인물이어서 주교직을 노골적으로 거절하였으며, 그 후 얼마 지나지 않아 1639년 12월 23일 이스파한의 수도원에서 선종하였다.

11) 그는 리스트라 명의 주교(titular see of Listra)직을 수여받고 1651년 4월 5일 톨레도에서 선종했다.

이 시기(1585~1642)에 프랑스의 정책은 리슐리외(Richelieu, 1585~1642) 추기경의 통제 하에 있었다. 그는 중동에서 프랑스의 영향력을 확장시키려는 야심을 품고 있었다. 리슐리외 추기경은 페르시아 만에서 포르투갈과 네덜란드의 영향력에 맞서려 부단히 노력하였다. 마침내 기회가 오자 페르시아와 메소포타미아에 개입할 수 있는 틈을 장악하였다. 1629년, 파리 시의회 의원이었던 앙투앙 드 리쿠아르(Antoine de Ricouart)라는 부유한 프랑스인이 자녀가 없이 사망하자 전 재산은 미망인인 리쿠아르(née Le Peultre) 부인에게 상속되었다. 드 리쿠아르 부인은 모(Meaux) 지방의 가르멜 후원자였는데 그녀는 이들의 선교 정신에 특히 호감을 지니고 있었다. 1637년 그녀는 자신이 첫 번째 주교를 선택할 권리를 가질 것과 이후의 후계자들 모두가 프랑스 국적이어야 한다는 조건으로, 이교도들 가운데 새로운 주교좌 설립을 위해 6천 도블론(doubloons, 약 2만 4천 파운드)에 달하는 물품을 기부하겠다는 의사를 밝혔다. 교황 우르바노는 프랑스와의 우호 관계 유지에 매우 민감하였으며 주교좌 설립을 위해 새로운 재원이 필요하였기 때문에 그 조건을 수락하였다. 그리하여 1638년 6월 4일, 교황의 칙서(the Super universas)와 함께, 기부를 받아 새로 설립된 바그다드(또는 바빌론) 교구에 기금을 할당하였다.[12] 기부의 첫 번째 조건에 따라 교황은 1638년 7월 28일 드 리쿠아르 부인이 지명한 가르멜회 소속의 베르나르 드 생 테레즈(Bernard de Saint

12) "Ius nominandi ad dictam Ecclesiam personam idoneam quae tamen in Gallia, et non alibi nata semper esse debeat." Sacrae Congregations de Propaganda Fide, *Appendix Ad Bullarium Pontificium*, vol. 1, Rome, Typis Collegii Urbani, n.d., pp.251~7; Cf. *Chronicle of the Carmelites in Persia,* vol. 1, p.342.

Thérèse, 장 듀발 출생) 신부를[13] 바그다드 주교로 임명하였다.[14] 새로이 임명된 주교는 1638년 11월 튀르키예 국왕에게 전달할 서신들과 함께 파리 리슐리외 추기경으로부터 직무에 대한 지시를 받았으나 곧 메소포타미아를 향해 출발하지는 않았다. 대신 자신의 권한을 이스파한에서 부여받기를 희망하여 그곳으로 먼저 갔으며, 그리하여 페레즈는 자신의 직무에서 벗어날 수 있었다.[15]

콘스탄티노플에서 이스파한까지 이르는 여정 중에 베르나르는 아르메니아를 거쳐 가면서 그곳에서 필립이라는 그 지역 가톨릭신자를 만나 로마와의 일치 문제에 대한 우르바노 8세의 서신(1640년 4월 19일자)을 전달하였다. 필립은 그를 정중하게 맞이하였

---

13) Cf. Le Quien, *Oriens christianus*, vol. 3, col. 1391. 베르나르(Bernard) 주교는 1597년 4월 22일 프랑스 클레멘시에서 출생하였고 1611년 프랑스 보지라르 거리(Rue de Vaugirad)의 가르멜회에 입회하여 학자 및 복음 전파자가 되었다. 그는 리슐리외 추기경과 오스트리아 앤 여왕의 총애를 받았다. 드 리쿠아르 부인이 그를 신설교구 최초의 주교로 내정했을 때 그는 부인의 고해 신부였다. 그에 관한 보다 자세한 전기는 Cf. *Chronicle of the Carmelites in Persia,* vol. 2, pp.818~ 24.

14) 그는 로마 성 실베스텔 성당에서 1638년 8월 22일 팔로타(Pallotta) 추기경 집전으로 주교좌에 착좌했다. 한 달 후인 1638년 9월 25일 교황은 그를 이스파한의 대목구장(Apostolic Vicar)으로 임명하였으며 바그다드 대신 이스파한에서 거주할 수 있는 권한을 주었다(Cf. *Chronicle of the Carmelites in Persia,* vol. 1, pp.342~43). 메소포타미아와 페르시아는 1638년부터 1693년, 그리고 다시 1789년부터 1874년까지 교회법적으로 일치하였다. Cf. P. Lesourd, *Historire des missions catholiques,* Paris, Librairie de l'Arc, 1937, p.203.

15) 베르나르는 1639년 7월 10일 마르세유를 향해 파리를 출발했다. 말타, 스미르나와 콘스탄티노플을 거쳐 다음 해 9월 2일에 도착했다. 그는 이스파한은 페르시아의 통제를, 바그다드는 튀르키예의 통제를 받고 있어서 두 곳을 관리하기가 어렵다는 선입견을 가졌었다. 그러나 1638년 12월 26일 바그다드가 오스만 제국의 일부가 되자 국가적인 문제는 종식되었고 바그다드가 막강한 통치력을 가진 주교좌로 부상하였다.

으나 통합에는 냉정한 태도를 보였다. 1640년 7월 마침내 페르시아의 수도에 도착하자 신임 주교는 사피 국왕을 접견하였으며, 국왕은 주교의 부드러운 매너와 인본주의적인 문화 욕구, 그리고 해박한 과학 지식에 매료되어 즉시 친밀감을 가지게 되었다. 신임 주교는 원래 가르멜 수사들과 함께 지내기로 하였으나 몇 달 후 다른 결정을 내렸다. 1641년 10월 9일, 그는 프랑스 국왕 명의로 부동산을 구입하여 일부는 주교관으로, 일부는 교회로 사용하였다. 건물 개관식 때 베르나르 주교는 리슐리외 추기경의 개인 휘장을 공개적으로 내걸고 추기경을 “최초의 대성당 수호자”로 추대하며 자신의 직책과 프랑스와의 연관성을 분명하게 드러내었다.[16] 신축된 대성당은 1641년 12월 8일 복되신 동정녀 마리아에게 봉헌되어 축성되었다. 그 자리에는 녹시반(Noxivan) 도미니칸 대주교는 물론 그 지역의 아우구스티노회 수사들, 카푸친들, 그리고 가르멜회원들이 함께했다. 그날은 이스파한 가톨릭교도들 모두를 위한 대축제일로 기념되었지만 성대했던 분위기는 오래가지 못하고 곧 사라져 버렸다. 1942년 봄, 주교로 착좌한지 불과 몇 달이 지나지 않아서 베르나르는 다시 프랑스로 가기로 결정을 하였다.[17] 그는 되돌아갈 때는 하마단으로 가서 바그다드에 도착하여 자신의 교구 신자들도 일부 참석한 미사를 집전하였으며, 1642년 6월 알레포(Aleppo)에 도착하였다. 그의 갑작스러운

---

16) Cf. *Chronicle of the Carmelites in Persia*, vol. 1, p.347.

17) 그는 신장 결석 등 건강상의 이유로 이스파한을 떠났으나 자신을 독살하려 한다고 주장한 적이 있는 네덜란드 대표와의 개인적 반목도 있었다. 초승달처럼 휜 곡도(曲刀, schimitar)로 공격을 받아 부상을 당하기도 했으며 지역 그리스도교인들의 행동도 도덕성이 많이 부족하다고 주장했다. 그는 주교관과 교회를 이스파한으로 되돌아온 아우구스티노회 수도원장(the Augustinian prior)에게 맡기고 떠났다.

떠남은 큰 실망을 안겨주었지만, 사실 베르나르는 프랑스에 갔다가 되돌아오려고 했었다. 그는 프랑스에 도착하면 페르시아에 선교 신학교를 설립할 재정 지원을 확보하고 수도회 형제들 몇몇을 데리고 돌아갈 심산이었다. 그러나 파리에 도착하자마자 자신의 후원자였던 리슐리외 추기경의 선종으로 그와 같은 계획이 무산되어 버렸고, 자신의 계획을 지원해 줄 사람이 아무도 없다는 사실을 알게 되었다. 그는 1645년까지 프랑스에 남아 있었다. 로마는 계속 그에게 자신의 교구로 되돌아갈 것을 촉구하였다. 그리하여 이번에도 페르시아와 메소포타미아의 주교 임명은 또다시 성공적이지 못한 결과를 낳게 되었다.

바그다드 주교가 자신의 교구 내에서 상주가 가능한 주교관을 가지기까지 1세기가 걸렸다. 교구는 좋은 의도로 설립되었으나 주변 상황들은 나아질 기미가 전혀 보이지 않았다. 메소포타미아의 정치적, 군사적 상황은 매우 불안정했고 격렬한 유혈 충돌의 진통을 겪고 있었다. 행정당국과 분열주의적 기독교도들(schismatic Christians)로 인해 박해와 무관용의 정책이 교회 발전에 실질적인 제약이 되었으며, 어느 쪽도 그 지역에 가톨릭교회의 현존을 원하지 않게 되었다. 그러나 선교적 관점에서 보면 교회는 계속 성장하였다. 가르멜회의 활동은 아르메니아인과 네스토리우스파뿐만 아니라 만다야교도(Mandaean)들 사이에서도 증가하였으며, 카푸친은 1639년부터 두 명의 수사들이 모술에 상주하며 선교를 하였다. 그러나 투르크족이 선교사들의 건축이나 재건축을 일절 허용하지 않았기 때문에 교회는 물론 경배드릴 공식적인 장소조차 없었다. 이들의 사목 활동은 전적으로 지하에서 극히 비밀

스럽게 진행되었다. 당시 모술에는 약 5백 명가량의 기독교 가정이 있었는데 이들 중 3백여 명은 네스토리우스파였고, 나머지 2백여 명은 야곱파(Jacobites)였다. 가끔 지방 총독(pasha)들이 의심스런 눈초리로 탁발수사들(friars)에게 불리한 주장을 조작해내고, 이들을 감옥에 처넣기도 하였지만, 그럼에도 불구하고 기독교인들은 수사들의 현존을 감사하게 생각하였다. 카푸친들은 바그다드에서도 유사한 경험을 하였는데 1658년에는 지사(governor)에 의해 구금을 당하기도 하였다.[18)]

한편, 프랑스로 돌아온 베르나르(Bernard) 주교는 여러 가지 질병으로 고통을 받고 있어서 유럽에 머물 수 있도록 허락되었으나 주교직을 사임하거나 아니면 부교구장 주교(coadjutor)를 선택해야만 했다. 그는 이스파한 주교는 이전에 활동했던 아우구스티노 수도회의 인물이 맡도록 제안을 하였지만 실제로 그 자리를 맡을 만한 사람이 아무도 없었다. 결국에는 가르멜의 미셸 뒤 생 테스프리(Michel du Saint Esprit)가 선정되었으나 1650년 6월 2일 임명을 받자마자 그는 즉각 사임해 버렸다.[19)] 그리하여 10여 년이 지난 1661년 5월 30일이 되어서야 비로소 교황청은 바그다드 교구를 이끌 후보로 베네딕토회의 뒤 슈망(Dom Placide-Louis du Chemin)을 찾아내었다. 베르나르 주교는 1669년 4월 11일 선종하였으며, 그의 경건함과 선교사적 열정은 타의 모범이 되었다.[20)]

---

18) *Chronicle of the Carmelites in Persia*, vol. 1, p.392.

19) Sacrae Congregatio de Propaganda Fide, *Annales de L'Association de la Propagation de la Foi*, vol. 2, 1826, p.3.

20) 건강이 좋지 않았음에도 불구하고 베르나르는, 종교 공동체가 선교에 헌신할 충분한 회원들을 배출하지 않는다고 생각하고 선교사들을 양성할 계획을 버리

이스파한의 직무대리이자 바그다드 교구의 후계권을 가진 부주교(coadjutor)로 임명되었을 당시 베네딕토 수도회 소속의 뒤슈망(Don Placid Louis de Chemin)은 65세였으며 신학과 교수였다. 교황 알렉산델 7세는 그에게 니카의 명의 주교(the titular see of Neocaesarea 혹은 Niksar, in partibus infidelium)라는 칭호를 수여하고, 1661년 7월 16일자 교황 서한에서 아바스 2세 국왕에게 이 사실을 알렸다.[21] 이제 신임 주교의 임명으로 메소포타미아 주교좌에 지속되어 오던 혼란이 곧 종식될 것으로 희망하였으나 오히려 상황은 이전보다 더 악화되어만 갔다. 신임 주교는 자신이 받게 될 재정 지원이 부족하다는 이유로 선교지로의 출발을 연기하고 곧 파리로 돌아가 버렸고, 법적인 근거를 들며 부임을 거부하였다.[22] 5년이 지나 1667년이 되었으나 그는 여전히 파리에 머물고 있었다. 1670년 6월 그는 자신을 "바빌론의 총대주교"(Patriarch of Babylon)라고 스스로 칭하기 시작하였으나 로마는 그가 자신에게 부여한 칭호를 인정하지 않았다. 한편, 이스파한 교구는 지난 27년간 주교가 공석이었기 때문에 점차 쇠약해져 갔

지 않았다. 그 계획의 일환으로 그는 파리외방전교회와 통합된 신학교를 설립하기 위하여 개인적인 종교적 부를 활용하였으며, 그 신학교는 그의 주교명의를 기념하기 위하여 바빌론의 길이라고 명명하였고 오늘날까지 파리외방전교회 터에 자리 잡고 있다(ibid., pp.9. 53~54).

21) *Chronicle of the Carmelites in Persia,* vol. 1, p.402; Le Quien, *Oriens christianus,* vol. 3, col. 1392.

22) *Annales de l'Archevêché de Bagdad rédigées par mgr. Lion, A. de B.* (Administrateur de Babylone), manuscript, 1~50, in NA deposit Iraq in ASV, pp.3~5. 2012년 이라크 교황청 대사관에 속한 모든 고문서는 바티칸 비밀 문서고(Vatican Secret Archives)로 이전되었으며 분류 목록이 작성되었다. 참고 문헌에는 NA deposit Iraq in ASV, Annales de *l'Archevêché,* and *Histoire de l'Archevêché*로 인용될 것이다(저자는 다양한 언어, 대개 라틴어나 이탈리아어로 된 고문서를 인용하였으며, 영어 번역은 역자의 번역이다).

다. 아직도 뒤 슈망(Du Chemin) 주교가 언젠가는 자신의 직무를 시작하리라는 희망이 남아 있기는 하였지만, 1674년 6월 26일 포교성성은 교회의 권한으로 바그다드와 이스파한의 대목구장(apostolic vicar)을 임명하기로 결정하였다. 신임 대목구장으로는 프랑수아 피켓(François Piquet)이 선정되었다. 한편 포교성성도 교회법상으로 뒤 슈망을 반대하는 절차를 시작하여 그의 직위를 박탈하였다. 결국 뒤 슈망은 1683년 파리에서 눈을 감았으며, 그리하여 그의 임명 거부는 교회 역사상 최악의 사건으로 기억되고 있다.

프랑수아 피켓(1684~1685)은 1677년 9월 26일 주교 착좌식을 거행하였고, 바티칸은 그에게 바그다드 교구의 사목적 관리뿐만 아니라 그 지역의 사도좌 조사관(apostolic visitor)에게 적합한 다른 과제도 부여하였다.[23] 그는 또한 페르시아 궁정에서 프랑스 국왕 루이 14세를 대리하기도 하였는데, 페르시아의 이슬람 당국은 세금과 기타 경제적 제재로 기독교인들이 배교하도록 유도하고 있어서 이에 맞서 기독교인들을 위해 중재하는 역할도 하였다. 이와 같은 상황이 매우 심각하자 인노첸시오 11세(Innocentio XI) 교

23) 1626년 4월 17일 리옹에서 피켓은 임명될 당시 해외 선교 신학교의 비서로 근무하고 있었다. 그는 지혜와 열정이 뛰어난 인물로 알려졌으며 중동에 대해 해박한 지식을 가지고 있었고, 알레포(Aleppo)에서 프랑스 영사로 봉직했으며, 평신도로서 가톨릭교회에 많은 봉사를 하였다. 영사 업무로 로마에 있는 동안 교황을 알현하였으며, 교황은 동방 그리스도교인들의 문제와 상황을 설명하였다. 피켓은 즉시 영사 역할을 포기하고 40세의 나이에 교회가 내린 성스러운 명령을 받아들였다. 그는 1674년 12월 22일 교황 클레멘스 10세에 의해 주교로 선출되어 케사로폴리좌의 명의 주교(the titular see of Cesaropoli *in partibus*)라는 칭호가 주어졌으며, 1675년 7월 31일 교황 칙서에 의해 바그다드 라틴 교구의 직무대리가 되었다.

황은 페르시아의 통치하에 있는 기독교인들을 위해 개인적인 탄원을 하기도 하였다. 마르세유에서 출발한 피켓 주교는 알렉산드레타(Alexandretta)와 알레포(Aleppo), 그리고 디야르바크르(Diarbekir)를 거처 마침내 타브리즈(Tabriz)에 도착했다. 그가 해야 할 일에는 시리아 가톨릭 총대주교청(Syriac-Catholic patriarchate)과 정통주의(Orthodox)와의 분쟁을 관리하고, 녹시반(Noxivan)의 아르메니아 지역,[24] 그리고 대도시인 아미드(Amid)의 문제 처리 등이 새롭게 주요 임무로 포함되었다. 유수프(Yousuf)의 경우, 카푸친들의 적극적인 선교활동 덕분에 그의 밑에 있던 성직자와 신자들 상당수와 함께 가톨릭 신앙을 받아들였다. 유수프가 개종함에 따라, 포교성성에 탄원하여 "시리아 총대주교의 동의를 얻어 그에게 칼데아 총대주교(Chaldean Patriarch)의 명의"가 주어졌다.[25] 그리하여 그는 유수프 1세(Yousuf I, 1681~96)의 칭호를 가진 총대주교이자 유수프 라인(Yousufline) 최초의 인물이 되었다.

1681년 10월 피켓 주교는 녹시반의 신임 대주교 선출에 참여하여 도미니코회 세바스찬 넵(Sebastian Knab)을 선정하였다. 그

---

24) 녹시반 그리스도교인들과 관련하여 피켓은 1681년 10월 8일 다음과 같이 기록하였다: "조악한 대우, 강압, 페르시아 통치자들의 폭정이 계속되고 있어서 가난한 가톨릭교도들에게는 아마도 투르크족들의 통치보다 더 가혹한 것으로 보인다. 이러한 상황 때문에 그들을 보호하는 입장에서 국왕에게 그들을 대변하는 말을 해달라는 압력을 내게 강하게 보내고 있다"(*Chronicle of the Carmelites in Persia*, vol. 1, p.417).

25) *Annales de l'Archevêché,* 12 e 56; Le Quien, *Oriens christianus*, vol. 2, coll. 1161~1162: "an.1681 ab Innocentio Papa XI, die 20 Maii Chaldaeorum Patriarcha constitutus, pallioque donatus..." 분명 피켓이 1681년 6월 3일 로마에 있을 당시에는, 인노첸시오 11세가 5월 20일에 이미 대주교를 총대주교로 승인했다는 사실을 아직 모르고 있었다.

는 부주교로 임명된 지 7년이 지난 1682년 7월에야 이스파한에 도착했다. 인노첸시오 11세(Innocentio XI) 교황에게 보낸 1683년 3월 25일자 서신에서 주교는, 자신들이 국왕에게서 받은 환대와 대중들이 보인 반응을 묘사하며 국왕이 "프랑스 국왕(루이 14세)에게도 안부를 전했다"라고 하였다.[26] 이스파한에서 피켓은 자신이 바그다드 교구의 주교로 임명되었다는 소식을 접했는데(1684), 이는 뒤 슈망의 선종으로 가능해졌기 때문이었다. 그는 이스파한의 예수회 장상 앞에서 직무에 대한 선서를 하고, "무엇보다도 항상 군인들로 가득한 바그다드까지 가는 것은" 쉽지 않은 일이며,[27] 그 도시로 진입하려는 시도는 당시에 바그다드를 점령한 투르크족의 불구대천지원수인 페르시아 국왕에게도 자신의 외교적 임무를 더욱 복잡하게 만드는 원인이 될 수 있다고 로마에 자신의 판단을 전달하였다.

그러나 피켓 주교는 교황이 자신에게 새로운 부임지로 가라고 명령한다면 그 지시에 기꺼이 따르겠다고 자기 입장을 분명히 밝혔다. 그는 하마단의 천주교인들(Christians)과 아르메니아 공동체가 영적 도움을 절실히 필요로 하고 있다는 사실을 잘 알고 있었다. 때문에 피켓은 어떻게 하면 바그다드에 상주할 수 있을지에 대해 늘 각별한 관심을 기울이고 있었다. 1685년 1월 7일 그는 마침내 하마단에 어렵게 도착을 하였으나 몇 달 후 갑작스럽게 선종하고 말았다. 그리하여 바그다드 교구는 2년 반 만에 또

26) *Chronicle of the Carmelites in Persia*, vol. 1, p.430; 또한 *Annales de l'Archevêché*, pp.13 & 56.

27) *Annales de l'Archevêché*, pp.14 & 56.

다시 주교직이 공석이 되고 말았다. 선종하기 직전에 피켓은 전에 함께 일한 적이 있는[28] 피도(Pidou) 신부를 부주교로 임명해 줄 것을 요청하였는데, 피도는 이미 대상자 명단에 올라와 있었기 때문에 인노첸시오 11세 교황은 결국 그를 주교로 임명하였다. 피도(Louis-Marie Pidou de Saint Olon, CR) 신부는[29] 아랍어, 터키어, 아르메니아어를 구사할 수 있었으며, 특히 폴란드의 아르메니아인들을 선교하였고 선교 경력 30년의 존경받는 사제였으며, 르비우(Lviv)의 아르메니아 대학 학장으로도 10년간 근무를 하였다. 귀족 가문 출신으로 그의 형(Monsieur de Saint Olon)은 루이 14세의 궁정 장교였다. 피도(Pidou)는 콘스탄티노플에 있을 때 피켓 주교가 그를 하마단으로 오라고 초청을 하여 1685년 1월 그곳에 도착했다. 교황 인노첸시오 11세에게 보내진 보고서에 의하면, 포교성성은 피도의 열정은 물론 현지 관습과 언어에 대한 해박한 지식을 칭송하며 그를 바그다드 교구의 라틴 주교에 임명할 것을 제안하였다. 1687년 11월 24일 그 제안은 받아들여졌다.

그러나 정작 피도 신부는 그와 같은 조치에 강력히 반발하여 파리 교황 대사에게 자신의 임명을 철회하도록 로마를 설득해 줄 것을 요청하며 바그다드 교구는 가르멜회 출신이 더 효과적일 것이라고 주장하였다. 그러나 그는 로마의 명령에 복종하여 1687년부터 1689년까지 하마단에 머물면서 그사이에 녹시반의 대주교인 도미니코회의 폴 밥티스트 아바니안(Paul Baptist Avanian)

28) *Chronicle of the Carmelites in Persia*, vol. 1, p.433.

29) 1637년 파리에서 출생한 피도는 1687년 11월 24일 바그다드 주교로 임명될 당시 50세였으며 1717년 선종하였다.

에게 주교 착좌식(episcopal consecration)을 하러 이스파한으로 갔다. 이스파한의 교황 직할 서리이자 동시에 바그다드의 신임 주교가 된 그는 곧 두 교구와 두 교회를 동시에 운영하기가 쉽지 않다는 사실을 알게 되었다. 교황 인노첸시오 11세는 1693년 가르멜회의 탁발 수도사 엘리아 드 생 알베르(Elia de St. Albert)를 이스파한 주교로 임명하며 사목적 해결책을 제시하였다.

이스파한의 가톨릭 공동체를 보호하기 위해서는 그곳에 상주하는 주교의 현존이 필수적인 요소가 되었는데, 이는 가톨릭 공동체가 분열주의적인 아르메니아인들과 종교적으로 무관용의 태도를 지닌 후세인(Husain) 총독(Governor)으로부터 압박을 받고 있었기 때문이었다. 한편, 바그다드에도 공식적인 주교의 존재가 절실히 필요하게 되었다. 이는 그 자리가 오랫동안 공석이어서가 아니라 메소포타미아의 그리스도교인들에게 매우 강경한 튀르키예의 종교정책 때문이었다. 피도는 자신의 형을 통해 교황에게 전한 서한에서, 바그다드에는 투르크족들이 있고 바스라도 아랍인들의 손아귀에 있기 때문에 아마도 바스라가 바그다드 주교좌를 위한 대안이 될 수 있을 것이라고 지적하였으나 그의 제안은 받아들여지지 않았다. 1706년 7월 피도는 하마단으로 돌아왔다. 그의 연로한 나이와 신체적 쇠약으로 인해 로마는 부주교(coadjutor)를 임명하기로 결정을 내리고, 소르본 대학의 교수이며 엉제(Angers) 출신인 40대 사제를 추천하였다. 그 추천은 받아들여져서 1707년 6월 27일 클레멘스 11세는 드 갈리슨(Gratien de Gallisson)을 바그다드 부주교로 임명하였다. 그는 1708년 10월 8일 착좌식을 한 후 동방을 향해 출발하였다. 이스파한에 도착하자마자 그는 국왕으로부터 프랑스 국왕의 보호를 받는 선교의 권리를 인정한다는 칙서(decree)를 받았다. 이는 모든 공식적인 형태의 박해에 대한 종식을 의미했다.[30] 그의 외교적 승리는 선교 활동에 커다란 위안이 되었으며, 그리스도교 공동체와 사제, 평신도들이 페르시아 교회의 미래에 대해 큰 희망을 가질 수 있게 해 주었다. 그러나 슬프게도 드 갈리슨(de Gallisson)은 1712년 9월 22일 갑작스레 선종하고 말았다.

드 갈리슨이 선종한 지 2년 후, 로마는 고령의 피도(Pidou)에게 신임 부주교(coadjutor)를 보내기로 결정하여 카푸친회의 티모시 드 라 플레슈(Timothée de la Fléche)를 선출하였다. 그는 1715년 5월 29일 교황 클레멘스 11세가 서명을 한 교황 칙서(papal bull)에 따라 바그다드 부주교로 임명을 받았다. 그러나 일단 서품을 받자 이 신임 주교는 조제프 에마뉘엘 드 라 트레무알(Joseph-Emmanuel de la Trémoille) 추기경에게 자신은 수도 생활을 하길 원하며 고령의 나이에 그와 같은 장거리 여행은 감내할 수 없을 것이라고 말하며 자신을 대신하여 기도해 달라고 부탁하였다. 그리고는 곧 주교직을 사임하였다. 이렇듯 피도에게 보낸 두 명의 부주교 중에서

30) *Chronicle of the Carmelites in Persia*, vol. 1, p.537. 오스만 제국에서 그리스도교인들의 권리 보호를 인정한 것은 소위 컨세션즈(Concessions, 양해)의 일환으로 유럽 강대국들과 체결한 일련의 조약에서 비롯되었다. 1500년 루이 14세부터 시작하여 프랑스는 — 첫 번째로 카이로의 맘루크 술탄국(Mamluk Sultanete), 그리고 오스만 제국과 — 숭고한 문(the Sublime Porte: 오스만 정부) 하에서 그리스도교인들의 권리 인정을 추구했다. 그리하여 루이 14세때에 프랑스 선교사들은 오스만 영토에서의 현존과 활동이 급증하였으며, 1673년에는 프랑스 시민이라면 누구나 자신들의 역할을 보호받았고, 어느 누구도 그들에게 해를 끼치는 행위가 허용되지 않았다. 이와 같은 이유로 메소포타미아나 페르시아의 프랑스 주교들은 종종 프랑스 국왕으로부터 영사직을 제안받았다.

첫 번째 인물은 선종하였고, 두 번째 부주교는 임지로 떠나기도 전에 사임하였다. 엉망진창이 된 상황을 고려하여 1718년 4월 26일 로마는 열성적이고 경건하며 선교 정신으로 무장한 피도를 위해 새로운 후임자를 보내기로 결정하였다.

도미니크 마리 발레(Dominique-Marie Varlet)라는 이름의 사제가 피도를 이을 부주교로 이름이 거론되기 시작했다. 로마가 수집한 정보에 의하면 그는 40대의 선량하고 경건한 사제로 동양 언어에 대해 교육을 받았고 구사도 가능하다고 알려졌다. 그는 아메리카에서 사도적 선교사(apostolic missionary)의 경험이 있으며, 퀘벡(Quebec)의 총대리 주교(vicar general)였다. 교황 클레멘스 11세는 1718년 8월 29일 그에 대한 추천을 받아들여 그를 아스칼론의 명의 주교(titular bishop of Ascalon)이자 바그다드 교구의 승계권(right of succession)을 가진 부주교로 임명했다. 그러나 피도의 선종 소식은 1719년까지 로마에 알려지지 않았다. 자신의 임명 소식을 들은 발레(Varlet)는 몹시 놀랐지만 1719년 1월 29일자 서신에서 새로운 임지인 교구로 가능한 속히 출발하겠다고 약속을 하였다. 그러나 불행하게도 교황청은 발레가 회복 불능의 얀센주의자(Jansenist)라는 정보를 입수하였다. 그리하여 파리의 교황 대사(nuncio)를 통해 상황을 바로잡으려는 의도로 발레에게 교황의 지시를 받았는지 보고할 것과 클레멘스 11세 교황의 교황령 「하느님의 독생자」(*Unigenitus*)[31]에의 서약을 요구하였다. 그러나 발레는 지시를 따르는 대신 곧장 네덜란드로 가서 그곳에서 여러

31) 클레멘스 11세의 칙서는 Quesnel의 논문에 나타난 얀센주의자들의 101가지 주장을 비난하고 있다(*Chronicle of the Carmelites in Persia*, vol. 1, p.550).

명의 얀센주의자 사제들에게 사제 서품을 주었고 기도소(oratory)에서 견진성사를 거행하였다. 포교성성은 크게 당황하여 이스파한의 주교 바르나바 드 피델리스(Barnabas de Fidelis)에게 발레가 도착하자마자 그의 직무를 즉시 중단하고 금지할 것을 지시하였다. 발레는 콰즈윈(Qazwin)을 통과할 즈음에 그 소식을 접하고는 네덜란드로 되돌아가기로 결심을 하고,[32] 그곳에서 바티칸(Apostolic See)에 불복종이란 멍에를 짊어지고 숨을 거두었다. 그리하여 피도를 승계할 세 번째 후보마저 이전의 두 명의 후보보다 훨씬 더 경악스러운 실망으로 끝나 버리자, 로마는 마침내 다른 곳에서 후보자들을 물색하는 것보다 근동의 레반트(Levant) 지역에서 이미 활동하고 있는 선교사 중에서 물색하는 것이 훨씬 더 적합할 것이란 생각을 하게 되었다.

3. 메소포타미아 시기(18~19세기)의 주교들: 가르멜회, 카푸친회 그리고 도미니코회 선교사들

피도 주교의 선종으로 페르시아에 상주하던 주교들의 시대는 종식되었다. 바그다드의 신임 주교가 착좌식을 하기까지는 아마도 또다시 25년 정도가 걸릴지도 모를 일이었다. 피도의 재임 기간 동안 바그다드의 카푸친들은 그 도시를 포기하라는 세 번째 압력을 받았다. 바그다드의 가난한 신자들은 종교적인 지원을 받

32) 1722년 브뤼셀의 교황 대사(nuncio)는 유명한 얀센주의자 파스퀴에 퀘스넬(Pasquier Quesnel)과 동행하였으며, 항상 동일한 감성을 지녔다고 보고하였다(*Annales de l'Archevêché*, 29; *Chronicle of the Carmelites in Persia*, vol. 1, pp.550~51).

지 못한 채 그 도시를 떠나야 했다. 바그다드의 주교 임명에 어려움이 지속되자 교황 인노첸시오 13세는 맨발의 가르멜의 조셉 마리(Joseph-Marie de Jésus)를 대목구장(apostolic vicar)에 임명하여 그 일을 맡겼다(1721). 조셉 마리 신부는 페르시아에서 가르멜 선교의 관구장(provincial)이었는데(1709~13), 그는 레바논과 시리아에서 새로운 선교 활동을 모색하던 중에 자신의 임명 소식을 듣게 되었다. 알레포(Aleppo)에서 발길을 돌려 디야르바키르(Diarbekir)에 도착한 다음 모술로 가서 며칠을 보낸 후,[33] 1722년 5월 20일 마침내 바그다드에 도착하여 넉 달 동안 그곳에 머물렀다.[34] 그곳에서 그는 카푸친들이 박해 받은 이후에 신자들이 스스로 그 도시를 떠난 지 15년이 되었다는 사실을 알게 되었다.[35] 4개월

---

33) 그는 고해성사를 주고 예비자들을 가르치며 20일을 보냈다. 모술의 가톨릭신자들은 9년 전 마지막 남은 카푸친 선교사가 선종한 이래로 어떠한 종교적 지원도 받지 못했다. 모술의 기독교인들은 대개 네스토리우스주의자들이거나 얀센주의자들이었는데 이들에게는 오래된 교회 5곳이 있었다(*Chronicle of the Carmelites in Persia*, vol. 1, p.552).

34) 하산 파샤(Hasan Pasha)가 총독을 할 때였다. 바그다드에 상주할 수 있는 허가를 얻지 못했기 때문에 대목구장은 많은 어려움에 직면해야 했고 미사도 비밀리에 봉헌했다. 그에 의하면 신도들이 "로마 교회에 신앙심이 매우 깊었고" "이단적인 교리를" 언급하는 경우가 드물었다. 신자들 일부는 필요에 의해 "이단적인 교회"로 옮겨가 버렸다. 때문에 가톨릭 사제가 없는 경우 신자들이 네스토리우스파 사제들로부터 성체를 받아 모실 수 있는지의 문제가 제기되었다. "네스토리우스파 사제들은 성령은 성스러운 종(sacred species)들에게만 강림하신다"라고 주장하므로 네스토리우스파 사제들이 합당한 축성(consecration)을 할 수 없다는 사실을 알고 있기 때문이었다(*Annales de l'Archevêché*, p.34; *Histoire de l'Archevêché*, pp.60~61).

35) 바그다드에는 성스러운 건물이 둘 있었다. 하나는 네스토리아, 다른 하나는 아르메니아인들의 건물이었다. 대목구장(apostolic vicar)에 의하면 네스토리아 공동체는 둘로 분열되었는데 두 공동체 모두 대다수가 가톨릭이었지만 사제들은 이단인 총대주교(heretical patriarch)에 의해 임명되었다(Cf. *Chronicle of the Carmelites in Persia*, vol. 2, p.1252). 이들 중 자신이 가톨릭이라고 말하는 한 사제가 스스로를 가톨릭이라고 말하는 이교도들에게 성체를 줄 수 있는

이 지나자 조셉 마리 신부는 바스라로 갔다. 그곳은 가르멜회의 선교 활동이 잘 되고 있다고 확신했다. 바스라의 그리스도교인들은 전례력으로 그레고리우스력 대신에 율리우스력을 따르고 있었지만[36] 다른 여건들은 만족할 만했다. 그러나 그는 곧 바스라에 발이 묶이고 말았다. 페르시아인들과 튀르키예인들 사이의 긴장 때문에 도로가 모두 아랍인들에 의해 통제되고 있어서 하마단으로 갈 수가 없었으며 바그다드로 되돌아갈 수도 없었다. 페르시아는 혼돈 그 자체였다.[37] 1723년 11월자 서신에서 대목구장은 그리스도교인들이 하마단을 탈출했다고 보고했다. 그는 이스파한을 포함하여 모든 선교지로부터 소식을 거의 들을 수가 없었다. 다음 해 11월자 서신에서는 하마단이 투르크족들에게 함락되어 파괴되었으며 피도 주교가 건축했던 집을 관리하던 장 조제프 드 제지(Jean-Joseph de Jésus) 신부는 그 집이 약탈당했을 때 포로로 잡혀갔다고 보고하였다.[38] 그리스도교 공동체는 선교사들의 훌륭한 삶에 고무되어 여전히 신앙심을 잃지 않았으나 이와 같은 긴장은 앞으로 여러 해 동안 지속될 것이 분명했다.

지 여부를 문의한 적이 있기는 했다. 네스토리우스파 사제들은 자신들이 마음으로는 가톨릭이라고 느끼고 있지만, 가톨릭교도들에게 자신의 교회에 나와도 된다고 허용은 하면서도, 총대주교였던 가톨릭 유스프(Yousuf)에 관해서는 언급하지 않았던 네스토리우스파 총대주교 엘리야(Eliya)를 위해 기도를 올리는 것이 그들의 유일한 실수라고 말한다.(*Annales de l'Archevêché*, p.35).

36) 그레고리우스력은 1582년 교황 그레고리오 13세에 의해 칙서 *Inter gravissimas*로 도입되어 율리우스력을 대체하였다.

37) 대목구장이 바스라에서 1723년 7월 1일자 서신에서 그렇게 말하고 있다(Cf. *Chronicle of the Carmelites in Persia*, vol. 1, p.583).

38) 후에 그 집을 되찾았으나 종교인들은 그로 인해 엄청난 빚을 떠안게 되었다(Cf. *Ibid.*).

알레포(Aleppo)를 여행한 후 바그다드로 돌아온(1727) 조셉 마리 신부는, 자신은 포교성성의 주세페 사크리판테(Giuseppe Sacripante) 추기경이 현재의 직책은 일시적일 뿐이라고 했기 때문에 마지못해서 임명을 수락하였으니 이제 다른 곳으로 보내 줄 것을 요청하는 서신을 로마에 보냈다. 또한 자신의 역할을 계속 수행할 육체적·정신적 힘도 없을뿐더러, 대목구장(apostolic vicar)이라는 직함이 이 지역에서는 생소하기 때문에 필요한 존경이나 권위를 가지고 임무를 수행하기가 더 어렵다고 주장하였다. 그는 발레(Varlet)가 파문당했지만 아직 공식적으로 자신의 직위를 포기하지 않은 점을 상기시키며, 그렇다고 할지라도 페르시아의 가르멜회 장상인 우르바노(Urbano) 신부를 주교로 임명할 것을 제안하였다.

1728년 8월 교황 베네딕토 13세는 대목구장(apostolic vicar)의 사임을 수락하고 오에아〔Oea, 현 트리폴리(Tripoli)〕의 주교 베르나르 마리(Bernard-Marie de Jésus)를 후임으로 지명하였으며, 대목구장 서리(pro-vicar)로 봉직할 사람을 추천할 권한을 맨발의 가르멜회에 부여하였다. 수도회 총장(the general of the order)은 부르고뉴(Bourgogne)의 에마뉘엘 알베르토(Emmanuel s. Alberto: née Baillet, 또는 Balliet, Ballyet로도 알려진) 신부를 추천했다. 에마뉘엘 신부는 젊었지만 그 역할을 맡기에 잘 준비된 적임자라고 간주되었다. 1728년 7월 31일 교황 칙서에 의해 예수의 베르나르 마리(Bernard-Marie de Jésus)가 바그다드 대목구장으로 임명되었으며, 거주지에 대한 요구가 없이(나이가 젊기 때문에) 가르멜의 에마뉘엘 생 알베르(Emmanuel Saint Albert)라는 이름으로 "대목구장 서리"

(pro-apostolic vicar)가 임명되었다. 선교사들은 바그다드에서 지내야 한다는 어려운 상황에 직면하여 에마뉘엘은 프랑스 당국에 보호를 요청하였고, (폰디체리Pondicherry에 주둔한) 인도 제도 총독으로부터 보호 서한과 바그다드 지도자 파샤(pasha)을 위한 선물도 건네 받았다.[39] 그는 바그다드에서 환대를 받았으며 투르크족 총독(Turkish governor)으로부터도 기독교 지역에 집을 구입해도 좋다는 허락을 받았다. 그는 자신이 거주할 곳을 마련하여 토마스 사도에게 봉헌된 작은 교회(chapel)의 별관으로 만들었다. 7월 14일 바그다드 대성당을 건축하기 위한 초석이 놓여졌는데, 건축은 훨씬 더 고된 일이었고 희생으로 점철되어 20년이란 시간이 걸렸다. 에마뉘엘은 주교의 권한을 가지고 있었어도 여전히 사제였지만, 결국에는 주교가 되었다.[40] 1731년 10월 그는 포교성성에 다음과 같은 서한을 보냈다. "우리는 바그다드에서 카푸친들의 선교 활동을 재개했다. 이는 20년 전에 했어야 했던 일이다." 당시 기독교공동체는 150가구가 포함되어 있었는데 약 30가구가 가톨릭이며, 나머지는 아르메니아인, 네스토리우스파, 그리고 야곱파였다.[41] 이 공동체는 터키와 페르시아 전쟁 동안 큰 어려움을 겪었다(1732~36). 페르시아 장군(Quli Khan)은 바그다드를 두 번이나

39) *Chronicle of the Carmelites in Persia*, vol. 2, pp.1252~1253. "(바그다드)에서의 선교가 안정되고 유리한 기초위에 세워지려면 (…) 바그다드 총독의 추천서를 확보하고 선교 활동의 모든 자유를 보장받기 위해서는 동인도 제도의 프랑스 총독에게 청원서를 보내는 것이 유일한 방법일 것이란 사실을 고려해야 했다"(*ibid.*, vol. 1, p.619).

40) *Chronicle of the Carmelites in Persia*, vol. 1, p.619. 그리스도교인 구역에 구매한 건물은 폐허 상태였지만 500 골드크라운(gold crowns)이나 되었다(*ibid.*, vol. 2, p.1253; *Annales de l'Archevêché*, p.43).

41) *Chronicle of the Carmelites in Persia*, vol. 2, p.1252; *Histoire de l'Archevêché*, p.63.

포위한 반면, 터키는 페르시아의 소규모 가톨릭 선교지들을 여러 번 기습공격하였다. 하마단에서 15년간 선교 활동을 했던 가르멜의 장 죠셉(Jean Joshep)이 기아로 사망했다고 전해진 곳이 바로 이곳이었다. 터키-페르시아 전쟁으로 바스라까지 포위되었으나 1735년 영국 전함에 의해 갑자기 분쟁이 종식되었다. 샤트알아랍(Shatt al-Arab) 강에 닻을 내린 영국 전함은 영국 영사의 명령에 따라 페르시아인들의 퇴로를 차단하고 그들을 공격하였다. 이에 대한 감사의 표시로 터키 총독은 영국 영사를 바그다드로 초대하였고, 그는 자신에게 주어진 특권을 이용하여 가톨릭 선교에 상당한 후원이 제공될 수 있도록 기회를 활용하였다.[42] 바그다드에서 에마뉘엘 신부는 지방정부기관들과 우호적인 관계를 형성하였다. 이는 그가 프랑스 영사의 신분을 활용하였기 때문에 종교적 괴롭힘이나 시기 질투에서 자유로울 수 있었고 오히려 일반 선교사보다 더 높은 신분적 지위가 법적으로 보장되었기 때문에 가능하였다.[43] 그는 바그다드에 콜레라가 만연하던 시기에 헌신적으로 활동했던 사제로 유명하였는데, 그 때문에 자신도 콜레라에 감염되기도 하였다.

한편 얀센주의자 발레 주교가 1742년 마침내 눈을 감자 바그다드 교구의 주교가 공석이 되어 베네딕토 14세는 에마뉘엘

42) *Chronicle of the Carmelites in Persia*, vol. 1, p.604; vol. 2, p.1195; *Annales de l'Archevêché*, pp.46~47.

43) 프랑스와 1740년에 맺은 조약에서 터키 술탄 마흐무드(Mahmud) 1세는 오스만 제국에 거주하는 프랑스인 주교들과 사제들은 보호받을 것이며, 어느 누구도 그들이 거주하고 있는 곳의 교회나 그 밖의 지역에서 그들이 신앙을 실천하는 행위를 막을 수 없다고 선언하였다.

드 생 알베르(Emmanuel de saint Albert) 신부를 신임 주교(1742~73)에 임명하였다. 그는 자신이 누릴 수 있는 교회의 권위(episcopal dignity)와 외교적 신분을 적절히 활용하며 그리스도교 공동체를 대표하여 수많은 경우에 개입하여서 많은 시리아인, 네스토리우스파, 그리고 아르메니아인들이 가톨릭 신앙으로 되돌아오게 하였다. 그는 현명하고 모험적이며 열정적인 목자였으며, 그의 유일한 불만은 모술에 영구적인 선교를 시작할 수 있도록 더 많은 선교사를 파견해야 하는데 여의치 못한 점이었다. 그는 이를 위해 20년 전에 선교를 포기하고 떠났던 카푸친 회원들을 속히 되돌아오게 할 것을 촉구하였다.[44] 1747년 8월, 로마는 세 명의 가르멜 수도사를 파견하여 칼데아 총대주교 유수프 3세(Chaldean Patriarch Yousuf III)(Timothy Maroge, 아미드 거주)와의 관계를 회복하라고 지시 했다. 또한 칼데아 학생 두 명을 로마의 우르바노 대학에 유학을 보내라고 요청했는데 한 명은 마르딘(Mardin) 출신이고 다른 한 명은 모술(Mosul) 출신이었다. 도미니코 수도회도 모술과 쿠르디스탄(Kurdistan)에서 선교 활동을 개시할 의도가 있어서 그 지역으로 이탈리아 탁발 수도사들을 파견하였는데 이들은 거의 1세기(1748~1857) 동안 활동을 하였다.

에마뉘엘 주교는 30년간의 사목 기간 동안 메소포타미아(이라크) 공동체에서 쉬지 않고 봉사하였다. 하지만 1772년 바그다드에 흑사병이 만연했을 때 그도 흑사병에 희생되고 말았다. 신(Providence)은 사목자(pastor)가 갈망할 수 있는 가장 영광스러

---

44) *Chronicle of the Carmelites in Persia*, vol. 2, p.1253.

운 희생의 면류관을 그에게 허락하여 그는 자신이 돌보았던 양들을 위해 자신의 생명을 내어주었다. 이 70세의 주교는 1773년 4월 4일 환자들을 돌보는 와중에 "임무와 박애의 순교자"(a martyr of duty and charity)로 선종하였다.[45] 가르멜 동료들에 의하면 그는 17세기와 18세기에 걸쳐 근동(Near Levant)에서 활동한 가르멜회 수사들 중에서 가장 활발하게 활동한 선교사 중 한 사람이었다. 그는 뛰어난 능력의 소유자로서 그리스도교 공동체는 그에 대한 기억을 오랫동안 간직하였다. 오스만 제국 당국자들도 그를 존경하여 그에게 거주지와 경배의 자유를 허락하였다.[46]

메소포타미아의 라틴 교회가 모술에 도미니칸 선교의 기반을 쌓기 시작한 시기는 바로 에마뉘엘이 주교직을 시작할 때부터였다. 어떤 칼데아 사제가 교황 베네딕토 14세에게 도미니코회 수도사들을 그의 지역으로 파견해 줄 것을 요청하자 설교자들의 수도회(도미니코회) 총장은 1784년 이탈리아인 프란체스코 투리아니(Francesco Turriani)와 도메니코 코델레온치니(Domenico Codeleoncini)를 파견하였다. 여기에 주세페 캄파닐레(Giuseppe Campanile)와 도메니코 란자(Domenico Lanza)도 그들과 합세하였다.[47] 도메니코 란자 신부는 지목구장(apostolic prefect)으로 1756년 튀르키예 당국

45) *Ibid.*, vol. 2, p.1260; *Histoire de l'Archevêché*, p.66. 도미니칸 레오폴도 솔디니에 의하면(1773년 4월 16일), 바그다드와 모술에 전염병이 창궐하던 시기에 수천 명이 목숨을 잃었다고 한다(*Chronicle of the Carmelites in Persia*, vol. 2, p.1260).

46) *Chronicle of the Carmelites in Persia*, vol. 2, p.1253.

47) 도메니코 란자(Domenico Lanza, 1781~82)는 역사가였고, 주세페 캄파닐레(Giuseppe Campanile, 1762~1835)는 『쿠르드 지역의 역사』(*History of the Kurdistan Region*)와 그곳에 존재했던 종파에 관한 저서를 남겼다.

에 의해 인증을 받았다. 란자 신부는 도미니코회 선교활동과 가톨릭 공동체의 엄청난 발전의 시대를 열었다. 처음 몇 년간은 그 지역을 휩쓴 전염병 때문에 선교사들이 많은 어려움을 겪었으나 니네베 고원(Batnaia, Telkief, Tallskof, Alqosh, Bacofa)과 쿠르디스탄 산맥(Amadia, Zakho)의 여러 마을에서 나온 개종자들의 숫자로 보상을 받았다. 이 기간 동안 도미니칸 수사들의 열정으로 네스토리우스파와 시리아 정교회(Syrian Orthodox) 주교들 사이에서도 개종자가 나왔으며, 이들이 자신들의 공동체에 가톨릭을 전파하여 교황과 친교를 이룬 그 지역 교회의 숫자가 증가하였다.[48] 1760년 도미니코회 솔디니(Leopoldo Soldini)는 동료 가르조니(Maurizio Garzoni)와 함께 아마디아(Amadia)의 쿠르디스탄을 대상으로 선교회를 조직하였다.[49] 가르조니는 "쿠르드인들은 교사를 제외하고는 자신들도 이해가 안 되는 페르시아어의 문어적 형태를 사용하기 때문에 문법이나 서적을 읽을 때 무언가 도움이 없이는 언어를 배우기가 너무나 어렵고 고통스럽다"라고 고백했다. 그리하여 그는 그 지역에서 14년 동안 생활하면서 습득한 4,600단어로 된 이탈리아어-쿠르드어 사전과 문법책을 편찬하였다.[50] 가르조니에 의하면

48) 에마뉘엘 주교의 증언에 의하면 1729년 메소포타미아에 도착했을 당시 가톨릭 신자 수는 6만 명 정도였다. 1753년에는 거의 10만 명으로 증가하였으며(분열론자들은 30만 명), 가톨릭 인구가 가장 많은 도시는 모술이었는데, 그곳은 도미니칸들이 아직 성당을 설립하지 않아서 이웃 마을에 상주하고 있었다.

49) 레오폴도 솔디니(Leopoldo Soldini)는 이태리 베니스 출신의 의사이자 식물학자, 수학자였으며 1779년에 자코(Zakho)에서 선종했다. 가르조니(Maurizio Garzoni)는 1734년 출생하여 1804년에 선종하였다.

50) Maurizio Garzoni, *Grammatica e vocabolario della lingua kurda composti dal padre Maurizio Garzoni de' predicatori ex-missionario apostolico,* Roma, Sacra Congregazione di Propaganda Fide, 1787, pp.7~8. 이 사전은 쿠르드어의 독창성을 최초로 보여 준 것이기 때문에 중요한 작업이다. 이와 같

쿠르디스탄에는 아주 많은 그리스도교인이 있었는데, "기독교인들의 수가 십만이 넘었지만 그들 대부분은 (…) 네스토리우스파인데 두 총대교구청(patriarchates)으로 나뉘어져 있다. 하나는 다섯 명의 참정권 주교(suffragan bishops)가 있는 마르 시몬(Mar S(h)imon)이고, 다른 하나는 메소포타미아 전 지역에 걸쳐 (…) 네 개의 쿠르디스탄 공국에 관할권을 가진 마르 엘리야(Mar Eli(y)a) (…) 이다. 그들 가운데는 야곱파(Jacobites)들도 있으며 존경받는 주교들과 많은 아르메니아인들도 있다."[51] 몇 년 후 1779년, 사제로서 존경과 사랑을 받던 솔디니(Soldini)가 선종하자 가르조니가 자코(Zakho)의 지목구장이 되었다.[52]

1773년부터 1820년까지 바그다드의 라틴 교회는 주교가 없었다. 주교좌가 채워질 뻔한 적이 1781년에 있었는데 베네딕틴 장 밥티스트 미로우도 뒤 부르(Benedictine Jean-Baptiste Miroudot du Bourg)가 임명을 받고 착좌식을 하였으나, 곧 파리 대주교의 불법 착좌식에 참석했다는 이유로 퇴진하였고 교회법상으로도 기소를 당했다. 파리 대주교가 프랑스혁명의 격동 기간 중에 새로운 헌법에 충성 서약을 했기 때문이다. 미로우도(Miroudot)가 바그다드

은 이유로 가르조니 신부는 종종 "쿠르드학의 아버지"라고 칭송받는다(*Linguistic and Oriental Studies in Honour of Fabrizio A. Pennacchietti,* ed. P.G. Bobone / A. Mengozzi / M. Tosco, Wiesbaden, Harrassowitz, 2006, p.293).

51) Garzoni, *Grammatica,* pp.6~7.

52) 솔디니 신부는 자호에 안장되었는데 그곳은 당시에 1만여 명의 주민이 거주하는 마을이었다. 그는 용감한 선교 활동과 가난한 자들을 위한 자선 사업을 위해 평생을 헌신한 사제로서 그에 대한 기억은 그 지역에서 오랫동안 회자되었다(G. Campanile, *Storia della regione del Kurdistan,* Napoli, Stamperia dei fratelli Fernandes, 1818, p.57).

에 가지도 못하고 퇴진하자 신자들의 사목 관리는 가르멜회 수도사들이 맡았으며 그들 중 몇몇은 대목구장으로 봉사했다.[53)]

1820년 6월 10일 교황 비오 7세(Pius VII)는 선교회(Congregation of the Missionaries of Mary of Blessed Louis de Montfort)의 쿠페리에(Pierre-Alexandre Coupperie)를 바그다드의 신임 주교로 임명하였다. 교황은 바빌론의 라틴 교회가 "심각한 무질서로 쇠약해지고 있어서, 사도적 열정으로 이들을 건강하게 인도할 수 있도록 건전한 교리를 신봉하고 기독교적 덕목의 모범이 되는 사제를 조속히 파견해 줄 것을 촉구하자"[54)] 이에 대한 응답으로 쿠페리에(Coupperie)를 임명하였다. 그는 착좌식을 하고 바그다드에 거주지가 마련되자 곧 출발하여 1821년 새로운 부임지에 도착하였다. 당시 바그다드는 15만 명의 인구를 가진 도시로 기독교인들 대부분은 칼데아인들과 네스토리우스파였으며 대규모의 시리아인

---

53) 이들 중 한 명은 풀겐지오 디 산타 마리아(Fulgenzio di Santa Maria) 신부로 1800년 8월 바그다드 대목구장 대리에 임명되었다. 칼데아 교회가 튀르키예 당국자들에 의해 완전히 파괴되었고 가르멜회만이 그 도시에서 유일한 그리스도교 공동체들의 경배 장소로 남았다(Cf. *Chronicle of the Carmelites in Persia*, vol. 2, p.1260).

54) 1820년 6월 10일자 포교성성에서 보낸 서한에서 인용. 1820년 9월 10일자 포교성성의 또 다른 서한 참조. 1821년 11월 24일자 포교성성과의 의사 전달(communication)에 의하면 지그문트(Sigismund di San Carlo)라는 가르멜 신부가 "심각한 무질서의 위험"에 대해 문제를 제기한 데 대한 반응이었다. 그 가르멜 사제는 "(바그다드의) 대목구장으로서 (…) 포교성성에 불복종을 보이기 시작했다." 지그문트(Sigismund) 사제는 바그다드에 친구들이 있어서 그곳에서 가난한 사람들에게 의술을 베풀었고 당국자들과도 우호 관계를 유지하여 그들도 그를 보호해 주었다. 그는 로마로 돌아오기 위하여 지속적으로 그의 장상과 포교성성의 명령을 회피하였다. 그는 지도자인 파샤(pasha)의 보호를 요청하기도 하였다. 결국엔 바그다드를 떠나 모술로 갔으며 그곳에서 1823년 선종하였다(Cf. NA deposit Iraq in ASV).

들과 아르메니아인 공동체들과 함께 거주했다. 게다가 라틴 교회는 단 하나뿐으로 가르멜회원들이 운영을 하고 있었다. 1823년 6월 쿠페리에 신임 주교에게 공석이던 바그다드 주재 프랑스 영사 자리가 주어졌다. 포교성성은 겸임을 맡는 것은 교회법의 규범에 부합되지 않는다는 이유로 임명을 반대한 반면, 쿠페리에 주교는 현재 자신이 처한 환경은 예외가 필요하다고 강력하게 주장하였다. 교황 레오 12세는 이에 동의하여 그에게 바그다드 주재 프랑스 총영사직을 맡을 수 있도록 특별 허가를 해 주었다.

쿠페리에의 주교로서의 초기 몇 년은 매우 힘들었다. 그는 나이도 이미 60세였으며, 무더운 기후, 광활한 크기의 영토, 종교적 협조자의 부재, 힘들고 위험한 여행 등 모든 것들을 감내해야 했고 시간이 갈수록 그의 인내심도 허물어져 갔다. 그는 사임을 허락해 줄 것을 요청하였으나 교황 레오 12세는 좀 더 인내하라고 그를 격려하며 사임에 반대하였다. 쿠페리에 주교는 서로 다른 교회들 간의 분쟁을 해결하고, 각자의 특별한 예식을 거행할 권리를 존중하며, 칼데아 교회의 총대주교의 공석 문제를 처리하는데 협조해야 하는 등 중요한 현안들을 맡고 있었다.[55] 또한 네스토리우스파 총대주교 시몬 17세 아브라함(Shimon XVII Abraham)과 네스토리우스파와 야곱파 주교단과 사제들이 로마에 제기한 교회적 일치(ecclesiastical communion)에 대한 요청을 확인하라고 요청받았다. 따라서 만약 어떠한 결실을 맺을 수 있다면 미래에 대해 행복한 전망도 가능했다.[56] 가장 골치 아픈 문제는 칼데아

55) ASV의 NA deposit Iraq에 있는 포교성성 발송의 1825년 4월 30일 자 서한.
56) ASV의 NA deposit Iraq에 있는 포교성성 발송의 1825년 7월 30일 자 서한.

총대주교인 호미즈 요한난(Hormizd Yohannan) 대주교였다. 그는 가톨릭으로 개종을 하였는데, 칼데아인들의 바빌론 총대주교(patriarch of Babylon of the Chaldeans) 직함을 염원했다.[57] 로마는 쿠페리에 주교가 나서서 그의 의도를 파악하기를 원했다. 그리하여 쿠페리에는 그의 말에 진정성이 있다고 보고를 하였다. 교황 비오 8세는 1830년 요한난(Yohannan)에게 총대주교 직함을 수여하여 동방교회의 상당 부분이 로마와 완전한 친교를 이루도록 허락하였다.[58] 같은 해에 오스만 정부(Sublime Porte)에 의해 비 가톨릭 총대주교들에 대한 법적 권리와 칼데아인과 시리아인들에 대한 공식적 승인이 시작되었다. 1844년 세 공동체(아르메니아, 칼데아, 시리아)에 대한 민간 및 행정 특성에 대한 협의가 성립되어 각 공동체 총대주교들에게 외교적 권리(bérat)가 주어졌다.[59] 1826년 쿠페리에 주교는 모술과 성 오미스다(St. Ormisda) 동굴 수도원을 방문하여 그들의 규칙과 헌법에 대한 사도좌 승인(apostolic approval)을 확보하였다. 그 후 알코시(Alqosh)와 아마디아(Amadia)의 기

57) ASV의 NA deposit Iraq에 있는 포교성성 발송의 1826년 5월 13일 자 서한.

58) 1826년 5월 13일; 1829년 3월 28일; 1829년 5월 5일자 포교성성 발송의 서한들. 모두 ASV의 NA deposit Iraq에서 발견됨. 교황 레오 12세는 실제로 바빌론 총대주교 직함 수여를 승인하였으나 추기경회의에서 문건으로 남겨 놓지 않고 선종하였다. 후임자인 비오 8세가 그 결정을 확인하고 성스러운 팔리움(pallium)을 그에게 수여함으로써, 1830년 7월 5일 칼데아인들의 바빌론 총대주교(patriarch)로 그를 인정하였다(ASV의 NA deposit Iraq에 소장된 1830년 5월 15일과 8월 7일 포교성성 발송의 서신들).

59) 베라트(Bérat)는 오스만 정부(Sublime Porte)에 의한 외교적 승인으로, 다른 비 가톨릭 공동체들이 누렸던 위엄, 권위, 특권들이 부여된다. 가톨릭 주교들은 지역행정위원회(District Administrative Council)에 참여할 수 있는 권한이 보장되었고, 세 공동체의 그리스도교인들은 행정 및 지방 자치 단체의 집정관뿐만 아니라 제1심법정과 무역 관련 문제에 대한 법정에도 접근이 가능해졌다(Cf. V. Cuinet, *La Turquie d'Asie- Géographie Administrative,* vol. 2, Paris, Ernest Leroux, 1891, p.771).

독교 마을을 방문하여 받았던 좋은 인상들을 가톨릭 선교의 상황과 발전에 대해 작성한 매우 긴 보고서에서 언급하였다.[60] 고질적인 사제 부족을 겪고 있는 교구의 사목적 요구에 대해 쿠페리에는 칼데아 수도사들에게 도움을 요청하였으며[61] 동시에 가르멜 회원들에 의해 시작되었던 교육 프로그램을 부활시키기 위해 후방에서 전면적인 지원을 보냈다. 또한 사목직(pastoral ministry)에 대해 여성 수도자들의 종교 집회의 가치에 대해서도 신속하게 인정하였다. 뿐만 아니라, '하느님의 종'(Servants of God)을 창설하여 지혜와 경건함이 충만한 생활 규칙을 실천하도록 했다. 그는 메소포타미아에서의 선교는 인내만큼이나 용기가 요구되지는 않는다고 믿으며, 다섯 가지의 우선순위를 정하였다. 즉, 소명의식의 계발, 영적 물적 필요에 처한 주교 및 사제 지원, 부채로 인해 회교도 노예로 팔려간 기독교인들 구제, 먼 지역에 거주하는 기독교인들에 대한 사목적 보살핌, 그리고 가난한 교회에 대한 재정적 보조 등이었다. 1830년 10월 쿠페리에 주교가 로마에 부주교를 요청하자 교황 그레고리오 16세는 곧 바그다드 교구의 어려움과 문제점들을 잘 알고 있는, 전 포교성성의 장관을 선정하였다. 그리하여 1831년 6월 18일 나시아 선교회(Mission of Naxia)

---

60) Cf. *Annales de l'Association de la Propagation de la Foi*, pp.1823~34.

61) 니베아(모술)의 칼데아 사제 폴 엘리야 마크다시(Paul Elia Makdassi)에 의하면 성 오르미스다(St. Ormisda) 수도원에는 80명의 수도사가 거주했다. 그들은 모두 경건함, 열정, 문화, 언어에 대한 탁월한 지식으로 잘 알려져 있었으며, 그들이 지닌 모든 재능을 페르시아에서 카불과 인도에까지 이르는 쿠르드 지역의 선교 활동에 쏟아부어 마니교도(Manichaeans), 에지디교인(Yazidis), 사비교인(Sabeans), 그리고 에우티쿠스(혹은 유두고, Eutychus)들이 가톨릭 신앙으로 돌아왔다(ASV의 NA deposit Iraq에 소장된 1826년 9월 30일 자 포교성성 발송의 서한).

사제들의 장상인 라자리스트회(Vincentian)의 팔기에흐(Namanno Falguières Augustine)를 부주교로 선정하였다.

그러나 그 소식이 바그다드에 도착하기도 전에 쿠페리에 주교는 흑사병이 창궐하던 1831년 4월 24일 갑작스레 선종하였다. 그는 기독교인들이 성사도 받지 못한 채 임종을 맞는 일이 없도록 열성적으로 헌신했다. 자신에게 속한 사제 한 명이 흑사병에 걸리자 쿠페리에 주교는 그를 개인적으로 간호하다가 자신의 사도적 열정 때문에 희생되어, 그도 전임자 못지않은 성스러움과 지혜와 헌신으로 봉사하였다는 명성을 남겼다. 그의 선종으로 심각한 현안들이 처리되지 못한 채 중단되어, 로마와 칼데아 총대주교와의 긴장 관계, 모술의 칼데아 총대주교가 인도의 시로 말라바(Syro-Malabar) 기독교인들의 예식을 둘러싸고 제기한 소위 말라바 문제(Malabar question) 등이 그대로 남게 되었다.

많은 존경을 받은 쿠페리에 주교의 후임으로는 팔기에흐(Falguières)가 아니라 새로운 지명자가 임명되었다. 후임자는 보나미(Pierre Dominique Marcelin Bonamie, 1832~34) 신부로 (예수 마리아 성심회Congregation of the Sacred Hearts of Jesus and Mary) 픽푸스 사제단(the Picpus Fathers) 소속이었다. 프랑스 까오흐(Cahors) 인근 알바스(Albas) 태생의 신임 주교는 당시 34세로 투르(Tours) 신학교 교수였다. 그는 로마에서 주교 착좌식을 마쳤으나 슬프게도 그 역시 메소포타미아로 가던 중 바그다드에 도착하지 못한 채 건강상의 문제로 사임하였다. 한편 트리오체(Laurent Trioche) 신부는 선종한 쿠페리에 주교의 동료였으며 칼데아 교회를 황폐시킨 중대한 문제들을 지속적으로 반복하여 보고하였는데, 그중에는 알코쉬(Alqosh)의 기독교인 대학살, 칼데아 총대주교 유수프 4세 힌디(Hindi)가 지명한 두명의 바빌론 총대주교 후보인 디아바키르(Diarbekir)의 주교 어거스틴 힌디(Augustine Hindi)와 모술의 호르미츠(Yohannan Hormidz) 이 둘의 논쟁도 포함되어 있었다. 처음에는 프랑스 대혁명으로, 그 후에는 나폴레옹의 로마 점령으로 대혼란에 빠진 바티칸은 당면한 문제들에 대해 즉각적인 반응이나 신속한 해결에 나설 형편이 못되었다. 결국 어거스틴 힌디가 선종하자 칼데아인들의 바빌론 총대주교로 요한난 8세 호르미츠(Yohannan VIII Hormizd)를 승인하였다. 이로써 엘리야(Eliya)와 유수프(Yousuf) 두 총대주교 라인이 모술을 기반으로 하나의 총대주교로 합쳐졌다. 1838년 그가 선종하자 자야(Nicola I Zaya, 1839~46), 그리고 강직한 성격의 아우도(Yousuf VI Audo, 1847~78) 등이 뒤를 이었다.

보나미(Bonamie)의 후계자 선정은 그리 신속하게 이루어지지 않았다. 교황 그레고리오 16세가 교구장 대리이자 라틴 교회의 바빌론 주교, 이스파한의 직무대리, 그리고 칼데아인들의 교황사절이었던 트리오체(Laurent Trioche) 신부를 1837년 3월 22일에 임명하기까지 3년이 걸렸다.[62] 마르세이유 태생의 트리오체는 메

62) "Delegatum Apostolicum pro Natione Catholica Chaldeorum ... cum facultatibus omnibus necessariis et opportunis ... quando gravius aliquod novum Ecclesiasticum negotium ad exitum perdicendum occurrat"(ASV의 NA deposit Iraq에 소장된 1837년 3월 30일 자 포교성성 서한). 칙령이 3월 30일 자이나 새로 선임된 주교는 8월 말이 되어서야 그 소식을 접했다. 자신의 임명 소식에 놀라긴 했지만 그는 교회의 이익을 위해 기꺼이 자신의 노력을 배가할 것을 선언하였다. 두 명의 전임자와 마찬가지로 트로이체 역시 한시적으로 프

소포타미아에 대해 잘 알고 있었다. 그는 사제 서품을 받기 전에 쿠페리에 주교의 비서였으며 그 이후에도 계속 가까운 조언자로 남았었다. 이제 쿠페리에를 대신하게 되자 트리오체는 "1820년부터 쿠페리에의 사도적 여정에서 그의 숭배자이자 충심의 추종자"라고 자신을 언급하며, 이제는 그의 사목적 계보의 추종자가 되었다.[63] 교황의 선택은 두 가지 점에서 매우 적절했다. 첫째로 트리오체는 지역 현황을 세심하게 잘 알고 있어서 포교성성에 매우 자세한 보고서를 여러 번 제출하였다. 둘째, 힘들고 적대적인 상황에 부적절한 프랑스 주교들을 메소포타미아에 파견하면 문제를 해결하기보다 오히려 더 많은 문제를 야기한다는 사실을 비로소 깨달았기 때문이었다. 그 후로 로마는 바그다드에 대해서는 중동에 체류했던 적이 있거나 이미 체류중인 이들을 후보자로 선정하여 위험 부담을 줄이려고 하였으나, 후보들은 현재 거주하고 있는 지역을 떠나기를 달가워하지 않았다. 게다가 로마는 쿠페리에 주교와 바이에(Baillet) 주교의 경우와 같이 긍정적인 경험을 한 후 계속해서 라틴 주교직에 교황사절을 임명하였다. 칼데아 교회와의 관계, 그리고 그 지역의 다른 고대 교회들과의 관계는 교황의 대리인(papal representatives)으로서 영구적인 상주를 필요로 하므로, 트리오체 주교는 칼데아국의 교황사절이라는 직함을 공식적으로 부여받은 최초의 주교가 되었다.

랑스를 대표하는 임무도 맡게 되었으며(*Histoire de l'Archevêché*, p.68), 1841년 9월 16일 다른 교황사절들과 관련된 지시를 받았다. 1839년 마운트 레바논(Mount Lebanon)의 교황사절인 빌라르델(M. Vilardell)에 대해서도 유사한 지시가 내려졌는데, 지역 교회들과의 관계에 대한 간략한 소개와 네 개의 요약이 포함되었다.

63) ASV의 NA deposit Iraq에 소장된, 트리오체가 포교성성에 보낸 1833년 7월 17일 자 서신.

트리오체는 그의 임명 소식을 들은 칼데아 주교들로부터 즉각적인 축하를 받았다. 1837년 8월 15일 바그다드에서 착좌식이 거행되었는데, 게지라(Gezira)의 칼데아 주교 디 나탈레(Pier Giorgio di Natale)가 바빌론 총대교구의 수장으로 착좌식을 맡았고, 시리아인 주교인 모술의 이사(Gregory Issa)와 칼데아인 총대주교인 바빌론의 요한난 8세 호르미츠(Youhannan VIII Hormizd)가 보좌를 하기 위해 모술에서 왔다. 착좌식에는 참석자들이 많이 몰려 지붕과 창문, 전망이 좋은 곳이라면 어디서건 예식에 참여했다. 비 라틴계 주교들에 의해 거행된 착좌식은 상당한 찬사를 받았으며 비 가톨릭인들도 교황에 대해 경의를 표하기도 했다.[64] 1838년 봄, 트리오체는 키르쿠크(Kirkuk)에서 시작하여 알코쉬(Alqosh)까지 이르는 메소포타미아 위쪽의 기독교인 마을을 방문하였다. 그가 작성한 보고서에 의하면 총대교구(patriarchy)는 8개의 교구

64) "Plusieurs m'ont dit que nous sommes a présent convaincus que le souverain pontife honore tous les rites également puis qu'il fait sacrer un évêque latin pour des évêques qui sont d'une autre rit. Qu'elle est belle est heureuse cette église romaine elle réunit tous les peuples dans son sein comme une bonne mère elle les aime tous également, poussions nous un jour nous réunir à elle!" "많은 사람들은 현재 교황이 모든 예식을 존중하고 다른 예식을 위해 라틴어 예식을 거행한다고 확신하고 있다고 말합니다. 이 로마네스크 교회는 모든 사람이 사랑하는 훌륭한 어머니로서 모든 사람을 다시 만나게 해 준다는 것이 정말 기쁘고, 언젠가 다시 만날 날을 기약합니다!"(ASV의 NA deposit Iraq에 소장된 1837년 8월 19일 자 메모). 사실은 주교가 비 라틴계 주교들에게 착좌식을 받도록 승인되지는 않았다. 하지만 그는 이와 같은 예식이 효과적인 행동(gesture)일 뿐만 아니라, 착좌식(episcopal ordination)을 위해 콘스탄티노플까지 험난하고 위험한 여행을 하는 것을 피할 수 있는 현실적인 수단이라고 판단했다. 당시 교황은 자의 교서(motu proprio)를 통해 여러 가지 다양한 전례 및 의례적 부조리를 치유해 나갔다. 전례상의 기이함을 제외하면 트리오체의 착좌식에 대해 비가톨릭인들은 매우 흥미롭다는 반응을 보였다. 이로써 바그다드에 현존하는 상이한 기독교 공동체들이 지니고 있는, 가톨릭 신자들에 대한 긍정적인 분위기를 엿볼 수 있었다.

(ecclesiastical districts)로 구성되어 있으며 총대교구를 제외한 북동쪽의 다른 그리스도교 공동체 사람들도 만났다. 그 후 성 오르미스다(St. Ormisda) 수도원을 방문하여 그곳에서 며칠간 머무는 동안 수도 생활에 관한 강의도 하였다. 그는 칼데아 교회가 직면한 가장 중요한 문제는 사제들을 두서없이 훈련시키는 것이라 파악하고 개혁이 절실히 필요하다고 생각했다. 3년 후인 1841년 포교성성은 이 문제를 이슈화하여 사제 육성을 위한 신학교 설립을 고려하기 시작하였으며 트리오체를 파견하여 "칼데아국에 혜택이 되도록 전심전력을 다해 이 문제를 알리도록 했다."[65] 그리하여 1853년에 개최된 칼데아 주교들의 시노드에서 참석자들은, 신학교 설립까지는 상당한 시간을 기다려야 하겠지만 설립 문제에 대해 특별한 관심을 두자고 제안했다. 포교성성도 메소포타미아에서 "교회 안에서의 교육과 라틴 교회의 신성한 규율, 그리고 동방 선교를 담당할 성직자들에 대한 훈련을 목적으로 하는 대규모 워크숍"을 개최할 방법을 모색하였다.[66]

트리오체는 바그다드의 라틴 교구를 20년가량 이끌었다. 그는 1848년 8월 19일 바그다드 교구를 대교구로 승격시켰고, 승격된 대교구의 첫 번째 대주교가 되었다. 또한 페르시아의 교황사절로 임명되었으며 바그다드 주재 영사로 프랑스를 대표하였다. 목자로서 그는 전임자들이 시작했던 일들을 공고히 하였으며 바그다드에서 활동했던 가르멜 회원들을 소환하여 교회와 소년들을 위한 학교를 맡겼다. 그는 칼데아인들과 아시리아인들과도 우호

65) ASV의 NA deposit Iraq에 소장된 포교성성의 1844년 5월 3일 자 서신.
66) ASV의 NA deposit Iraq에 소장된 포교성성의 1850년 8월 5일 자 서신.

관계를 유지하여 모든 기독교인들 사이에서의 신심인 신앙 감각(the sensus ecclesiae catholica)을 발전시켰다. 마침내 그는 모든 사목 활동에서 은퇴를 하고 마르세이유의 고향 집으로 낙향을 하였으나 1887년 11월 27일 선종할 때까지 라틴 교회 바빌론의 대주교 직함은 유지하였다. 그는 재임 기간 동안 칼데아인들과의 일치를 도모한 일 외에도, 야곱파 주교(Stephen Gezracci)가 그를 따르는 사제 몇몇과 함께 가톨릭으로 오도록 중요한 명분을 제공하였다. 또한 카푸친과 도미니칸 수도사들이 모술과 쿠르디스탄의 시리아인들과 칼데아 신자들을 대상으로 전개한 선교 활동도 지원하여 지난 1세기 동안 이 지역에서 수많은 개종자가 나왔으며, 1847년에는 체키(Cecchi) 신부가 마 야쿠브(Mar Yacoub)에 수도원을 창설할 수 있었다. 트리오체 대주교는 유럽으로 귀향한 후에는 동방의 문제에 개입하지 않았으며 로마는 모술 선교지의 전 대표인 이탈리아 도미니코 수도회 소속의 메르시아즈(Merciaj)를 교황사절로서 트리오체 후임으로 임명하였다. 그밖에 라틴 교회는 도미니칸 수도회(OP)와 카푸친 작은형제회(OFM Cap.)의 앙리-마리 아망통(Henri-Marie Amanton, OP), 니콜라 카스텔(Nicolás Castells, OFM Cap.), 외젠-루이-마리 리옹(Eugène-Louis-Marie Lion, OP), 그리고 앙리-빅토르 알트마이어(Henri-Victor Altmayer, OP) 등을 교황 직할 서리로 임명하였다.

4. 메소포타미아, 쿠르디스탄, 아르메니아 소수민족의 교황사절단 (The Apostolic Delegation in Mesopotamia, Kurdistan, and Armenia Minor)

네스토리우스파, 야곱파, 그리고 바그다드, 모술과 디야르바키르(Diarbekir) 관구의 아르메니아인들 중에서 개종자들이 많이 나오자 바이에(Baillet), 쿠페리에(Coupperie), 그리고 트리오체(Trioche) 주교는 새로운 개종자들에 대한 영적 지원의 필요성이 점차 증대함을 인식했다. 개종자들의 숫자가 급증하자 주교들은 총대주교의 권한으로 각각의 신자 공동체를 이끌 주교관할권을 만들거나 다시 복원하였다. 종종 선교사들이 지역 분쟁이나 공동체 간의 관계에 개입해야만 할 경우가 발생하지만, 이러한 경우 오해나 갈등에서 자유로울 수 없었다. 특히 신자들 사이에 서로 다른 종교 간의 결혼이 있는 경우 한쪽이 다른 한쪽의 예식에 맞추어야하기 때문이다. 바그다드의 라틴 주교는 이와 같은 경우에 늘 그 중심에 서게 되며 대개는 문제가 교황청으로 이관되었다. 주교는 사태의 추이를 계속해서 보고 받기를 원하지만 타당한 이유가 있을 때에만 허용되었다. 그러므로 대개의 경우 문제는 로마에서 고려 대상이 되었으며 메소포타미아의 신자들뿐만 아니라 중동의 다른 지역 신자들의 경우도 포함되었다. 예식 사이의 관계, 개종, 그리고 사제, 주교, 총대주교들의 교황과의 친교 유지, 총대주교와 교황 사이의 승인과 관계, 등 관련된 문제들 모두가 보다 더 심각하게 고려해야 할 대상이 되었다. 이는 전례(liturgies)에 대한 인정, 교계제도의 선출 규범에 대한 존중, 교황에 의해 임명된 라틴 선교사 및 주교들과 동방교회의 관계, 특히 총대주교와 관련하여 그들의 역할 등과 연관된 교회의 특성에 대한 재고와 보다 깊은 이해가 필요하게 되었기 때문이다.

19세기에 들어 두 지역 사이의 관계가 급속히 발전하게 되자, 교황청은 오스만 제국의 여러 지역을 담당할 최초의 교황사절들을 임명하기 시작했다. 처음에는 시리아, 메소포타미아, 쿠르디스탄, 그리고 아르메니아 소수민족, 다음으로 이집트, 아라비아, 튀르키예, 그리고 페르시아를 담당할 교황사절들을 임명했다. 교황사절들의 직분은 "라틴 자치 교구(Latin ordinariate) 보다도 더 필요하고 더 중요했다."[67] 자치구의 신도들에는 다른 지역 교회에서 세례를 받고 그들의 문화와 전통을 습득한 신도들이 포함되어 있다. 그리하여 과거에는 주교와 대목구장(apostolic vicars)들이 경우에 따라서, 그리고 의문스러운 타이틀 (칙서 *in partibus infidelium*의 표현에 의해 강조된) 하에서 로마 교황을 대신하였으나, 이제는 새로운 법적인 형태로 대리인들은 안정적이고 공식적인 기능을 취할 수 있게 되어 로마에 지역 교회, 가톨릭과 비 가톨릭들의 삶과 발전 양상에 대한 정보를 제공할 수 있게 되었다.[68] 중동에서의 최초의 교황사절단은 1762년 6월 17일자 교황

67) *Histoire de l'Archevêché*, pp.69~70.

68) 칙서 *in partibus*에 의한 이들 대목구장(apostolic vicars)과 주교들의 기원에서부터 현재 대리인들에 이르기까지의 발전 상황에 대해 추적이 가능하다. "특히 오스만 제국의 라틴 주교들과 대목구장들은 최고의 권한을 가진 당국자들을 상대하도록 교황에 의해 임명된 자들이므로, 분열된 교회의 지도자들과 그 추종자들의 개종을 위해 선교를 시작하였고, 지속적으로 노력하여 성공을 거두기도 하였으며, 추후에 가톨릭교회의 신분을 획득하는 경우도 있었다"(D. Bracket, *Catholic Encyclopedia*, Vatican City, 1950, s.v. "Executive Officer Apostolic Annex").

칙서에 의해 시리아에서 형성되었으며 아놀도 보쉬에(Arnoldo Bossù)가 알레포(Aleppo)의 대목구장으로 임명되어 그 지역의 기존의 가톨릭 공동체들 모두를 이끄는 과제를 떠맡게 되었다. 그는 공동체에 속한 예식이 무엇이든 교황령을 이행하고 동방 공동체의 삶과 문제점들에 관해 바티칸에 알려야 했다. 칼데아국(Chaldean Nation) 대표로 임명된 트리오체는 메소포타미아에서, 그리고 콘스탄티노플과 페르시아에서 실험을 반복하였다. 그러나 교황사절 임명에 문제가 전혀 없었던 것은 결코 아니었다. 튀르키예 정부는 그들의 존재를 무시하지 않았지만(콘스탄티노플의 대리인은 교황과 술탄 사이의 대화 채널로 수용되었다), 오스만 제국 백성이었던 가톨릭교도들과의 일이나 이들에 대한 관할권은 인정하지 않았다. 그러나 정부 당국자들은 공식적으로 특정 주교들을 승인하여 그들의 교회에 소속된 교인들에게 영향을 미치는 행정 명령(administrative orders)을 발동할 권리를 부여하였다.[69] 대리인들의 민감한 위치가 의미하는 바는, 종교적인 문제라 하더라도 매사에 극도의 신중을 기하여 튀르키예 당국자들의 감정을 상하게 하거나 이들과의 불필요한 갈등을 야기하지 말아야 한다는 것이다. 이는 왜 제유법['숭고한 문'(Sublime Porte)]을 신봉하는 프랑스 대사관이, 오스만 제국이 멸망할 때까지 라틴 교회의 이익을 위한 항의와 요구 사항들을 전달할 때 선호하는 기관으로 작용하였는지에 대한 이유를 명확하게 설명해 준다. 1884년부터 1902년까지 18년간 모술 주재 교황청 대표(papal representative)였던 알트마이

69) 이와 같은 법적 문제는 사도적 대리 니콜라스 카스텔스(Nicolás Castells)와 분열된 교회(schismatic church)에 사도적 대리 임명을 반대하는 아르메니아인 주교 나자리안(Nazarian)과의 논쟁의 중심에 있었다.

어(Henri-Victor Altmayer)는 교황사절로서의 자신의 역할은 다른 지역 대리인들의 역할과 유사했지만 특히 메소포타미아 기독교가 직면하고 있는 특별한 상황을 강조하였다. 교황사절은 외국인이 아니라 공동체 내에서 "행복하고 불행한" 사건들 모두를, 지역 교회의 삶의 "발전, 투쟁, 그리고 고통"까지도 모두 함께한다. 동시에 바티칸의 권한을 가진 후견인(Guardian)으로서 늘 염려하며 필요시에는 신앙과 규율을 감독하고 총대주교와 주교들, 시노드의 의장, 혹은 시노드에서 선출된 자들을 위해 상담을 하고, 교구의 필요한 것들을 지원하고 신앙심 깊은 단체들을 육성하는 지원금의 채널이 되고, 이단들 사이에서 사도직을 홍보하고, 사제들의 후원자이며, 끝없는 시련의 불행한 날들에 처한 기독교인들의 안식처이다. 그러므로 교황사절은 이들 교회 생활과 활동에 이방인이 아니라 환자들을 치유하거나 격리하기 위하여 합당하고 세심한 방법으로 항상 이들을 격려하고 도와줄 준비가 되어 있어야 한다. 그리하여, 교황 레오 13세는 1894년 11월 3일 교회 법령(constitution)에서 이 교회 관리(ecclesiastical official)의 역할을 한 단어로 "조정자"(conciliator)로 정의하였다.[70)]

각 지역에 이 교황사절들이 배치되었다 하더라도 교황 자신은 그리스도와 모든 그리스도교인 사이에 친밀함과 일치를 이루기 위한 하나의 초석으로서 동방교회를 위해 헌신하였다. 그는 베드로 좌의 중요하고 숭고한 직분과 함께 이 지역 교회들의 삶에 관한 더 긴밀한 정보를 입수하고, 보다 세심한 관심을 기울여

---

70) *Histoire de l'Archevêché*, pp.71~2.

이들 지역에 필요한 사목적 재정적 지원을 제공하였으며, 몇몇 중대한 경우에 오스만 제국의 숭고한 문(Sublime Porte: 오스만 정부)에 보다 많은 영향력을 지닌 정부를 통해 더욱 민감한 외교적 행동을 촉구할 수 있었다. 프랑스 대사와 영사들이 메소포타미아 대표단을 위해 법정에서 기꺼이 영향력을 사용하였으나, 바그다드 교구의 설립은 한 프랑스 귀족 여성의 기부 덕분이었고, 현직 대표들이 프랑스인이며 가끔은 영사들도 프랑스인들이기 때문이란 사실을 주목하여야 한다. 종교개혁의 시기에 프랑스는 메소포타미아에 대한 지정학적 관심을 다시 표명하여 삼면으로 구성된(모술, 바그다드, 그리고 바스라) 하나의 축을 형성함으로써 그 지역에서 영국의 활동을 통제했을 뿐만 아니라 그 지역의 기독교인들을 보호하고 자신들의 영향력을 방어하려고 노력하였다.[71]

이 시기에 메소포타미아, 쿠르디스탄, 아르메니아 소수민족들의 교황사절단은 칼데아와 시리아 총대주교의 대부분의 지역과 아르메니아 교구들 일부를 포함하였다. 이들의 관할 영역은 시리아의 현재의 국경선에서부터 튀르키예 남쪽을 지나 아제르바이

71) "Il est Indispensabile d'en concilier l'exercice 〔오스만 제국의 기독교인들에 대한 보호(the protection of the Christians of the Ottoman Empire)〕 avec prudence et les mènagements que comportent, non seulement les droits de souveraineté et d'administration de la Porte sur ses sujects, main encore les difficultés que l'éloignement des lieux oppose nécessairement à l'action de l;Ambassade du Roi et à celle de la Porte elle-même"(P. de Vaucellers, *La vie en Irak il y a un siècle*, Paris, A. pedone, 1963, p.6. 그리고 기독교인들의 보호에 관해서는 pp.89~92; 프랑스 이라크 식민지의 프랑스 영사들의 보고서에 관해서는 pp.102~107). 저자는 왕정복고 정부가 바그다드에서의 프랑스 측 이익을 보호할 수 있도록 교황사절에게 권한을 부여하였음에도 불구하고 재정적 지원에는 매우 인색하였으며, 매우 드물게 몇몇 경우를 제외하고는 결코 어떠한 지불도 승인하지 않았다고 지적한다.

잔, 그리고 근대 이라크까지 이르는 광활한 지역이었다. 이 시기에 칼데아 총대교구에는 주교 9명, 사제 160명, 약 4만 명의 신도가 있었고, 안티오크의 시리아-가톨릭 총대교구에는 주교 5명, 사제 80명, 그리고 약 만 2천 명의 신도가 있었으며, 마지막으로 아르메니아 가톨릭들은 트라브존(Trabzon)과 말라티아〔Malatya(Melitene)〕, 그리고 유프라테스 상류 지역 사이를 차지하고 있으면서 5개의 교구에 사제 40명과 약 1만여 명의 신자가 있었다.[72] 또한 이 지역에는 프랑스 맨발의 가르멜회(바그다드와 바스라), 도미니코 수도회(처음엔 이탈리아인들이었으나 그 이후로는 모술, Mar Yacoub, 그리고 쿠르디스탄에는 프랑스인들), 카푸친회(Mardin, Orfa, Diarbekir, Seert에 스페인과 이탈리아인), 그리고 예수회와 빈센트 수도회가 페르시아에서 활동하고 있었다. 이들의 훌륭한 선교 활동은 모술의 시리아 가톨릭 총대주교 벤니(Cyrille Behnam Benni)가 1870년 7월 28일자 서한에서 생동감 있게 증언하고 있다. 그는 수도사들의 선교 활동을 극찬하였으며, 특히 교육과 사회사업에 보인 그들의 열정에 아낌없는 찬사를 보냈다.[73]

72) 대리 알트마이어(Altmayer)의 기록에 의하면 이 지역에는 두 총대교구(patriarchates), 주교 17명, 사제 100명, 그리고 신도 6만5천 명이 거주하였다고 한다. "l'archevêché latin de Bagdad..., a eu sa grande et belle part dans la création et la diffusion du mouvement catholique en ces contrées"(*Histoire de l'Archevêché*, p.76).

73) *Les Missions catholiques* 3(1870), pp.57~59.

5. 리버수러스(Reversurus) 사건과 제1차 바티칸 공의회, 칼데아 총대주교 대 로마, 그리고 말라바(Malabar) 사건

비오 9세(1846~1878)와 교황청은 일시적 통치에 대한 요구에 반대했다. 그와 같은 세속적 관리로부터 자유로워야 교회의 영적 선교, 복음화와 개혁에 초점을 맞출 수 있다고 생각했다. 교회 역사상 이 시기에는 하느님의 뜻에 따른 수없이 많은 성인과 학자들이 교회 생활과 이교도 선교에 큰 자극을 주었고, 하느님의 백성들 사이에서 큰 열정을 불러일으켰다. 동시에 교회는 정교회(Orthodox Churches)와의 관계에서 모든 그리스도인과의 진정한 일치를 꿈꾸기 시작했다.[74)]

선교 활동 초기에는 근동, 즉 전통적으로 기독교 국가와 가장 근접한 지역에 선교사들이 파견되었다. 이 기간에 교회는 선교 활동을 여러 가지 다양한 방법과 형태로 수행하면서 이에 대한 개념을 연구하였다. 오랜 기간의 평가를 마친 후 교황 비오 9세는 교령(apostolic constitution) *Romani pontifices* (1862년 1월 6일)

---

74) 칙서(bull) *Ecclesiam Christi*(1853년 11월 26일)는 다양성 속에서의 일치에 관한 일반적 원리로 구성되었다. 자코모 마르티나(Giacomo Martina)가 작성한 칙서는 "베네딕토 14세에 의해 윤곽이 형성된 입장과 유사하다." 그러나 "칙서는 실제로 강조된 문제점을 해결하지는 않았다. 교회 내부의 다양성의 특징이 언어와 예식의 상이함에 국한되었는가? 아니면 신학적-교회론적 다원주의를 인정하였는가?" "결론적으로 1864년까지 이 시기에 비오 9세가 추진한 대 동방정책은 다음과 같은 특징으로 요약된다: 정교회(Orthodox)와의 신랄한 분쟁, 동방 가톨릭의 예식(Eastern Rite Catholics)에 대한 존중, 교회론적 다원주의의 가능성에 대한 검증 부재, 동방의 교인들을 라틴화할 가능성이 있는 선교사들이 복종을 강요할 에너지의 부족"〔Giacomo Martina, *Pio IX(1851-1866)*, vol. 51, Rome, Gregorian University Press, 1986, pp.362~63〕.

에 의해 포교성성 내에 선교활동에 관해 이교도성(pro Gentibus)과 동방교회성(pro Orientalibus)으로 나누어 분과를 만들어 내었고, 별개의 부서인 동방전례평의원(Pro negotiis ritus orientalis)을 신설하여, 포교성성의 나머지 분과들도 동일한 장관 추기경이 관할하고 분과별로 대주교 비서(archbishop-secretary), 상담인(consultants)과 관리(officials)들을 두도록 하였다.[75] 이러한 개혁 조치는 동방교회 문제 전반에 걸쳐 이루어진 과정의 일부로서 행정 및 교회 활동과 관련하여 점증하는 불편함을 해소하기 위한 것이었다. 교황은 동방교회의 주교와 사제들이 그동안 총대교구와 교구의 관리에 있어서 평범함과 권위주의 문화에 굴복해 왔으며 성직자들의

75) 동방교회성성(Sacred Congregation for the Eastern Churches), *Oriente Cattolico*, p.12; Lesourd, *Histoire des missions catholiques*, p.116. Giacomo Martina에 의하면(*Pio IX*, p.368): "포교성성 특별분과(Special Section of propaganda Fide) 설립은 (…) 적극적인 의도를 보여 주었다. 비오 9세가 가톨릭 교도들의 다양한 동방 예식에 관심이 있음을 나타내는 시도"였으며, "비 라틴계 예식을 존중하는 바티칸의 의지"를 재천명하는 것이기도 했다(p.368); 마르티나의 지적에 의하면: "교황 비오 9세의 동방교회에 대한 관심은 1848년 1월 교서 *In Suprema Petri apostolici sede*부터 명확했다. 그 이후로 이 분야에 대한 교황의 업무도 확대되었다; 1862년 동방 예식(Eastern Rite issues)에 관한 포교성성의 특별 분과가 창립되어 동방교회에 대한 오랜 활동 과정의 정점을 이루었다. 교황청의 활동을 촉진시킨 원리는 명확하다; 동방의 예식과 전통에 대한 존중이었다"(p.359); 사실, 마르티나에 의하면, "교황들은 동방을 라틴화하자고(Latinize Orientals) 결코 주장하지 않았다. 베네딕토 14세가 1755년 교령 *Allatae sunt*에서 선언한 것처럼 교황들의 유일한 관심은, 변화 없이, 실수하지 않는 것(free of errors)이었다"(p.366). 그런데 라틴 예식을 인정하며 가톨릭을 받아들이는 개종자들(이단자들 혹은 분리주의자들)이 발생하기 시작했다; 이러한 경우에 대하여 비오 9세는 "그와 같은 환경에서 준수해야 하는 일반 법규"를 규정하기 위한 포교성성 동방 분과(Section for Eastern Affairs of Propaganda Fide)의 설립을 원했으며, 대표들과 대목구장들에게 변화를 추구하는 자들이 진정으로 변화가 필요한 상태라면, "영원히 그리고 절대적으로" 라틴 예식으로의 전환을 할 수 있도록 5년간의 임기를 보장했다〔ASV의 NA deposit Iraq에 소장된 1665년 7월 31일자 문서 10(doc. 10)〕. 비오 9세는 1865년 6월 17일 관련 법령들을 승인하였다.

다툼과 금품수수로 인해 사목적 시도들이 완전히 고갈되어 버렸다고 믿고, 교황 교서 *Amantissimus*(1863)를 통해 동방교회의 상태 전반에 대한 심도 있는 연구를 지시하였다. 이와 함께 다른 이유도 포함하여 교황은 칙서 *Reversurus*(1867년 7월 12일)에서 동방교회의 총대교구에서의 주교 선출을 통제하기로 결정하였고, 아르메니아인과 멜키트 그리스(Greek-Melkites) 교회를 시작으로 칼데아인들을 포함하여 다른 총대교구에도 동일한 개혁을 확대시킬 것을 제안하였다.[76] 교황은 총대주교들이 자신의 의도를 소화할 수 있는 시간을 주기를 원했으며 또한 "교회 규율(ecclesiastical discipline) 안에서 이와 같은 중요한 안건을 개혁하기 위한 획기적인 시도"로 그들을 격려할 수 있기를 희망하였다.[77] 칼데아 총대주교 아우도(Audo)는 큰 어려움 없이 개혁안을 수락하는 것 같았다.[78] 1869년 8월 31일, 포교성성의 장관이 쓴 보고서에 의

76) ASV의 NA deposit Iraq에 소장된 1867년 11월 15일 자 포교성성 발송의 서신.

77) ASV의 NA deposit Iraq에 소장된 1869년 8월 20일 자 포교성성 발송의 서신.

78) 1868년 7월 31일 아우도(Audo)는 주교 선출에 관한 법령과 관련하여 교황에게 서신을 보냈다: "우리는 이러한 법령과 (…) 동방교회 전체를 인정하여 기획된 기타 법령들이 제정되어 모든 상황에 유용한 교회법이 만들어질 수 있기를 진정으로 소망했습니다"(Martina, *Pio IX*, pp.96~97). 바르나보(Barnabò) 추기경은 이 보고서와 기타 다른 보고서에서 다음과 같이 암시하고 있다: "교황 성하께서는 그 법령(constitution)이 처음 전해졌을 때 칼데아 총대주교 아우도 몬시뇰이 얼마나 미온적으로 그러한 조치들을 받아들였는지 제게 말씀해 주셨습니다. 저는 하쿠스 몬시뇰(Mgr. Harcus, 시리아인 안티오크 총대주교)이 그 때문에 겪어야했던 어려움들을 믿을 수 없었습니다. 그러므로 [추진할 수 있는] 최상의 방법은 그 성직자와의 친밀함과 그가 가지고 있는 여러분에 대한 존경심을 이용하여, 그가 지시된 방향으로 모든 신중함을 가지고 노력하도록 격려하는 것입니다: 그리고 여러분 모두가 원하는 바를 똑같이 반응하도록 하는 것입니다: 이러한 방법이 더 세심하고 명백할 것이기 때문에 더욱 많은 환영을 받으리라 생각됩니다"(ASV의 NA deposit Iraq에 소장된 1869년 8월 20일자 포교성성 서신). 칼데아 교회의 분쟁에 관해서는 Cf. Martina, *Pio IX*, p.96 이하.

하면, 교황 비오 9세는 "사도좌에 대한 자신의 탁월한 성향을 잘 확신하고 있으며 그의 최근 교서들에서 분명한 증거가 나타나는데, 교황은 이미 제정된 아르메니아 총대교구와 유사한 방향으로 성직자 선출을 명문화하기 위하여 총대교구에 적합한 법령을 제정하는 데에 어떠한 반대가 있을 것이라고는 믿지 않았다"라고 하였다. 그리고 부연하기를 "이런 방식으로 교황은 칼데아 총대교구가 매우 필요로 하는 교회 규율을 재정비하기 위한 기초를 수립하기를 원했으며, 이는 교황 성하가 여전히 열렬히 염원하는 것이며, 이를 본인에게 다른 교서에서 밝혔다"고 하였다. 그들이 원하는 것은 총대교구 전통의 급진적 개편과, 손대지 않고 그냥 두기 사이의 중간인, 보다 중도적인 개혁이라고 선언하고, 로마는 아우도(Audo)에게 사도적 교서 *Cum ecclesiastica disciplina* (1869년 8월 31일)를 발송하여 *Reversurus*의 개념을 칼데아 교회로까지 확대시켰다.[79] 그러나 새로운 법령은 첫째로는 칼데아 교회 내부에서, 다음으로는 교황과 총대주교 사이에서 원망과 반대를 촉발시켰다. 더구나 교황과 총대주교들은 지난 10여 년간 심각한 긴장 관계를 지속해 왔다. 그것은 디아르베키르(Diarbekir)와 마르

79) 포교성성의 장관 바르나보(Barnabò) 추기경은 아우도 총대주교에게 1869년 8월 31일자 서신을 보냈다. 서신에서 그는 "나머지는 이곳 로마[총대주교는 1869년 12월 8일 개최된 제1차 바티칸공의회에 참석하기로 되어있었다]에서 직접 설명드리는 것이 가장 유용하리라 생각됩니다; 왜냐하면 교황성하께서 열렬히 원하시는 대로, 총대주교님께서 주교님들과 함께 이곳으로 오실 것이라고 확신하기 때문입니다."라고 적었다. 그러나 교황 문서(papal document)가 든 봉투는 주소가 잘못되어 로마로 반송되었음을 주목해야 한다. 총대주교가 이미 모술에서 로마로 향해 출발했음을 고려할 때, 그 칙서는 긴급(urgent delivery)으로 카푸친의 Zechariah Catignano에게 배달된 것으로 보인다. 사도적 교서(apostolic letter) *Cum ecclesiastica disciplina*의 내용에 대해서는 Cf. ASS 5(1869~70), pp.637~643.

딘(Mardin) 교구에 대한 주교직 조항(episcopal provision)에 관한 논쟁[80]으로 시작하여, 공의회 법령(conciliar constitution) *Pastor aeternus*에 대한 아우도(Audo)의 비준수,[81] 그리고 골치 아픈 말라바(Malabar) 문제로 이어졌다.

그 당시에는 새로운 자유주의 사조가 급속도로 전파되던 시기여서, 국제 정치 및 종교, 사회 분야 전반에 걸쳐 혼란이 야기되고 있었다. 교회도 신앙, 규율, 그리고 교회의 권위를 공격하는 후기 계몽주의(post-Enlightenment) 혁명의 파도에서 자유로울 수 없었다. 비오 9세는 이를 막기 위해 1864년 12월 8일 회칙(encyclical) *Quanta cura*와 *Syllabus of Errors*를 선포하기로 결정하였다.[82] "우리가 살고 있는 이 시기에 불행하게도 반종교적이고 반사회적인 교리를 통하여 가톨릭교회와 시민 사회에 영향을 끼치고 있는 거대하고 심각한 악들을 고려할 때, 이들이 서방뿐만 아니라 동방까지지도 (…) 전 지역에 걸쳐 착한 영혼들에게 막대한 피해를 일으키고 있는 점"을 고려하여, 교황은 대의원(delegates)과 가장 가까운 측근들과 심도 있게 논의를 한 후 공의회를 소집하기로 결정하였다.[83] 이들은 "간결하고 정확하게 오류, 남용 및 기

80) 교황은 두 명의 사제 파르소 가브리엘(Farso Gabriel)과 피에르 아타르(Pierre Attar)를 이들 교구의 주교로 선출하였다. 그러나 이들은 아우도가 작성한 적합한 사제 명단에는 없는 이름이었으며 그리하여 아우도는 그들의 임명에 이의를 제기했다(ASV의 NA deposit Iraq에 소장된 1869년 3월 24일자 포교성성 서신).

81) 아우도 총대주교는 실제로 그 문서에 사인을 하지 않으려고 로마를 일찍 떠나버렸다.

82) 이 조치들이 동방에서는 그리 긴급하지는 않았으나 바티칸은 니콜라 카스텔스(Nocola Castells, Nicola da Barcellona로 불리는)라는 카푸친 대리에게, 모든 주교에게 이 문서를 보내어 그 내용을 출판할 수 있도록 요청했다.

타 영적 필요 사항을 보고해야 하며, 주로 (…) 그들이 제공하는 데 동의한 것"으로 추측된다.[84]

제1차 바티칸 공의회(1869~70)의 축복은 비오 9세의 교황 업무 중 가장 위대한 사건으로 기억되며, 대체적으로 전 세계적으로 야기되는, 외부와 내부에서 오는 도전들에 대한 답을 모색하기 위한 것이었다. 교황은 그 시기의 자유주의적이고 세속적인 경향에 대한 대응으로 공의회가 교의적이기를 원했다. 그러나 한편으로는 교회의 일치도 소망하여,[85] 메소포타미아 대표단(Mesopotamian delegation) 구역 내에 거주하면, 어떤 예식을 따르든지 따지지 않고, 분란을 일으키고 있는 분리주의적 성직자들도 모두 참여하도록 초대하였다.[86] 공의회는 또한 고대 기독교 지역을 포함하여 교회의 선교활동에 새로운 동력을 부여하고자 의도하였다. 포교성성이 이에 대한 책임을 떠맡아 메소포타미아에 적지 않은 결과를 가져다줄 매우 중요한 프로젝트를 시작하였다. 이번에는 학교와 교육 시설을 교회의 모든 교구에 설립하는 것이었다. 이 프로젝트들은 종교 및 문화적 무지에서 비롯된 사회적 극빈층을 구제하고, 향후 개신교의 침투에 대응하기 위한 것이기도

83) 비오 9세의 칙서(bull), *Aeterni Patris*, 1868년 6월 29일.

84) ASV의 NA deposit Iraq에 소장된 1866년 2월 22일 자 포교성성 서신.

85) 비오 9세 교서 *Arcana divina providentia*, 1868년 9월 8일.

86) 바르나보 추기경이 카스텔스(Nicola Castells) 교황사절에게 보낸 서신(ASV의 NA deposit Iraq에 소장된 1868년 9월 28일 자 포교성성 서신). 개막식이 다가오자 사도좌(Apostolic See)는 프랑스 정부를 설득하여 프랑스 해군을 통해 교통편을 무상으로 지원해 줄 것을 요청하였다. 왜냐하면 프랑스 주교들 모두 배를 이용하기를 원했기 때문이었다. 여객선 회사 로이드(Österreichischer Lloyd)와 대서양-인도양 항운(the Atlantic and Indian Ocean Lines)도 동참하길 원했다(ASV의 NA deposit Iraq에 소장된 1869년 6월 8일자 포교성성 서신).

하였다. 바르나보 추기경(Alessandro Cardinal Barnabò)은 메소포타미아 대표단(delegation)이 영토 내에 "충분한 수의 가톨릭 학교가 없다"고 보고한 사실에 탄식하며, 교황사절 대리인 카푸친회의 바르셀로나(Nicola da Barcellona) 사제에게, 포교성성이 "최소 몇 년간 상당한 양을 지원하여 도움이 절실한 지역에 가톨릭 학교의 설립에 공헌하기로" 결정하였음을 알렸다. 동시에 그는 "대표단(delegation) 지역에 더 많은 도움이 필요한 학교의 수와 각 학교의 연간 학생 수에 관한 정보를 알려달라고" 요청하였다.[87] 이 프로젝트는 마을 주민들에게는 환영받는 하나의 선물이었으며, 그들 기도의 많은 부분에 대한 응답으로 간주되었다. 신설된 학교들은 이라크 정부 시기까지 지속적으로 건설되었으며, 결국에는 오스만 제국의 사립학교의 국유화 정책으로 이어졌다. 모술의 도미니칸들은 로마로부터의 새로운 정책에 대한 기대를 이미 품고 있었으며, 이 도시에 학교를 하나 개교 하였다. 그 기독교인 마을에는 전 교황사절인 플랜쳇(Planchet)과 아만톤(Amanton)이 상주하고 있었기 때문에 모든 계획이 성공적이었다. 바르셀로나 사제가 포교성성에 제출한 보고서에 의하면, 초등학교가 가장 절실히 필요한 지역은 칼데아인 마을이었다. 동시에 가장 큰 문제는 학교를 설립하고자 하는 마음에 불을 지피는 것이었으며, 적절한 교사들을 찾을 수 있도록 그들을 지원하는 것이었다고 지적하였다.

메소포타미아, 쿠르디스탄(Kurdistan), 그리고 아르메니아 소수민족(Armenia Minor)들을 위해 교황사절에 임명받은 최초의 인

87) ASV의 NA deposit Iraq에 소장된 1866년 4월 25일 자 포교성성 서신.

물은 도미니코 수도회 메르시아즈(Antonino Merciaj, 1849~50)였다. 그는 이탈리아 시에나(Siena) 지방에서 출생하였으며 모술에서 선교활동을 한 전직 원장이었다. 그는 1849년 1월 28일 대주교 착좌식을 가졌으며, 테오도시오폴리스의 명의의 좌(titular see of Theodosiopolis)가 주어졌으나, 상주할 곳을 마련했던 디아베크르(Diarbekir)에서 갑자기 선종하였다. 메르시아즈의 갑작스런 선종으로 바티칸은 베이루트에 있는 프랑스 예수회 소속의 베누아 프란셰(Benoît Planchet)를 대표 서리로 임명하였다. 그 당시 프란셰는 가지르(Gazir)에서 임명 소식을 들었는데, 그곳은 그가 사도적 선교사(apostolic missionary)로서 상당 기간을 보낸 곳이었다. 그는 뜨거운 열정, 풍부한 경험, 그리고 현지 언어와 풍습에 대한 폭넓은 지식을 갖추었다고 잘 알려져 있었다. 그는 시어트(Seert)와 카툴라(Cattula)의 칼데아인 주교들, 게지라(Gezira)의 바실(Basil) 주교, 그리고 칼데아인 총대주교 아우도(Audo)에게 접촉하라는 지시를 받았다. 또한 공석인 아마디아(Amadia) 교구에도 즉시 방문하라는 지시가 왔다. 신임 대표 서리는 베이루트, 말레포, 마르딘, 그리고 모술 등 광범위한 지역을 둘러보았는데, 이 지역들은 모두 예전에 활동하며 살았던 곳이었다. 선교지를 방문하며 그는 해결해야 할 민감한 문제들이 많다는 것을 인식했다. 그중에는 로마와의 교회적 일치(ecclesiastical communion)뿐만 아니라, 오스만 제국 정부의 공식적인 반대에도 불구하고 일부 네스토리우스파 사제들의 가톨릭교로의 개종 문제 해결을 위하여 자신이 속한 교구의 주교 2명과 시리아-야곱파 총대주교의 요구도 포함되었다.

1852년 1월 프란셰는 칼데아 시노드를 지도하고, 신임 시리아인 가톨릭 총대주교로 삼히리(Ignazio Antonio Samhiri)의 선출을 위해 호의적으로 일하도록 임명되었다. 1853년 6월 15일 비오 9세는 지난 2년 이상을 열정적으로 활동한 프란셰의 역할에 만족하여 그를 교황사절 및 트라자노폴리의 명의대주교(titular archbishop of Trajanopoli)로 임명하였다. 그는 1853년 12월부터 1854년 1월까지 특임 대의원(extraordinary delegate)으로서 샤르베(Charfet, Lebanon)에서 시리아 가톨릭 시노드를 주관하였다. 그는 특별한 관심을 기울여, 삼히리의 신임 총대주교 선출을 마무리 지었으며, 1854년 3월 18일 비오 9세의 승인을 받았다. 그해 10월 프란셰는 주교들과 총대주교 사이에 긴장이 일어난 칼데아인 시노드도 주관하라는 요구를 받았다.[88] 로마는 프란셰를 단지 "옵저버" 자격으로 참여하도록 권장하였으나, 그는 교회의 문제는 조악한 사제교육에서 비롯된다고 포교성성에 보고하였다. 이에 따라 포교성성은 사제들의 보다 나은 신학적, 영적, 문화적 형성을 제공하기 위한 신학교 설립에 박차를 가하기 시작했다. 또한 교육과 인기 있는 신심 서적을 출판하기 위하여 인쇄소의 설립도 준비하기 시작했다. 프란셰에 대해 강조하고 싶은 또 다른 하나는, 여성 종교인을 발굴해 내는 것이었다. 종교적 모임이 없는 곳에서는 여성들의 모임이 엄청난 혜택을 가져올 것이라고 이해하였으며 로마

88) 예수회 바도르(Badour)에 의하면, 그 시노드로 프란셰는 "보편적(Catholic) 일치의 중심으로서 어느 때보다 더욱 굳건하게" 칼데아 주교들과 연합하였다 (*Annales de la Propagation*, vol. 30, 1858, p.330 b). 그러나 이러한 태도는 교회 기구(ecclesiastical institutions)를 라틴화하려는 시도라는 비난을 불러일으켰으며, 유수프 4세 아우도 총대주교(Patriarch Yousuf IV Audo) 하에서 가장 큰 문제 중 하나였다.

도 지원을 아끼지 않았다. 또한 그는 쿠르드족의 봉기의 여파가 그리스도교 공동체에 폭력적인 사태를 가져오지 않도록 노력할 책임이 있었다. 그는 그 지역에서 아직도 영향력이 있는 프랑스가 기독교인 소수민족의 후견인으로서 행동해 줄 것을 요청했으며, 안티오크(Antioch), 오르파(Orfa), 디아르베키르(Diarbekir)에 영사관을 개설하여 기밀 정보를 수집하고 소수민족의 권리 보호에 무관심한 오스만 당국에 압력을 가하여 행동하도록 만들었다. 그러나 뜻밖에도 1859년 11월 오르파(Orfa)에서 수에렉(Suérek)에 이르는 위험한 노상에서 프란셰는 강도들의 습격을 받아, 그때 입은 상처로 갑작스레 선종하고 말았다.

한편 1856년 설교자들의 수도회(Order of Preachers, 도미니코회) 프랑스 관구가 모술의 선교를 이어받기로 합의하였다. 이곳은 거의 한 세기 동안 이탈리아 도미니코 수도회원들에 의해 운영되었으며, 메소포타미아의 심장부에서 선교활동의 중심지가 되었다. 베송(Besson) 신부가 도착함으로써 모술, 도미니코 수도회, 프랑스 간의 의미 있는 유대가 형성되었다. 그는 부영사(vice-consul)로도 임명되어 거의 공식적인 선교의 책임자나 다름없었다. 이와 같은 새로운 환경에서, 디종(Dijon) 출신의 도미니칸 아만톤(Marie-Henri Amanton)이 프란셰의 후임으로 지명되었다. 아만톤은 모술에 3년 정도 거주했던 경험이 있었다. 처음에는 이탈리아 도미니코 수도회 선교회 회장 브랜드(Agostino Brands) 신부 후임으로 이곳에 도착하였으나, 그곳에서 1857년부터 1864년까지 페르시아 교황사절 및 바그다드 천주교인들의 직할 서리구장으로서 아르카폴리스 일부 지역의 주교가 되었다(트로이체 대주교는 사임하였으나 직함은 여전히 유지하였다). 그 직후에 페르시아와 메소포타미아의 대표단을 결합하는 메소포타미아, 쿠르디스탄, 그리고 아르메니아 소수민족(Armenia Minor)의 교황사절로도 임명되었다(1859). 아만톤은 모술의 도미니칸 거주지로 옮겨 대표직을 수행하였다. 왜냐하면 그의 표현을 빌리자면, "말라바 문제"(l'affaire du Malabar)로 그곳에서 상주해야 했기 때문이었다. 그러나 건강이 악화되어 곧 프랑스로 돌아갈 수밖에 없었으며 그곳에서 1869년 10월 12일 46세의 젊은 나이로 선종하고 말았다. 그의 후임으로는 카푸친회의 스페인 출신 카스텔스(Nicola Castells, Nicola da Barcellona라고도 함)가 임명되었으며 1865년부터 1873년까지 대표서리로 활동하였다. 그 후 얼마 되지 않아 1866년 7월에 마르지아노폴리(Marzianopoli)의 대주교, 바그다드의 직무대리, 페르시아, 메소포타미아, 쿠르디스탄, 그리고 아르메니아 소수민족의 교황사절로 임명되었다. 그는 66세로 마르딘(Mardin)에서 상주하기로 결정하였는데 이곳은 그가 잘 알고 있는 지역일 뿐만 아니라, 그가 맡고 있는 거대한 사목 지역의 중심에 위치하여 다른 곳으로의 접근이 보다 더 자유롭기 때문이었다. 그러나 애석하게도 1868년 봄 카스텔스는 뇌졸중이 발병하여 자신의 임무를 충실하게 이행할 수 없게 되었다. 바그다드 교구의 사목 활동은 가르멜 선교회 회장 마리 조셉(Marie-Joseph de Jésus) 신부에게 의존했다. 페르시아 대표(delegate)로서의 직무는 거의 유명무실했기 때문에 1872년 모든 기능이 이스파한의 주교에게 이전되었다. 현지 교회의 내부사항과 관련하여 카스텔스가 개인적으로 처리해야만 하는 비중 있는 문제들은 삼히리(Samhiri)의 선종으로 인한 안티오크의 신임 시리아 총대주교 선출, 아르메니아 총대주교 그레고리 피터 8세(Gregory Peter VIII) 라인의 계승, 또한 교황 칙서 *Reversurus*와 교서 *Commissum*(1867년 7월 4일)에 의해 야기된 문제 해결 등이 남아 있었다. 비오 9세는 킬리키아(Cilicia) 총대교구좌와 콘스탄티노플의 대교구(premate) 등 두 개의 아르메니아 가톨릭좌를 하나로 통일시켰으나 후자는 사제와 신도들 간의 불협화음이 원인이 되어 분열 양상을 보이다가 분해되어 버렸다.[89) 여기에는 *Pastor aeternus*에 초점이 맞추어졌던 제1차 바티칸공의회에 참석했던 아우도(Audo) 총대주교도 연관이 있다. 아우도는 공의회의 마지막 세션에 참석하지 않았으며, 투표에도 참석하지 않고 로마를 떠났다. 자신의 의견을 공개적으로 표출하는 것을 피하기 위하여 아우도는 자신이 로마를 일찍 떠난 이유를 교구 사람들과 의논하기 위해서였다고 밝혔다. 그러나 사실은 공의회에 참석한 다른 칼데아인 주교들은 그 문서를 승인하였으나, 그는 법령 그 자체를 반대하였다.[90) 아우도 총대주교의 반대로 포교성성 장관은 크게 당황하여 그에게 가톨릭교도의 기본 의무와 원리에 호소하려 노력하였다. 그러나 로마와의 관계는 틈이

89) 교황 칙서 *Reversurus*(ASS 3〔1867〕)는 이전에 콘스탄티노플의 원시 교구에 적용되었던 제한을 킬리키아(Cilicia)의 아르메니아 가톨릭 총대주교좌로 확대하였다. 여기에는 시노드가 세 명의 후보를 차례로 발표하고 교황청이 총대주교를 선출하는 요건이 포함되었다. 이는 교황 레오 13세(Leo XIII)에 의해 주교 시노드의 선거권을 인정하고 후보자의 정식 적합성을 보장할 의무를 부여한 교황의 칙서 *perpetuis futuris temporibus*에 의해 변경되었다. 칙서(Reversurus)는 하순(Adon Bedros IX Hassoun) 총대주교의 퇴진과 반(反) 총대주교 인물 선출 등 엄청난 반발을 불러일으켰다. 이 분열은 1879년 4월 18일까지 치유되지 않았다.

90) 그 문서(schema)의 최종 초안은 이전 총회에서 승인되었으며, 7월 18일에 공개 세션이 열리기로 결정되었다. 아우도 총대주교를 비롯한 52명의 교황청 교부가 투표 전에 로마를 떠났고, 참석한 535명의 주교의 동의를 얻어 교리 헌장(Pastor aeternus)이 승인되었다.

생기기 시작하였다. 특히 아타르(Timothy Attar)와 파르소(Gabriel Farso)를 디야르베키르(Diarbekir)와 마르딘(Mardin)의 주교로 임명한 후에는 더욱 악화되었는데, 이 둘은 칼데아 시노드와 총대주교에 의해 선출되어 교황의 승인도 받았으나, 아우도는 아무런 이유도 없이 이들의 착좌식을 거부하였다.[91] 이 사건의 여파는 로마에 계속 위협적으로 다가왔으며, 불협화음의 목소리들도 점차 가중되었다. 상황의 심각성과 카스텔스(castells)의 건강을 고려하여 비오 9세는 "이 지역에서 가톨릭의 일치를 파괴하려는 교회의 적들에 대해 지속적인 노력이 그 어느 때보다 절실하다"고 호소하며 그를 돕기로 결정하였다.[92] 그리하여 후임으로 당시 베이루트의 프란치스칸 선교회 대표였던 카푸친의 카티냐노〔Zaccaria de Catignano, 출생시 이름은 판치울리(Fanciulli)〕를 선출했다. 그리하여 1871년 11월 24일 카티냐노는 마로네아 일부 지역의 주교로 임명되었으며, 동시에 메소포타미아, 쿠르디스탄, 그리고 아르메니아 소수족에 대한 특임 교황사절로도 임명되었다.[93] 그는 곧 지

91) 관련 개혁은 1869년 8월 31일 교황 비오 9세의 사도 서한 *Cum ecclesiastica disciplina*에서 승인되었다(ASS 5〔1869-70〕, pp.637~643). 이 문서는 총대주교의 임명을 규제하고, 주교만 시노드에 참여할 수 있으며, 로마 교황의 사전 확인과 성작 수여 없이 선출된 사람의 즉각적인 즉위를 금지하는 내용을 명시하였다. 주교 임명과 관련하여 시노드는 세 명의 후보를 교황에게 추천했고, 교황은 공석인 주교좌에 가장 적합한 후보를 선택하였다(Cf. Martina, *Pio IX*, p.96 이하).

92) ASV의 NA deposit Iraq에 소장된 1871년 11월 20일자 포교성성 서한.

93) 판치울리(Fanciulli)는 그의 열정과 다정한 성격, 신중함으로 레바논에서 잘 알려진 인물이었다. 그는 1812년 4월 7일 카티냐노(Catignano, 이탈리아의 Abruzzo주)에서 태어나 15세에 카푸친회에 입회하여 1835년에 사제 서품을 받았다. 1841년 그는 시리아 선교사로 떠났고 베이루트에서 천주교 공동체(Latin community)의 보좌신부(assistant curate)가 되었다. 1856년 시리아 카푸친 수도회의 사도 총주교(apostolic prefect)로 임명되었고, 이후 예루살렘 라틴 총대주교의 부총주교(pro-vicar general)로 임명되었다. 1872년 2월 18일

시를 받고 모술로 떠나 그곳에서 그를 절실히 필요로 하는 긴급한 중재 역할을 하였다. 아우도 총대주교와의 분쟁은 이제 새로운 국면으로 접어들어 그는 말라바(Malabar) 교회에 대한 관할권 확대에 관해 공식적으로 결코 포기를 하지 않았음을 주장하며 다시 활동을 개시하였다. 그리고는 말라바인들에게 직접 개입하지 말라는 교황의 명령을 무시하고 칼데아인 주교들을 파견하기 시작하였다.[94]

판치울리(Fanciulli)가 긴급하게 처리해야 할 것은 우선적으로 모술로 가서 공의회에 대한 아우도의 승인을 받아내는 것이었으며, 그를 설득하여 말라바 교회에 개입하지 않도록 그를 말리는 것이었다. 이 신임 교황사절 대리는 사실 제1차 바티칸 공의회를 완벽하게 승인한다고 주장하는 선언서에 아우도 총대주교의 서명을 받아 내는 데 성공하였다. 구체적으로 교황이자 가톨릭교회의 수장으로서 강조하고 있는 신앙과 윤리 문제에 관하여 로마 교황의 무오류성에 대한 교리적 정의에 대해 어렵게 동의를 받아내었다.[95] 비오 9세는 크게 만족하여 1872년 11월 16일자 아름

예루살렘 라틴 총대주교 주세페 발레르가(Giuseppe Valerga, 1842~72)에 의해 주교로 서품되었다.

94) 포교성성은 ASV의 NA deposit Iraq에 소장된 1864년 5월 21일과 1865년 5월 23일자 서한에서 이 문제에 관한 입장을 이미 분명하게 밝혔다.

95) 모술 교황사절단의 부장관(pro-prefect)이었던 도미니코 수도회의 두발(Pietro Gonzalez Duval)에 따르면, 아우도 총대주교의 회개와 공의회 수락은, 부분적으로는 신중한 성격으로 교황청에 헌신한 프랑스 영사 베르나르 라누스(Bernard Lanusse)의 작품이었다고 한다. 그러나 총대주교의 수락은 전혀 완전한 것이 아니었다. 1874년 그가 주교를 불법적으로 서임하면서 유보되었던 문제들이 다시 표면상으로 드러났다. 포교성성의 장관은 1874년 8월 27일자 서한을 통해 아우도의 문제들을 "잘 고려할 것"이지만, "바티칸의 교리적 정의에 한계를 짓는 행위는 결코 인정하지 않을 것이며, 이는 그가 준수해야 하는 절대적인 조건"이라고 답하였다. 그러나 동일한 일에 대해 어린 시절부터 교황청에

오르기까지 항상 엄청난 끈기로 교황청이 가르치고 명령하는 모든 것을 고수하려고 노력했다고 선언한 점이 고려되어야 한다. 나중에 언급했지만 항상 유보된 것들도 합당한 이유를 들어서 언급해야 한다는 점도 고려되어야 한다. (…) 따라서 그러한 문제점들은 그 지역에서 수용 행위가 발생할 수 있을 것이란 우려를 줄여 줄지 모른다는 바람에 의해 이루어진 것으로 보인다. 왜냐하면 그것은 그 전부터 문제가 되었고 여전히 문제가 되고 있기 때문이며, 그렇지 않고서는 서로 상충되는, 전적으로 모순되는 행위이기 때문이다. 성하께서는 최대한의 자비를 베풀기를 원하셨고, 그 당시에는 논리적이면서도 가톨릭적인 행위였기 때문에 이러한 의미를 부여하셨으며, 이런 의미에서 오직 그분만이 그것을 받아들이셨다. 그리고 신중함과 명확성을 위해, 예수 그리스도께서 세우셨고 그 결과 로마 교황이 이를 규제할 권리와 의무가 있는 신성한 교계 질서(the divine order of hierarchy)는, 영혼 구원에 유익하다고 판단하는 대로 주요 직분들이 합법적으로 누리는 권한과 특권을 성 베드로와 그의 후계자들로부터 파생된 것으로 규제할 권리와 의무가 있다는 것을 상기시키는 것은 결코 지나치지 않다. 따라서 교황이 위에서 언급한 수용 행위를 받아들일 때 제안된 유보 사항들을 수락했다는 것은 사실이 아니며, 그가 할 수 있는 일은, 많은 사람들이 곧 알게 되겠지만 위에서 언급된 교황의 반응에 비추어 그가 실제로 할 수 있는 일은 훨씬 적다. 심지어 교황청이 말라바 문제를 허락하겠다고 약속했고, 모술에서 법령 준수와 에큐메니컬한 공의회에 대한 복종을 명시적으로 선언하도록 요구되는 엄격한 양심의 의무를 이행하도록 노력한 사람들이 이러한 약속과 다른 약속을 했다는 말을 들었다. 하지만 이제 1865년 3월 23일 심의회(Sacred Congregation)의 결의 이전에 한 번 이상 주장했던 그러한 약속을 다시 언급한다는 것은 믿을 수 없으며, 그 경우 1864년 5월 21일에 작성된 동일한 심의회의 서한을 언급하며 그러한 주장을 전적으로 부인하였다. 다른 방법으로, 특히 에큐메니컬한 바티칸 공의회의 교리 헌법을 준수한다고 공언하는 피할 수 없는 의무를 수행했을 때, 다른 방법으로 약속했다고 주장하는 진술과 약속에 대해서는, 성스러운 교회가 말라바 문제 또는 주교 선출과 관련하여 그러한 희망을 품도록 위임이나 허락을 한 적이 없다는 것을 분명히 밝힐 수 있다. 판치울리(Fanciulli) 몬시뇰이 그런 약속을 하거나 비슷한 희망을 준 것이 사실이라면, 그는 교황청으로부터 받은 위임을 훨씬 초과하여 월권 행위를 했음이 분명하니, 이런 이유로 다른 어떤 것들을 약속하거나 희망을 가지도록 야기했는지의 여부는 확인하지 않을 것이다. 우리는 말라바에 대한 어떠한 계획에도 반대하도록 분명하게 반복하여 서신을 보냈으며, 대신 자신의 교구의 선을 위해 교구를 돌보라고 요청을 했으니 그와 같은 유혹을 생각할 수 없었을 것이라 판단한다. 이 심의회는 오늘 다시 이 점을 반복하여 확실하게 확인하고자 한다"(ASV의 NA deposit Iraq에 소장된 1872년 4월 13일 자 포교성성이 보낸 서신).

다운 서신으로 이에 화답하였다. 다른 사항들 중에서 교황은 디야르베키르좌(see of Diarbekir)에 대한 규정과 아르메니아인들의 분열에 대한 비난에 긍정적인 해결책을 요구하였다. 그 후 교황의 만족감은 포교성성의 장관에 의해 확인되었다(1873년 9월 30일). 포교성성은 총대주교에게 말라바 문제에 대한 교황청의 입장을 통보하였으며, 한편으로는 아르메니아인들의 분열을 극복하고 아르메니아 신자들과 로마 사이의 교리적 분쟁에 대해 오스만 정부의 개입을 막을 수 있도록 그에게 협조를 촉구하였다. 1873년 봄, 판치울리는 바그다드와 아마라(바스라 부근)를 방문하였다. 가톨릭 성직자가 가르멜 선교 활동을 시찰한 지 상당한 기간이 지났기 때문에 가는 곳마다 신도들이 그를 즐겁게 환영하였다.

그 무렵, 쿠페리에에 의해 창설된 여성 종교단체 하느님의 종(Servantes de Dius)은 그들을 지속적으로 괴롭히는 문제들로 인해 문을 닫아야만 했다. 그리하여, 판치울리는 그들을 대신할 외국 수도회를 초청할 생각을 품기 시작하여 도미니코 수녀회〔Dominican Congregation of the Sisters of Charity of the Presentation of the Blessed Virgin of Tours, 도미니코 봉헌 수녀원(Dominican Sisters of the Presentation)이라고도 알려짐〕와 접촉하였다. 그리하여 1873년 가을, 수녀들이 모술에 도착하여 예비자 교리, 학교 교육, 버려진 어린이들의 건강 돌봄 등을 맡았다.

1873년 9월 3일, 여전히 열심히 선교활동을 하던 카스텔스(Nicola Castells) 교황사절이 선종하였다. 그 전날만 해도 아르메니아인들에게 부흥 운동을 시작할 것을 촉구하였으며 신임 사제들에게 성품성사도 주었을 정도로 열성적이었다. 그의 장례미사에는 천주교 신자, 정교회 신자, 그리고 투르크족들이 참석하여 평소에 그가 얼마나 많은 존경을 받았는지를 입증하였으며, 또한 지난 수년간 마르딘에서 얼마나 많은 활동을 하였는지를 입증하는 계기가 되었다. 판치울리도 아무런 방해 없이 선교 활동을 지속할 것으로 짐작하였으나 불과 몇 주 후인 1873년 11월 4일 그 역시 마르딘에서 갑작스레 선종하고 말았다.

1873년 12월 다소 놀라움이 없지는 않았지만 비오 9세는 프랑스 도미니코 수도회의 라이언(Eugène-Louis-Marie Lion)을 다미에타의 명의 대주교이자 메소포타미아, 쿠르디스탄, 아르메니아 소수민족의 교황사절, 그리고 바그다드의 라틴 직무대리(1873~83)로 임명하였다. 소칙서는 그에게 가급적 속히 직무를 맡을 것을 촉구하는 한편, 앞의 현안들, 특히 칼데아인 총대주교 아우도(Audo)에 관한 지시를 내렸다. 신임 대표는 모술에서 12년간 선교사로 활동하였으며 도미니코 수도회 선교의 대표 서리였다. 또한 종교 신문이나 잡지를 통해 종교문학을 대중화한 문학가이자 교육가로서 뜨거운 사목적 열정을 지닌 사제로 영원히 기억에 남았다.[96)] 그가 본국 프랑스로의 귀국 통보를 받자 현지 공동체는 그와의 이별을 많이 아쉬워하였다. 그랬었기 때문에 바티칸이 그를 카스텔

96) 인쇄소는 칼데아인과 시리아인을 위한 경전, 신심서, 교리서를 출판하는 매우 인기 있는 사업이었다. 또한 그는 아랍어로 된 신약성경의 정확한 판본을 간행하자고 제안하였다. "Une Bible vraiment catholique, dit le R. P. Lion, est indispensable dans ce pays, où les fideles n'ont d'autre version entre les mains des Bibles protestantes cells"(*Les Missions catholique*, vol. 3〔1870〕, p.124). 이 성경은 1875년에 출판되었고, 2002년 이라크의 도미니코회 설립 250주년을 맞아 재인쇄되었다.

스의 후임으로 발표하자 상당히 놀라기는 하였으나 곧 만족하였다. 그러나 신임 대표는 메소포타미아에 도착하는 순간부터 매우 어려운 상황을 마주하게 되었다.[97] 터키 정부는 "가톨릭에 반대하는 캠페인을 시작했는데, 명백한 근거는 가톨릭 신자들의 권리를 보호하기 위한 것이지만 권리보다 훨씬 더 환상적인 것이라고 주장하였다."[98] 사실 문제들은 주로 교회 내부에서 발생하였다. 교인들은 오스만 제국의 정치에 기꺼이 귀를 기울였고, 그래서 비오 9세는 특히 사제 선출과 관련하여 새로운 징계 규범을 발표해야 했다. 라이언이 메소포타미아에 도착하기도 전에 아우도 총대주교는 4명의 주교(둘은 종교적, 둘은 세속적) 착좌식을 계획해야 하

---

97) 그는 1879년 5월 2일 콘스탄티노플 주재 프랑스 대사였던 친구 보그(Vogue)가 쓴 편지를 떠올렸다: "자네가 메소포타미아의 교황사절로 임명되었다는 소식을 듣고 얼마나 만족스러웠는지 의심할 수 없을 것이네. 자네가 조국을 떠난 기억, 자네가 속한 수도회가 매일 하는 봉사, 모든 것이 자네를 보내는 바티칸의 올바른 선택이 되길 바라며 몇 가지 권고하네: 시리아 총대주교의 계승과 같이 여전히 문제를 일으킬 수 있는 말라바 문제의 위협을 결코 무시해서는 안 되네. 사도적 덕목에 못지않게 종교 업무의 여정에 행복한 방향을 부여할 수 있도록 〔누구를 의지할 수 있다면〕 그 나라에 대한 지식과 자네의 영적인 지혜에 의지하도록 하게. 아르메니아인들이 보여 준 경우와 회칙 *Reversurus*의 선포로 인한 불가분의 복잡함이 이 지역에서 느껴지고 있으며, 오스만 정부의 사악한 의도는 충실한 가톨릭에 반대하려고 모든 것에 반대하여 상황의 어려움을 더할 뿐이네. 이 모든 것을 어떻게 파악해야 할지 그 누구보다 더 잘 알고 있는 자네가 교회 당국에 어느 정도의 신중함을 부여하는 것이 매우 필요해 보이네. 오스만 가톨릭에 관한 교황사절들의 보고는 단순히 읽는 것만으로는 부족하네: 오스만 정부가 그들의 편에 서도록 유도하고 있네. 그들은 대표단의 징계 감독을 받는 성직자들이 있는 원주민 가톨릭 신자들의 선동에 이끌려, 그들의 선동을 통해 주교의 기능이나 관할권도 없고 공식적인 외교적 성격도 없지만, 오스만 민족에 대한 권위를 행사하며 경우에 따라서는 민사적 효력을 가진 성직자들의 상황이 정확히 어떤 것인지 고려하기 시작했고 아마도 곧 묻게 될 것이므로, 현재 상황이 유리하지 않기 때문에 어떤 경우에도 이 문제를 제기할 기회를 주지 않을 것이네"(ASV의 NA deposit Iraq에 소장된 1874년 5월 2일자 포교성성 서신).

98) ASV의 NA deposit Iraq에 소장된 1874년 5월 26일자 포교성성 서신.

는 대표의 부재를 이용하여 말라바로 측근을 파견하였다. 이는 바티칸의 규정에 대한 공개적인 명백한 위반이었으며 이 소식에 바티칸은 놀라움보다는 슬픔을 표명하였다.[99)] 라이언은 착좌식 후에 포교성성의 지시대로 메소포타미아로 즉각 출발하지 않았다. 아마도 그는 말라바 문제에 대해 정확하게 알고 있지 않았기 때문에 그 문제에 대해 모호한 입장을 유지했던 것 같았다.[100)] 사태가 점차 악화되자, 포교성성 장관 프란치(Franchi) 추기경이 개입하여 아우도가 과거에 사도좌와 교황의 의지에 대해 표현했던 고상한 의도들을 상기시키며 그에게 직접 의사를 전달했다. 또한 그가 말라바에 그의 주교들을 파견했다면 이는 심각한 처벌(penalties)을 받게 될 것임도 상기시켰다.[101)] 그럼에도 불구하고,

---

99) 아우도는 성 오르미스다(St. Ormisda) 수도원 장상과 멜루스(Elijah Mellus) 주교 등 자신의 교구에 속한 일부 성직자들로부터 재촉을 받았다.

100) 콘스탄티노플 주재 프랑스 대사관은 모술에서 제기된 우려를 로마에 전달했다. "총대주교는 두 명의 수도사〔Mattei와 Bolous〕와 두 명의 사제〔Ilo와 Alphonso〕를 대주교로 임명하고자 하지만 그들은 주저하고 있다. 대주교 한 명은 말라바로 향해야 한다. 엘리야 대주교와 장상이 이 운동의 지도자들이다. 이는 매우 시급한 문제이다. 그는 주교들의 착좌가 사도적 헌법인 *Cum ecclesiastica*에 공개적으로 반대하는 것이며, 말라바에 칼데아 주교를 임명하는 것은 교황께서 이미 완전한 준수를 명령하신 교황청의 잘 알려진 처분에 위배되는 것이다"(참조: ASV의 NA deposit Iraq에 소장된 1874년 6월 5일자와 1874년 6월 25일자 포교성성 서신).

101) ASV의 NA deposit Iraq에 소장된 1874년 8월 27일자 포교성성 서신. 동일한 날짜로 두 별개의 서신이 두 명의 사제(Elia Mellus와 Matteo Barthatar)에게 발송되었는데 이들은 불법적으로 말라바 주교의 착좌식을 받았다. 서신은 이들의 착좌식이 "불법이며 신성모독"이고, 총대주교로부터 받은 임무 역시 "무효"라고 선언하였다. 그러자 이제 분열주의 편에 선 멜루스(Mellus)와 발타사르(Barthatar)는 말라바로 떠났다. 그러나 그들보다 그곳의 교황사절들에게 보낸 서신이 먼저 도착했다(1874년 사슬에 묶인 성 베드로 축일 날). 서신에는 멜루스와 발타사르를 받아들이지 말라고 지시하였으며, 이를 어기는 자는 파문(excommunication)의 형벌을 당할 것이라고 통보하였다.

아우도는 자신의 뜻을 굽히지 않고 멜루스(Mellus) 주교와 발타사르(Barthatar) 주교를 말라바로 보내기로 결정하였고, 이들은 즉시 그곳을 향하여 출발하였다. 연이은 경고에도 불구하고 아우도 총대주교는 알쿼시(Alqosh)에서 또 다른 착좌식을 발표하였다. 비오 9세는 참을성 있는 어조로 교회의 이익을 고려하라는 서신을 총대주교에게 개인적으로 보냈다. 그러나 동시에 교황은, 교황사절에게 반대에 개입할 수 있고, 아우도가 계속 자신의 길을 간다면 그를 물러나게 할 수도 있는 권한을 부여하였다.[102] 이에 대해, 아우도 총대주교는 콘스탄티노플의 고위 관리(vizier)[103]에게 로마를 비난하며 자신은 술탄의 백성이므로, 교황에게 충성스런 교황사절, 선교사, 프랑스 영사관, 사제들에게 반하는 조치를 취하도록 촉구하였다. 그 후 아우도는 알쿼시(Alqosh)에서 1876년 3월 19일자로 매우 긴 장문의 서신을 비오 9세에게 보냈다. 그는 서신에서 자신의 보편성(catholicity)를 고백하며, 자신의 행동을 설명하려고 노력하였으며 자신의 의도가 왜곡되었다고 불평하였다. 한 걸음 더 나아가 자신은 사악한 비난의 피해자라고 주장하며 자신이 칼데아인들과 함께 선교사들의 손아귀에서 크게 고통받아 왔다고 주장하였다. 이 서신으로 아우도 총대주교에 대한 천주교인들(the Latin)의 불평이 상쇄되었다; 결과적으로 그에게 내려졌던 *Inter ea*에 대한 기소와 형벌이 중지되었으며, 문제 전반에 걸쳐 보다 심층적인 검토를 하게 되었다. 1876년 9월 1일 비오 9세는 칼데아 총대주교와 신자들에게 "Quae in patriarchatu"라는 제목의 서신을 보내어 사태의 본질을 설명하고 모두가 교회에 복종할

102) 비오 9세의 교서(apostolic letter), *Inter ea*, 1876년 3월 17일.

103) 술탄의 정치 및 종교적 조언자.

것을 간곡하게 권고하였다. 총대주교에게는 40일 내로 통지하라는 기한을 주었다. 그 기한을 넘기면 그는 파문을 당하게 된다고 통보하였다.[104] 교황사절에게는 합법적 사목자가 부족한 곳에는 직무대리를 임명할 수 있도록 권한이 부여되었다. 교황의 교서를 받자마자 아우도는 1877년 3월 1일 과반이 넘는 사제들과 신자들과 함께 교황의 권위에 복종할 것을 선언하였다. 또한 말라바로 파견했던 사절(emmissaries)들도 소환하였다. 라이언(Lion)은 3월 4일 아우도의 심경의 변화를 교황에게 전신으로 통보하였고, 로마는 그 소식에 가슴을 쓸어내렸다. 그러나 아우도의 지지자들 중 주교 몇 명은 로마에의 굴복에 저항하여 총대주교에게서 갈라져 나왔다. 그들은 스스로 총대주교를 파문시켜버렸고 자코(Ciriaco Zakho)라는 인물을 반(反) 총대주교(antipatriarch)로 선출하였다. 그들은 정부가 자신들의 반란을 지지해 줄 것으로 기대하였다. 그러나 무스타파 파샤(Mustafa Pasha, 이슬람으로 개종한 유대인이며 모술의 지사)를 통해 행동하는 오스만 정부는 마지못해 치리아코(Ciriaco)를 물러나게 했으며, 이는 분열파들에게는 심각한 치명타였다. 새로운 상황을 고려하여, 라이언과 총대주교는 분열주의를 회복하고, 신앙생활을 어느 정도 정상화하라는 명령을 받았다. 그리하여 로마와 총대교구와의 관계도 점차 개선되기 시작하였다.

1878년 2월 7일 비오 9세가 선종하였다. 아직도 할 일이 많이 남아 있어서 실망이 컸지만, 신은 적어도 그에게 칼데아인들의 분열만은 막아주셨다. 1878년 2월 20일 교황 레오 13세가 후

---

104) ASS 10(1877), pp.11~37. 또한 참조: Martina, *Pio IX*, pp.104~5.

임으로 선출되었다. 그는 프란치(Franchi) 추기경을 국무장관 이자 오른팔로 임명하였다. 그리고 시메오니(Simeoni) 추기경이 프란치의 후임으로 포교성성 장관이 되었다. 얼마 지나지 않아 3월 29일, 화해했던 아우도가 "성좌에 굴복하였으며 성스러운 가톨릭 교회의 충성스런 아들"[105]로서 모술에서 선종하였다. 한편 여전히 분열주의적 노선을 고수하는 치리아코(Ciriaco)는 권력의 공백기를 이용하려고 노력하였으나, 오스만 정부는 무스타파 파샤(Mustafa Pasha)의 명백한 반가톨릭적 정서에도 불구하고, 교황사절 라이온(Lion)의 추천으로 마르딘(Mardin)의 대주교 아타르(Timothy Attar)를 총대교구 직무대리로 승인하였다.

1878년 7월 알쿼시에서 시노드가 개최되어 사도좌의 권한을 부여받은 대표가 회의를 주재하였다. 시노드는 게지라(Gezira)의 주교 보우트로스 엘리아 6세 혹은 아불리오난 6세(Boutros Eliya VI; Abolionan VI, 1879~94)를 신임 총대주교(patriarch)로 만장일치로 선출하였으며, 교황 레오 13세는 1879년 2월 28일 이를 추기경 회의에서 승인하였다. 신임 총대주교는 즉각적으로 로마와의 관계 개선을 추구하여 1882년 비난을 철회하였으며, 부정하게 착좌식을 받은 세 명의 주교와 성품성사를 받은 몇몇 사제들을 복권시켰다. 그러나 멜루스(Mellus) 주교는 자신의 분열주의적 계략을 포기하지 않았으며 생의 마지막 순간까지 자신의 길을 수정하지 않았다.

---

105) Martina, *Pio IX*, p.107.

메소포타미아 사절 역시 오스만 제국 내부에서 발생하여 교회에 적지 않은 고통스런 분열을 야기한 아르메니아인들의 불화를 해결해야만 하였다. 아드리아노플(Adrianople) 조약에 의해 오스만 정부가 허가한 아르메니아 가톨릭교인들에 대한 시민 해방(civil emancipation)을 승인한(1829) 후, 비오 8세 교황은 1740년 3월 26일 창설된 킬리키아(Cilicia) 총대교구좌가 존재하고 있었음에도 불구하고, 콘스탄티노플에 대교구좌를 창설하였다(1830년 7월 6일). 실질적인 문제에서 총대교구가 보다 더 역사적이고 중요하였으나, 이제는 대교구좌 밑에 속하게 되었고 공식적으로 술탄의 승인을 받았다. 1867년 7월 12일 브조마르(Bzommar) 시노드는 하순(Adon Bedros IX Hassoun)을 신임 총대주교로 선출하였고 몇 달 후(1867년 7월) 칙서 *Reversurus*와 함께 비오 9세는 총대교구와 대교구(primatial)를 통합하여 하순(Hassoun)이 처음에는 팔리움(pallium)을, 그 후에는 모관을 수여 받았다.

이즈음 킬리키아 총대교구는 17명의 주교로 구성되었고, 이전 세기의 박해는 이제 먼 기억이 되었다. 그러나 *Reversurus*에 소개된 교회 선거 방식의 개혁과 바티칸 공의회의 법령은 다시 분열 조짐에 불을 지폈다. 이탈파들은 바흐티아렌(Hagop Bahtiaren)을 반총대주교로 선출하였고, 오스만 당국이 선호하는 쿠펠리안(Ohan Kupelian)이 그의 후임이 되었다. 오스만 정부는 하순(Hassoun, 오스만 제국의 백성)과 로마 교황 사이의 밀접한 관계에 관심이 없었다. 분열파와의 갈등은 대개 아르메니아 소수민족과 튀르키예 영토 내에서 발생하였으며, 지방 정부는 로마에 충성스런 자들에게 반하는 분열파들의 움직임을 지지할 수 있는 기회를 결코 놓치지 않았다. 콘스탄티노플의 프랑스 대사는 그리스도교인들을 비공식적으로 보호하는 역할을 해야 하지만 그가 직접 그들을 보호할 수가 없어서 종종 영국과 오스트리아 대사가 튀르키예 정부에 개입을 해야만 했다. 레오 13세가 *Reversurus*의 개혁을 일부 완화하기로 하였으나, 두 영역 간의 격돌은 쿠펠리안(Kupelian)의 임명이 철회되고 1879년 4월 18일 사면될 때까지 점차 격해졌다. 하순은 추기경이 되었고 오스만 정부도 가톨릭에 대하여 공개적 적대에서 관용으로 태도를 수정했다. 콘스탄티노플의 교황사절과 아르메니아 소수민족은 로마로부터, 항의를 접고 완전한 일치로 돌아설 것을 주문받고, 모든 아르메니아인 사이에 나타난 균열을 보수하는 작업을 예수회가 맡아 줄 것을 요청하였다.

한편, 1880년 12월 착좌식을 받은 하순(Hassoun) 추기경은 콘스탄티노플을 출발하여 로마로 향했다. 그는 추기경 대학(College of Cardinals)에서 동방을 대표하여 참석할 예정이었다. 쿠펠리안(Kupelian)도 레오 8세 교황에게 굴종의 행동을 취하고 가톨릭과의 친교로 돌아섰기 때문에, 이제 아르메니아 교회도 새로운 지도자를 선출하는 것이 합당하게 보였다. 그리하여 1881년 7월 7일 니코시아(Nicosia)의 대주교 아자리안(Stepanos Azarian)이 신임 총대주교의 자리에 올라 스테파노스 베드로스 10세 아자리안(1881~99)라는 칭호를 받았다.

아르메니아인들과 칼데아인들을 휩쓸고 간 공의회의 폭풍 속에서도 모술의 시리아-안티오크(Syro-Antiochian) 대주교 베니

(Behnam Benni)의 가톨릭교회에 대한 충성심은 확고부동하여, 무스타파 파샤가 그를 물러나게 할 것이라고 위협하였으나 압력에 굴하지 않았다. 베니 대주교와 사제들은 오스만 정부 당국자들의 위협을 전혀 두려워하지 않았으며, 가톨릭 교리에 대한 충성심으로 인해 받게 되는 모든 역경을 기꺼이 받아들였다. 이 존경받을 만한 고위성직자(prelate)는 오스만 정부에 의해 세력이 강화된 야곱파(Jacobite)들이 1876년 이래 폐쇄된 대주교의 교회 절반을 손아귀에 넣으려고 온갖 음모를 획책함으로 인해 엄청난 고통을 겪었다. 1878년, 대주교가 야곱파의 주장에 대한 자신들의 권리를 방어하고, 파샤의 노골적인 반가톨릭적 행위와, 가톨릭교도와 사제들의 합법적인 권리를 보호하도록 명시된 '숭고한 문'(Sublime Porte, 오스만 정부)의 의무를 무시한 행위를 고발하기 위해 직접 콘스탄티노플로 가기로 결정하였다. 그는 프랑스, 오스트리아, 영국 정부로부터 지속적으로 압력을 받고 있는 재상(prime minister)을 포함하여 정부 최고위 관리들을 예방하였다. 사실, 오스만들의 반가톨릭적 공격을 받고 있는 것은 베니 대주교만이 아니었다. 시리아 총대주교 이냐스 조르주 5세 쉘룻도 그가 *Reversurus*와 공의회를 인정하였다는 구실을 들어, 총대주교로 선출된 이래로 술탄으로부터 베라트(bérat)를 거부당하였다. 그럼에도 불구하고 총대주교나 주교들은 압력에 전혀 굴복하지 않았으며 1875년 6월 마침내 베라트를 수여받았다. 이와 같은 역경에도 불구하고 시리아 가톨릭교회는 그리스도교의 윤리와 신앙심을 상실했던 수백 명의 단성론자 집안들의 개종으로 교세가 상당히 견고해졌다. 교인들의 수가 대폭 증가하여 1862년 9월 시리아인 가톨릭 바그다드 교구가 설립되었고 그 도시에 처음으로 가톨릭교회들

을 세운 자르히(Athanasius Raphael Jarghi) 주교가 교구를 이끌고 있었다.

그런데 교황사절과 칼데아 총대주교 사이에 복잡하고 성가신 일들이 발생하여 지금까지 사용하던 도미니코 수도회와는 별개로 독립적인 공식 관저와 사무실이 필요하게 되었다. 잠시 디아베키르와 마르딘이 선정되기도 하였으나 바그다드보다는 모술의 도미니코 수도회 관사가 지금까지는 사도대표 관저로 사용되어 왔다. 사실, 모술은 메소포타미아, 아르메니아 소수민족, 그리고 쿠르디스탄 사이에 위치하여 교황사절이 거주하기에 이상적인 곳이었다. 모술은 대규모의 혼합된 그리스도교 공동체가 존재했으며, 남부 메소포타미아로 연결되는 길목이었을 뿐만 아니라, 문화적, 상업적, 선교적 중심지였다. 그러나 친밀했던 도미니코 수도회는 아우도 총대주교가 로마에 도미니코 수도회에 대한 불만을 제기한 이래로 사이가 벌어지기 시작하였으며, 칼데아 교회로부터도 반대의 중심에 서 있게 되었다. 그리하여 1876년 라이언(Lion)은 포교성성에 독립된 별개의 관저와 사무실의 설립을 제안하였다. 바티칸 법정은 이 제안에 즉각 동의하였으며, "전적으로 유용하고 분명 필요한" 조치라는 입장을 밝혔다.[106] 오스만 당국에 의해 야기된 몇 가지 문제에도 불구하고, 라이언의 선종 즈음에 새로운 건물은 거의 완공되었다.

동시에, 또 하나의 중요한 일이 진행되고 있었다. 사제 양성

---

106) ASV의 NA deposit Iraq에 소장된 1876년 1월 20일 자 포교성성 서신.

을 위한 신학교(inter-ritual seminary)의 설립이었다. 1853년 모술에서 얼마 떨어지지 않은 세인트 조지 칼데아 수도원(Chaedean monastery of St. George)에 그와 같은 신학교를 설립하려고 시도하였으나 성공하지 못하여 그 계획은 보류 상태에 있었다. 1865년 3월 23일, 바르나보 추기경(Alessandro Cardinal Barnabò)은 교회의 선을 위하여 신학교의 설립이 필요하다는 서신을 아우도 총대주교에게 보냈다. 며칠 후에는 교황사절의 권한 하에 사제 교육을 위한 신학교를 조속히 건립할 것을 요청하였으며, 또한 두 가지의 가능성, 즉 하나는 교황, 다른 하나는 총대주교의 권한 하의 신학교 설립의 가능성을 타진하는 서신을 당시 대표 서리였던 카스텔스(Nicolas Castells)에게도 발송하였다. 지난 22년간의 연구와 기대 속에 1878년 1월 10일 칼데아인과 시리아인들을 위한 신학교 프로젝트가 드디어 승인되었다. 그리하여, 마침내 1882년 9월 7일 포교성성은 신학교의 완공을 공식적으로 선언하였으며, 메소포타미아 대표의 권한과 관할 하에 운영권은 도미니코 수도회에 부여되었고, 신학교의 명칭은 복음 사가 성 요한과 토마스 아퀴나스 성인의 이름을 따서 명명되었다.[107] 이 신학교는 제2차 바티칸 공의회 이후 폐쇄될 때까지 거의 1세기 동안 동방교회의 사제 양성에 괄목할 만한 훌륭한 업적을 남겼다.

---

107) 신학교는 성 요한 신학교(Seminary of St. John)로 알려졌다. 그 당시 모술에는 1865년에 문을 연, 칼데아 총대주교의 조그마한 성 베드로 신학교가 5~6명의 신학생들을 교육하고 있었는데 신임 총대주교는 이를 확장시키고자 하였다. 이 신학교는 시리아 칼데아 신학교 설립 이후에도 계속 존속했다. 신설 신학교의 헌장(charter, 1882년 9월 7일 부여된)은 임무와 교육 방법, 운영 방향 등을 10년간 *ad experimentum*의 승인을 받았다.

라이언은 바그다드의 직무대리(administrator) 역할도 충실하게 수행하였으며, 바그다드의 라틴 교회가 필요로 하는 세부사항들도 외면하지 않았다. 그는 수차례 현장을 방문하였고, 바그다드와 바스라의 가르멜회, 모술의 도미니코회, 그리고 마르딘, 오르파와 디아베키르의 카푸친과 예수회와 함께 무엇이 필요한지를 점검하였다. 1880년에는 바그다드의 여성과 소녀들에게 보다 나은 사목적 관리를 제공하기 위하여, 1873년부터 모술에서 활동하던 도미니코 수녀회(Dominican Sisters of the Presentation)에게 저소득층 소녀들의 교육, 학교, 유치원, 진료소의 건립을 위임하였다. 그는 청소년들의 교육 프로젝트를 지원하기 위하여 여러 후원자들의 지원에 의존했다. 특히 메소포타미아에 대해 관심이 많았던 프랑스 정부로부터는 후한 지원을 받아내었다. 사회 분야에서는 한 신앙심 깊은 프랑스 귀족 레조이네(Baroness Lejeune) 부인이 선교 사업에 중요한 역할을 하게 될 것이라는 굳은 믿음으로 5만 프랑을 기부하여 모술에 병원이 건립되었다.

1877년부터 현지의 한 여성 종교모임이 모술의 교회 일부가 되었다. 카트리네트(Caterinettes)라고 알려진 시에나의 성 카타리나 도미니코 수녀회(Dominican Sisters of St. Catherine of Siena)는 도미니코회 수사들의 지원을 받아 세 명의 도미니코회 평신도 신자들의 바람으로 시작되었다. 임기 동안 라이언 대주교는 교황 레오 13세의 후원을 받아 자신의 선교 열성을 마음껏 펼쳤으며, 그 결과 데흐(Deh)라는 마을의 경우 주민 모두가 신자가 된 것처럼, 수많은 분열주의자들이 가톨릭을 받아들이는 것을 목격하였다. 그는 바그다드 공동체와 마르딘의 카푸친 선교활동, 그리고 쿠르디스탄과 아르메니아 소수민족(Alqosh, Mar Yacoub, Zakho, Diarbekir, Orfa)을 방문하였다. 콘스탄티노플로 가는 길목에는 80가구가 개종을 했다는 이유로 교회가 불에 타버린 말라티아(Malatia 혹은 Melitene) 지역을 거쳐 상황을 점검하였다. 같은 해 9월 그는 신임 아르메니아 총대주교 아자리안(Stepano Bedros X Azarian)을 콘스탄티노플에서 만나 개종자 수를 증가시킬 최선의 방법과, 선하고 단순한 그리스도교인들 사이에서 개신교들의 영향력을 막을 수 있는 방안들을 논의하였다. 그는 오스만의 수도에서 수 개월간 체류한 후 1881년 12월 바그다드의 라틴 직무대리의 자격으로 정기방문(ad limina)을 하기 위하여 로마를 향해 출발하였다. 그는 메소포타미아로 돌아왔으나 1883년 8월 8일 심각한 건강상의 문제로 무더운 여름을 지내기 위해 머물렀던 알쿼시(Alqosh)의 성 오르미스다(St. Ormisda) 동굴 수도원에서 갑작스레 선종하고 말았다. 그는 마리아 동굴(the Cave of Virgin)의 작은 성당에 안장되었으며, 그를 기념하는 표지석이 오늘날까지 현존한다.

라이언 대주교는 자신의 소명과 직무에 충실했던 훌륭한 목자였다. 그의 선종 소식에 수많은 사람이 크게 비통해하였는데, 특히 칼데아 총대주교는 그리스도인들 간의 분열을 종식시키고 신자들 사이에 새로운 가톨릭의 일치를 가져온 그의 노력을 높이 칭송하며 그의 선종을 몹시 안타까워하였다.

한편, 레오 13세(1878~1903)는 정치적으로나 교회적으로 일련의 새로운 사건들로 인해 시대의 변화를 인지하고 중요한 교서(apostolic letters) *Praeclara gratulationis*[108]와 *Orientalium dig-*

nita[109]를 통해 동방교회와의 관계가 재정립되기를 기대하였다. 그는 중동에서의 라틴 선교 시대의 종식을 예견하고, 고대 교회에 대해 전적으로 새로운 접근 방법을 연마하였으며, 선교 개념 그 자체에 남겨진 라틴화의 인상들을 지워나가길 원하였다. 또한 로마와 일치를 이루고 있는 교회들(칼데아, 시리아, 아르메니아, 그리스, 그리고 콥트)을 신뢰하여, 최초의 복음화가 이루어진 이곳에 새로운 접근 방법을 적용하는 것이 훨씬 더 적합하다고 생각하여 정교회와의 일치의 과정에 이들 교회들을 점차 확대하여 포함시켰다. 그리하여 그는, 동방 그리스도교인들의 사목적 관리는 라틴 교회 성직자가 맡았었으나, 이를 현지 교계에 대한 존중의 의미로 적합한 현지 교회에 환원하여, 교회 간의 관계에 새로운 시대를 개막하였다.[110] 그 후 교황은 자의 교서(motu proprio) *Auspicia rerum*[111]에 의해 자신의 개인적인 전권을 동방교회로 돌려, 베드로좌와의 연합을 강화하고 반대 인사들과의 화해를 촉진

---

108) 교회 희년(jubilee)을 맞이하여 1894년 6월 20일 교황 교서가 내려졌다. 교황 레오 13세는 그리스도인들의 일치를 위해 노력해야 할 필요성을 설명하며, 바티칸은 동방교회의 전례적 관습뿐만 아니라 총대주교들의 권리와 특권을 존중한다는 확신을 주었다(ASS 26〔1893~94〕, pp.705~17). 교황은 칙서 *Reversurus*를 역사적 판단에 넘겼고, 그가 작성했던 그 고통스런 부분(chapter)을 마무리 지었다.

109) 1894년 11월 30일, 레오 13세는 동방교회의 존엄성뿐만 아니라 관할권의 합법성을 인정하고 그들의 전례 전통에 대한 존중을 다음과 같이 보장하였다. “서구와는 다른 동방의 예식은 존경스러운 유물이고 가톨릭교회 전체에게도 훌륭한 자긍심의 근원이며 가톨릭교회의 성스러운 일치를 나타낸다”(ASS 27〔1894~95〕, pp.257~64). 교황은 또한 가톨릭은 물론 비 가톨릭 총대주교 모두를 초대하여 일치를 증진하기 위해 로마에서 함께 대화를 나누려고 하였다. 그러나 그 계획은 정교회(Orthodox)에서 가톨릭교회로의 “회귀”라는 전제에 반대하여 슬프게도 무산되고 말았다.

110) ASV의 NA deposit Iraq에 소장된 1895년 3월 9일자 포교성성 서신.

111) 1896년 3월 19일 발표됨(ASS 23〔1895~96〕, pp.585~90).

하기 위하여, 신앙과 과거의 영광에 열성적인 사람들 사이에 자신의 계획을 투사하고자 세밀한 지시를 내렸다. 교서의 목적은 교황 자신의 의도를 말하기 위한 것으로, 로마 교황사절들의 역할을 가톨릭의 일치를 위한 대변자이며, 동시에 교황의 의지에 대한 실행자이고 해석자임을 재확인하는 'Orientalium dignitas'를 보완하기 위한 것이었다. 그는 대표들에게 화합의 정신으로 총대주교들과 함께 조력자가 되어 달라고 요구하였다. 총대주교들에게 레오 13세는 그들의 위엄과 권위에 대한 존경심을 재천명하며 다음과 적었다: "우리는 바라건대 (…) 총대주교들이 우리 대표들에게 형제적 신뢰감을 가지고 (…) 일치의 정신으로 가장 중요한 문제들을 다루어 주기를 희망한다." 그는 신학교의 설립과 운영, 그리고 발전을 위하여 일을 맡은 총대주교들의 권리를 재확인하는 한편 대표들과 총대주교들이 최소한 일 년에 두 번씩 만날 것을 촉구하며 재정적인 지원뿐만 아니라 필요한 경우 인적 지원도 제공할 것을 약속하였다.112)

교황의 관심이 필요한 또 다른 주요 문제는 어린이와 하느님의 백성 모두의 교육을 위한 학교의 증설과 지원, 또한 신문과 정기간행물의 출판이 이루어져 교리에 대한 설명과 논의가 정기적으로 이루어질 수 있게끔 환경을 조성하는 일이었다. 또 교황

112) 모술의 성요한 시리아 칼데안 신학교(The Syro-Chaldean seminary of St. John)는 도미니코 수도회가 관리하고 있었는데 이 소식을 환영하며 새로운 스태프를 요청하였다. 그리하여 학생들의 모든 예식에 최소한 한 명의 사제가 "미사를 집전하고 앞서 언급된 헌장에 명시된 다른 업무를 수행하기 위하여 (…) 시리아와 칼데아 신자들의 영적 피해가 없이 헌장을 적용할 수 있는 적합한 수단으로서 지목구 영역 내에서 도미니코 수도회 소성당(chapels)이나 다른 교회들 그리고 그 도시(모술)에(…)." 인적 지원이 이루어지게 되었다(ASV의 NA deposit Iraq에 소장된 1895년 4월 23일자 포교성성 서신, no. 3473/16).

은 장상들이 대표들에 대해 복종의 정신을 가져야 하며 그들의 승인 없이는 중요한 계획들을 시작하지 않았다고 주장하며 대표들과 자치 선교구(missio sui iuris) 사이에 관계의 문제에 대해서도 짚고 넘어갔다. 대표들에게 내려졌던 지시에 대한 중요성도 부각하였다. 그들은 동방교회에 대한 회칙 *Orientalium dignitas*를 보호하고 이를 적용할 기회를 제공하여야 하며, 라틴 교회가 동방교회의 권리나 특권, 또는 전례 전통 강탈을 시도하기를 원한다는 인상을 완전히 근절시키기 위해 노력해야 한다는 지시를 받았다. 그들은 또한 선교사들을 보조하여야 하며, 현지 사제들과 일치와 친교의 삶을 영위하도록 도우라는 지시도 받았다.

이와 같은 맥락에서, 메소포타미아에 "네스토리우스주의자(경교)들과의 대화를 위한 교황사절"(Apostolic Delegate for the Conversation of the Nestorians)의 창설이 분명 필요하게 되었으며, 이 자리는 칼데아 총대주교가 적합해 보였다.[113] 포교성성의 장관 레도호브스키(Ledòchowski) 추기경 역시 "선교사들이 네스토리우스파들의 복음화를 추진하기 위한 방법들"을 제시한 지시를 내렸다. 추기경은 네스토리우스주의자들이 가톨릭으로의 회귀를 위한 선의에 반응을 보였다고 할지라도 그들을 "다른 이들(칼데아인들)과는 별개의 가톨릭 공동체에 속한 신자들의 일부"로 받아들이지 말 것을 당부하였다. 그는 또한 "이와 같은 정책은 사실 폐기되어야 한다"라고 주장하며 오직 대화를 통해 "진정으로 종교적이고 초자연적인(supernatural) 동기"에 의해 개종을 원하는 사람들

113) 1902년 7월 31일자 레오 13세의 교서 *Ad sinum*.

만을 인도할 것을 강조하였다. 마지막으로, 그는 교회의 규율을 유지하고, 예비 신자들에게 교리를 가르치며, 초등학교를 설립하는 데 있어서 사제의 중요성을 재확인하며, 무엇보다도 이 모든 사업이 "화합과 평화" 속에서 진행되어야 한다고 재차 강조하였다.[114)]

---

114) 해당 문헌은 그동안 신자들이 갈망했던 새로운 교회 환경을 시사하는 것이기 때문에 여기에 전문을 소개한다: "훌륭한 도미니코 수사들이 네스토리우스주의자들을 가톨릭교회로 복귀시키려는 의도로, 열정과 성스러운 성실성으로 활동을 하였으나 결과는 만족스럽지는 않다. 왜냐하면 개종의 목표를 달성하고자 하는 뜨거운 바람으로 수사들 중 일부는, 특히 다른 민족들[칼데아인들]과는 별도의 가톨릭 공동체에 이들을 포함시키려고 하는 바람직하지 않은 방법을 사용하였다. 바티칸은 이와 같은 행위가 즉각 근절되기를 희망한다. 그러므로 지금부터는 네스토리우스주의자 개종과 관련된 선교 활동은 다음과 같은 지시를 따를 것을 명령한다.

1. 선교사들은 어떠한 정치적인 약속을 하거나, 성직에 맞지 않는 일시적인 야망이나 이해를 충족시키려는 시도를 삼가야 한다.
2. 개종자가 개종에 조건을 붙이거나 세속적인 필요를 드러내거나, 혹은 정치적 목적이나 이해관계가 의심되는 경우 개종을 받아서는 안 되며, 개종자가 진정으로 종교적이고 초자연적인 동기에 의해 하는 것이라는 확실한 증거를 제시할 것을 요구해야 한다.
3. 라틴과 동방의 모든 선교사의 즉각적인 목표는 교리, 도덕, 예식,, 성사 문제에 관해 네스토리우스파의 성직자와 신도들 사이에서 무지의 어둠을 없애고, 그들이 지금까지 고백한 잘못과 가톨릭 종교의 진리를 보여 주며, 동시에 그들의 관습을 회복하고 그들 가운데 진정한 가톨릭 생활의 실제를 구현하고 적어도 가톨릭식 경배의 기본 구조를 갖추도록 노력해야 한다.
4. 이를 위해 선교사들은 교회 전체에서 사용되는 방법, 즉 청중의 지적 능력에 맞게 맞춤 제작된 지속적인 강론, 교리 교육, 초등학교 설립, 적절한 가톨릭 팸플릿 및 유사 자료 배포 등의 방법을 사용해야 한다.
5. 학교는 열성적이고 종교적·도덕적으로 의심의 여지가 없는 가톨릭 교사들에게 맡겨야 하며, 가능한 한 자주 선교사들이 학교를 방문하여 세심하게 점검하고, 가톨릭 신앙의 거룩함에 완전히 부합하지 않는 것은 가르치지 않도록 하며 현지인들의 관습에 완벽한 순수성을 유지하도록 해야 한다.
6. 선교사들은 일치와 평화를 공고히 하기 위해 최선을 다해야 하며 열정과 신중함을 가지고 일해야 한다.
7. 다시 한번 우리는 이 주제에 관한 이전 지침, 특히 1893년 1월 10일자(no. 1664/2) 메소포타미아 교황사절 엔리코 알트마이어(Enrico Altmayer) 몬시

라이언 대주교의 직무가 아직도 공석으로 남게 되자, 포교성성 장관 시메오니 추기경(Giovanni Cardinal Simeoni)은 1884년 2월 22일자 서신을 도미니코 수도회의 앙리 빅토르 알트마이어(Henri-Victor Altmayer)에게 보내어 교황 레오 13세가 그를 할키다(Halkida)의 대주교라는 직분과 함께, 메소포타미아, 쿠르디스탄, 그리고 아르메니아 소수민족의 교황사절이자 바그다드 라틴 교회의 직무대리로 임명하였음을 전하였다.[115] 트리오체(Trioche) 대주교가 선종하자 1887년 11월 27일 그는 라틴 교회의 바그다드 대주교가 되었다. 신임 관찰사는 모술을 떠나 로마로 향하였으며, 메츠(Metz)에서 8월 10일 프랑스 정부로부터 레지옹 도뇌르 훈장[116]과 함께 대주교 착좌식을 가졌다. 그 후 그는 모술로 돌아와 교회 당국자들과 프랑스 영사로부터도 따뜻한 환영을 받았다. 알트마이어는 전임자들처럼 모술에 상주하며 전례간 연합 신학교(inter-ritual seminary) 옆에 위치한 대표단 본부 건물을 완공하는 한편, 바그다드 공동체의 사목적 필요성은 교회를 확장하고 소년

놀에게 보내는 이 심의회의 서한에 포함된 지침을 준수할 것을 촉구한다." M. Card. Ledòchowski, 장관; Ant. Savelli-Spinola, 비서(ASV의 NA deposit Iraq에 소장된 1902년 1월 10일자 포교성성 서신).

115) ASV의 NA deposit Iraq에 소장된 1884년 3월 22일자 포교성성 서신. 알트마이어(Altmayer)는 메츠(Metz) 출생으로 군에서 복무 후 28세에 선교사가 되어 라이언(Lion)의 대표단(delegation)으로 봉사하기 위해 1874년 메소포타미아로 출발하였다. 그는 충실하고 세심한 비서(secretary)로 봉사하며 교회 일에 대한 지식과 경험을 쌓았다. 라이언은 그에게 특별한 임무(1879년 바그다드에서 사회 및 교육 사업 개발을 맡음)와 부재중 대표단 관리를 맡기며 상당한 신뢰를 보냈다. 알트마이어에게 부여된 주교 칭호에는 'the sobriquet in partibus infidelium'이 포함되지 않았으며, 레오 13세는 1882년 3월 30일 공개된 추기경회의에서 고대 주교좌에는 그리스도교인들이 많이 거주했다는 사실을 고려하여 이 관행을 변경하였다(*Les Missions catholiques*, vol. 14〔1882〕, p.172).

116) 프랑스 정부가 수여하는 최고의 명예 시민 훈장이다.

들을 위한 학교 건립을 확대한 가르멜 수도회가 계속해서 돌보도록 하였다. 가르멜 수도회는 도미니코 수녀원(Dominican Sisters of the Presentation)이 운영하는 여학교 옆에 새로운 부지를 구입하여 교회와 교구와 함께 대주교관도 건설할 계획을 세웠다.[117] 이 두 수도회와 수녀원은 프랑스 정부의 지속적인 지원으로 유지되었으며 로마도 이들을 동방 그리스도인들의 보호령으로 재확인하였다(1888).[118] 오스만 정부는 종종 바그다드의 교육 시설을 포함하여 학교 건축에 의도적으로 장애물들을 만들었고, 이는 프랑스 정부와의 주요 논쟁거리 중 하나로 부각되어 상호 외교관계의 위기를 초래하였다. 그리하여 이 문제는, 콘스탄티노플이 법적으로 학교의 존재를 인정하였으며, 마침내 종교적인 병원 사업도 인정하여 세금과 관세를 면제하고 교육 및 사회사업에 사용되는 건물의 신축과 수리를 허용함으로써 1901년 11월에야 가까스로 해결되었다. 바그다드의 라틴 대주교관뿐만 아니라 바스라의 종교 공동체와 라틴 교회 등 다른 가톨릭 기관들도 이와 유사한 차별을 겪었다.[119] 또한 사회적으로나 교육적으로 만연한 빈곤과 높은

117) 1885년부터 1890년 사이에 알트마이어는 교육 기관을 발전시킬 목적으로 프랑스 전역의 도미니코 수녀원으로부터 처음엔 5명, 다음엔 10명, 그리고 다시 15명을 지원받았다. 이들은 프랑스어, 음악, 아랍어, 그리고 수공예를 가르쳤다. 보육원은 부모를 잃었거나 버려진 여자아이들을 수용하였다. 그리하여 1899년경에는 유치원, 학교, 보육원이 약 800명에 이르는 여자 아이들의 가정이 되었다. 또한 수녀들은 평신도 공동체(Third Order)와 청년들을 위한 단체도 운영하였다.

118) ASV의 NA deposit Iraq에 소장된 1897년 6월 2일자 포교성성 서신. 1898년 1월 21일 알트마이어는 콘스탄티노플의 프랑스 대사에게 이 사실을 알렸다. 프랑스는 지난 3세기 동안 메소포타미아에 프랑스 선교사들이 현존하였기 때문에 이와 같은 권리를 주장하였다.

119) 프랑스 대사관이 오스만 정부에 보낸 1901년 11월 21일자 서신.

문맹률의 문제를 해결하기 위해 수많은 노력을 기울였다. 그러나 그리스도인들 사이에 일반적으로 볼 수 있는 종교적 무지를 개선하기 위해서는 훨씬 더 대담한 노력이 필요했다. 알트마이어는 선교사들이 필요한 것이 무엇인지 연구하고 그들을 격려하며 보다 나은 것들을 제공하기 위해 더 광범위하고 지속적인 주교의 보살핌이 필요하다는 것을 깨달았다. 그러나 지역의 광활함과 다른 여러 가지 어려움으로 인해 한 번에 모든 곳을 커버할 수는 없었다. 1897년 11월, 그는 정치적으로나 민족적으로 소요가 끊이질 않는 티그리스강과 유프라테스강 사이의 북부 메소포타미아(Upper Mesopotamia)를 관리할 상주 부주교(auxiliary bishop)를 보내 주도록 로마에 요청했다. 그는 개별적 대리(personal representative)가 상주하면 그 지역의 복음화에 도움이 될 것이며 지속적인 관심이 필요한 다른 심각한 문제들을 보다 차분하고 조용하게 처리 가능할 것이라고 믿었다. 로마도 처음에는 그의 생각에 우호적이었으나, 새로운 라틴 주교의 임명이 불안한 정치 및 종교적 상황이 어렵게 유지되고 있는 균형을 해치지나 않을까 하는 두려움으로 적절한 후보 선정에 어려움을 겪게 되자 보류하기로 입장을 변경하였다. 그리하여 부주교 임명 계획은 1899년 11월 레도호브스키(Ledòchowski) 추기경이 "현 상황의 복잡함"을 언급할 때까지 무한정 보류되고 있었다.[120)]

알트마이어 대주교는 자신의 사목적 임무와 교황사절로서의 역할에 특별한 관심을 기울였다. 후자의 역할에 더 많은 비중을

120) ASV의 NA deposit Iraq에 소장된 11월 13일자 포교성성 서신. no. 10392/39.

두어, 상이한 예식에 관한 가톨릭교회와의 관계 개선, 사제 훈련, 성 요한 시리아 칼데아 신학교, 바그다드, 모술, 바스라의 빈곤층 어린이 교육, 그리고 바스라와 아마라에 가르멜 선교 재개 등에 특별한 우선순위를 두었다. 또한 시대적 영성을 고려하여 대중적인 심신을 전파하고 교리 교육을 통해 교인들에게 굳건한 종교적 감성을 지니도록 격려하였으며, 예수 성심(the Sacred Heart of Jesus)을 라틴 교회의 수호성인으로 예부성성(Congregation of the Rites)의 승인을 받았다. 이 신심은 현지 그리스도교 가정의 모든 예식에 광범위하게 수용되었다.

알트마이어 대주교는 시리아와 칼데아 교구의 재정적 어려움을 통감하고는 종종 로마에서 그들의 대변인으로서 행동하였다. 그에 앞서 라이언 대주교도 마찬가지였다. 그가 맡은 영역에서는 오스만 정부의 법이 교회 재산의 보호를 위협하려 들면 어디든 지역 당국에 직접 개입하도록 격려하였다. 또한 정치적, 경제적, 종교적 탄압으로 인해 야기된 메소포타미아 그리스도교인들의 슬픈 현실을 종식시키거나, 아니면 힘든 상황을 조금이라도 덜어주도록 끊임없이 주교들을 독려하였다. 이와 같은 상황은 쿠르드 지역의 소규모 그리스도인 마을들이 더욱 심각하여, 광신적인 편협함, 산적들의 폭력적 급습, 지방 관료들[121]의 무능과 불의 등으로 고통을 겪고 있었으나 빈번한 정치 투쟁과 기아로 인해 상황은 더욱 악화되었다. 그리하여 해당 교구에 속한 칼데아 수사 마크다시(Geremia Makdassi)와 주교의 신분으로 시어트(Seert)

121) 아가(Agha)는 지방의 시민 및 군부를 통치하는 군주를 일컫는 투르크족 용어이다.

에 막 도착한 유수프 에마뉘엘 토마스(Yousuf Emmanuel Thomas)로부터 많은 보고와 서신을 받게 되었다. 1892년 10월 30일자 서신에서 토마스 주교는 "이 비참한 도시"라고 현장을 언급하였으며, "나의 가엽고 버림받은 교구"라고 묘사하였다. 또한 1897년 1월 16일자 보고에 의하면 베키엔드(Békiend, Cazas Gharzan)에서는 페트로스(Petros)라는 이름의 혼인한 칼데아 사제가 살해를 당했으며, 도둑질과 약탈을 일삼는 쿠르드족인 리소(Risso) 부족에게 부인과 아들, 며느리, 손자 모두 심각한 부상을 입었다고 한다. 알트마이어 대주교에게 보낸 1897년 10월 21일자 서신에는 빙고프(Beingof) 마을은 "약탈 당한" 것이 아니라 마을 전체가 "완전히 파괴되었다"라고 하였다. "오늘과 같은 상황이 계속 지속된다면, 이 교구는 오랫동안 목숨을 부지하는 것은 불가능하다"라고 덧붙였다. 1902년 9월 26일자 서신은 더 극적이어서 세르트의 총대주교 대리(patriarchal vicar)인 토마스 바자리(Thomas Bajari)는 쿠르드 족의 끝없는 폭력을 한탄하며 어느 누구도 그들을 감히 벌하지 않는다고 비통해하였다.

그 후 10년이란 짧은 기간 동안 시어트(Seert) 교구는 급속히 쇠퇴하기 시작하여 결국에는 사라져 버리게 되었고 그리스도교인 대부분은 유럽이나 이라크로 이주하였다. 이와 같은 상황으로 알트마이어는 칼데아 교회에 그러한 개인적인 우려를 가지게 되었으며, 이를 계기로 멜루스(Mellus) 주교의 분열(schism)의 결과를 극복하고 성 오르미스다(St. Ormisda) 수도원의 수도 생활을 재조직하며 대중의 신심을 고취하기 위해 더욱 열심히 노력하였다. 그는 자신의 임무를 지속적으로 수행하면서 6년이 넘게 많은 문제들을 평화적으로 해결할 수 있도록 협조해 준 아볼리오난(Eliya XIV Abolionian, 1878~94) 총대주교의 협조에 깊이 감사하였다.[122] 그는 오스만의 방해에도 불구하고 로마의 요청에 따라 알트마이어가 주재한 시노드에서 조르지오(Giorgio Ebed-Jesu) 5세 카야트(V Khayyat, 1894~99)를 선출하는 성공을 거두었다. 교황청은 칼데아 성직자들이 임명 과정에 개입하려 할 경우, 알트마이어가 더 큰 혼란을 피하기 위해 시노드가 새 총대주교를 선출할 후보자 5~6명의 이름을 요청할 수 있도록 규정하였다.

한편, 지난 수십 년간 내부 분열, 이탈, 분할을 겪어온 성 오르미스다(St. Ormisda) 수도원의 정상화 과정은 예상했던 것보다 훨씬 더 복잡하고 민감했다. 알트마이어는 1892년 아볼리오난 총대주교가 직접 참여하기를 원했던 정식 방문을 성사시켰다. 알트마이어는 칼데아 교회의 최고 권위자가 수도사들이 교회에서 행사하는 영향력에 대한 책임을 져야 한다고 단호하게 주장하였다.

알트마이어는 또한 성직자와 신자들의 영적, 문화적 삶을 발전시키는 데 도움을 주는 것도 대표(delegate)로서의 역할 중 하나라고 생각했다. 성직자들의 매일 기도를 장려하기 위해 로마의 빈첸시오회 베잔(Begjan) 신부에게 칼데아어 성무일도(breviary)를

122) 참조: 1884년 3월 21일 자 포교성성이 아볼리오난 총대주교에게 발송한 서신, prot. no. 1; ASV의 NA deposit Iraq에 소장된 1889년 4월 24일 자 서신, prot. no. 680/15. 이 서한은 아르메니아의 총대주교 아자리안(Stepanos Bedros X Azarian)의 도움을 받은 칼데아 반체제 인사들이 교회 헌법(Cum ecclesiastica)의 폐지를 주장하며 오스만 제국에 자신들에게 더 유리한 합의를 청원하는 내용을 담고 있다.

인쇄하도록 하고, 모술의 도미니코 수도회를 위한 페시타(Peshitta)라는 성경 번역본과 트렌트 교리문답의 칼데아어 번역본 및 칼데아 교구의 전례용 새 미사 경전을 출판하도록 하는 등 교회 발전에 도움이 되는 모든 시도에 힘을 실어 주었다. 그리하여 그의 임기 동안 네스토리우스파, 아르메니안, 시리아 정교로부터 많은 이들이 가톨릭으로 개종하였다. 이는 거의 대부분, 지칠 줄 모르고 담대하게 활동한 추진자인 도미니코 수도회 갈란드(Galland) 신부의 선교 활동 덕분이었다. 개종자들 중에는 매우 특이한 경우도 있는데 네스토리우스파의 총대주교 시몬 18세(Shimon XVIII)의 가까운 친척인 넴로우드(Nemroud)를 포함하여, 백크칼레(Bachkalé) 출신의 아르메니아-에우티케(Armenian-Eutyche) 가문에서 백여 명에 이르는 인원들과 함께 개종한 아르메니아 정교회(Armenian Orthodox) 대주교 비오 바티스타 디크리안도 있었다. 뿐만 아니라, 쿠르디스탄(Krudistan) 마을에서는 수십 가구가 개종을 했고, 미디아트(Medeat)에서는 게지라(Gezira)의 줄리어스 벤함(Julius Benham) 주교 아래 시리아 정교회 가구 200여 명이 가톨릭으로 개종하였다.[123)]

1900년 가을 알트마이어는 공식적으로 대표단(delegation)의 직무를 맡고 있는 동안 유럽을 향해 출발하였으나 건강상의 이유

---

123) 이 시기에 메소포타미아의 시리아 가톨릭 총대교구(patriarchate)에는 주교 5명, 사제 80명, 그리고 1만 2천여 명의 신도들이 있었는데, 최초의 쉘홋(Scelhot) 총대주교가 1891년까지, 그다음은 벤니(Cyril Behnam Benni)가 1897년까지, 그다음엔 라흐마니(Ignatius Ephrem II Rahmani)가 총대교구를 이끌었다. 라흐마니는 적극적이고 신중한 사람이었는데 총대교구좌를 마딘(Mardin)에서 베이루트(Beirut)로 옮겼다.

를 들어 1902년 5월 사임을 했고, 파리로 가서 그곳에서 지냈으며 신나드의 대주교(archbishop of Sinnade)라는 칭호를 받았다.[124)] 유럽으로 출발하기 전에 알트마이어는 신임 칼데아 총대주교 선출에 참여하였다. 선출 과정은 심의에서 제외된 후 시노드를 인정하기를 거부한 투르크(Turkish) 정부가 개입함으로써 복잡하게 되었다. 바티칸 국무장관 람폴라(Rampolla) 추기경과 여전히 선교 활동을 보호하던 프랑스 정부 사이에 열렬한 논의가 있었으나, 이는 오스만 당국을 더욱 완고하게 만들었을 뿐이어서 이 문제는 파리와 콘스탄티노플 사이의 관계에 먹구름을 가져왔다. 결국, 교황사절의 확고한 지지를 받고 있는 칼데아 주교들이 관련된 사항에 대한 민사권(civil claims)을 거부하며 모술의 권리(valy)[125)]에 공식적인 선언을 하였다. 그리하여 1900년 7월 시노드를 개최하여 시어트(Seert)의 주교이며 알트마이어의 오랜 친구인 유수프 6세 에마뉘엘 토마스(Yousuf VI Emmanuel Thomas)를 총대교구장으로 선출하였다. 신임 총대교구장은 1900년부터 1947년까지 책임을 맡게 되었다.

시노드에 대표(delegate)의 현존은 논쟁적인 문제였다. 오스만 정부는 칼데아 주교(episcopate)에게 대표가 기도만을 위해 참석했을 뿐 시노드의 회의에는 참석하지 않았다고 선언할 것을 요구했다. 주교들은 교회의 자유에 명백히 해가 되는 이 요구를 단호하게 거부하였다. 정부의 간섭과 종교적 소수민들을 통제하려는 시

124) 구르마티히라는 이름의 도미니코 수도사가 대교구와 대표단의 임시 직무대리(interim administrator)을 맡았다.

125) 그 도시에 대한 민사 권한.

도는 당시의 민족주의적 혼란에 대한 콘스탄티노플의 정치적 대응이었다. 아자리안(Azarian)의 죽음 이후 아르메니아 가톨릭 총대주교 에마뉘엘리안(Boghos Bedros XI Emmanuelian)이 선출될 때와 같은 다른 사례에서도 효과가 있었는데, 콘스탄티노플은 선거 전에 시노드가 거부권을 행사할 주교 명단을 제시할 것을 요구했고 시노드는 두려움에 굴복하여 이 요구를 받아들였다.

메소포타미아, 쿠르디스탄, 그리고 아르메니아 소수민족들의 교회에서 봉사한 지난 18년 동안 알트마이어는 전임자 라이언(Lion)의 노선을 따라 그들이 함께 시작했던 시도들을 완성하고 발전시켰다. 사직서를 제출하기 전에 교황을 알현하여 교회와 교황사절단이 겪고 있는 문제점들에 대해 평가를 내리며, 이 문제들은 "천주교의 발전을 저해하는 주요 장애물들"이라는 우려를 표시하였다. 여기에는 일부 성직자들이 허영심과 교만으로 특권을 위해 로마와의 연합을 더욱 추구하는 모습들, 가톨릭 공동체 간의 협력 부족, 오스만 제국 내 기독교인들의 점점 더 비참해지는 상황, 그리고 마지막으로 주교회의의 무능으로 인한 성직자들의 돌봄 부족 등이 포함되었다.[126)]

1902년 11월 7일, 교황 레오 13세는 공석인 라틴계 바그다드 좌의 신임 주교에 1883년부터 바스라(Basra)에서 선교사로 활동한 장 드 라 생트 퍼밀 또는 드루레(François Déçiré Jean Drure)라고 불

126) 로마에서 작성된 1901년 2월 25일 자 서신에서 4번째 '악'(evil)에 관하여 알트마이어는 "부실한 조직과 부실한 관리로 인해 직무를 소홀히 하는 사제들이 많기 때문"이라고 말했다. 그는 "성직자들이 세습 재산이나 급여가 없으면 가족을 부양하고 생존하는 것을 최우선 목표로 삼을 수밖에 없다"라고 덧붙였다.

리는 아비뇽 출신의 프랑스 가르멜수도회 소속의 사제를 임명하였다. 그는 바그다드에서 사제와 교우들로부터 따뜻한 환영을 받았다. 다음 해인 1904년 3월 5일 교황 비오 10세는 그를 메소포타미아, 쿠르디스탄, 그리고 아르메니아 소수민족들의 교황사절을 겸임하도록 하였다. 그리하여 이 신임 주교는 모술로 상주하러 갔으며, 상(上) 메소포타미아(Upper Mesopotamia) 교구를 위해 어려운 시기 동안 그곳에서 공감과 존경을 받았다.[127] 그의 취임과 함께 교황사절단은 도미니코 수도회의 손에서 가르멜 수도회의 손으로 넘어갔고, 로마는 이를 통해 사상과 경험의 건강한 교류를 기대했다. 메소포타미아 교회의 결핍과 필요를 인식한 드루레(Drure)는 여러 교구를 위해 조정에 나서 로마에 호소하여, 지역 공동체의 영성 생활에 필요한 전례서와 사목 자료를 조달했다. 그는 유수프 6세 에마뉘엘 토마스(Youseph VI Emmanuel Thomas) 총대주교가 교황에게 충성스럽고 국가를 위해 헌신하는 사람이며, 교회를 잘 이끌어 나가고, 자신의 사제들은 물론 다른 모든 사람과도 우호 관계를 유지하고 있는 사람이란 사실을 잘 알고 있었기에 칼데아 교회에 매우 협조적인 태도를 취하였다.

127) 앗다이 쉬어 시어트(Seert)교구 주교는 그리스도인들의 비참한 상황을 설명하며, 날로 더욱 절망적으로 변해 가는 상황으로 인해 공동체는 끝없는 탈출로 내몰렸다고 묘사했다. 1905년 3월 16일, 주교는 드루레(Drure)에게 서신을 보냈다. "칼데아 가톨릭 신자들은 약 600가구입니다. 전부는 아니더라도 대부분은 비참한 상태에 있습니다. 이것은 과장하지 않고 말한 것입니다. 쿠르디스탄에 위치한 교구가 동방의 모든 교구 중에서 가장 비참한 것처럼 시어트(Seert) 교구가 쿠르디스탄의 모든 교구 중에서 가장 비참하다는 것은 분명합니다." 1906년 11월 14일의 보고서에서 주교는 다음과 같이 언급하였다. "제가 말씀드린 대로 저의 교구는 곧 버려질 것입니다. 최근 아르메니아에서 일어난 사건으로 13개 마을이 파괴되거나 쿠르드족이 점령을 하였습니다. (…) 모든 들판은 무슬림이 점령했습니다. (…) 우리 교구는 고통에 시달리고 있습니다."(ASV의 NA deposit Iraq에 소장).

1905년 봄, 모술, 아마디아, 자코(Zakho), 그리고 시어트(Seert)의 칼데아 교구를 방문한 후 신임 대표는 현지 그리스도인들이 처해있는 수없이 많은 어려움을 로마에 보고하며 기본적으로 필요한 것들을 확보할 수 있도록 도움을 요청하였다. 현지 그리스도인들은 대량학살과 약탈의 희생자들이었다. 비틀리스(Bittlis) 지역의 아르메니아 가톨릭교인들의 경우 종교적 원조를 박탈당하여 풍토병적인 빈곤의 대상으로 추락하였다. 마르딘(Mardin)의 아르메니아 사제들과 시리아 사제에 대한 불평은 라흐마니(Rahmani) 총대주교에게 전해졌다. 쿠즈루(Kujlu) 마을의 아르메니아인 세대들은 전적으로 사제 부족 때문에 조지아(Georgia)로 떠났다. 주요 불만 중의 하나는 성 오르미스다(St. Ormisda) 수도원에 관한 것이었다. 시노드와 총대주교는 수도사들의 종교적인 삶의 퇴폐성에 관해 로마에 불평을 하였고 포교성성은 원칙대로 이들의 요구를 받아들여 최근에 입소한 30여명의 청년들에 대해 1899년 12월 4일 만들어진 기준에 적합하지 않다는 이유로 이들의 자격을 철회하기로 결정하였다. 전반적인 상황이 오해를 불러일으켜 포교성성은 총대주교에게 의견을 문의하였다. 총대주교는 선임 수사들로부터 수련 수사들을 분리시키고 알쿼시(Alqosh)에 수련원을 신설하여, 수도원장의 권한을 확대할 것을 제안하였다. 수도원장이 특별히 선출된 중재자들(moderators)의 지원을 받는다는 조건으로 교황청은 장상의 지위를 확대하여 3년 임기를 승인하였다. 또한 수련 수사들의 새로운 원장을 임명하기로 동의하였으며 정직을 받은 30명의 예비 수사에 대한 소식을 문의하였다. 이 가슴 아픈 일화는 10년이나 지속되어 1909년 9월 9일에야 비로소 일반 사면(general amnesty)으로 끝을 맺었다.[128)]

그러나, 도미니코 수도회가 운영하며 교황사절의 보호 속에 있는 모술의 시리아-칼데아 신학교는 운영이 잘 되고 있었다. 학생들의 발전은 매우 고무적이었으며 개교한 이래로 20여 년이 지나는 동안 상당한 결실을 거두었다. 이와 같은 이유로 포교성성은 신학교에 영구적인 지위를 부여하고 철학, 신학, 그리고 교회법으로 구성된 교과 과정을 만들기로 결정하였다. 그러나 이 신학교는 1914년 전쟁과 그에 이은 박해로 문을 닫아야만 했다. 신학교는 190명의 학생을 지도하였는데 그중 12명(칼데아인 8명과 시리아인 4명)은 박해 기간 동안 그리스도에게 충실한 삶을 위하여 자신들의 목숨을 내어놓았다. 라틴 교회의 발전을 위하여, 드루레(Drure)는 수사들과 선교사들의 존재를 확대하였으며, 가르멜(남쪽-중앙), 도미니칸(북쪽), 카푸친〔상(上) 메소포타미아와 아르메니아 소수민족〕 수도회들 사이에 역사적으로 오랫동안 지켜져 내려왔던 지역적 분할을 없애 버렸다. 또한 바그다드에 프랑스 가르멜 수녀 공동체를 설립하기를 원하였으나 로마는 같은 생각이 아니었다: 그들은 드루레가 가르멜이 아닌 도미니코 수녀회(Dominican Sisters of the Presentation)의 범위를 확장하는 것을 선호하여 곧 바그다드의 민간 병원에서 간호 돌봄(nursing care)을 제공할 수 있도록 승인을 해 주었다. 모술에서 드루레는 도미니코 수도회(Dominican Third Order)를 위한 수련원을 개설하려고 생각하고, 돈 보스코의 살레시오회 수도사들이 그 도시에 상주하며 학교를 설립하고 운영하도록 시도하였으나 헛수고로 끝나고 말았다.

128) ASV의 NA deposit Iraq에 소장된 1909년 9월 9일 자 포교성성이 유수프 6세 에마뉘엘 토마스(Yousuf VI Emmanuel Thomas)에게 보낸 서한. no. 26384.

한편, 도미니코 수도회의 열성적이고 모범적인 베레(Berré)는 '피에 메스트르 인디젠느'(Pie Maestre Indigene) 학교를 설립하기 위한 계획을 수립하였는데 그 당시 유럽에서는 큰 진전을 거두었다. 동일한 기간(1911)에 아마디아(Amadia)에 예수성심의 칼데아의 딸들 수녀회(the Congregation of the Sisters Chaldean Daughters of the Sacred Heart of Jesus)가 설립되어 문맹 소녀들의 교육, 교구 교리 교육 보조, 노인 돌봄, 그리고 버려진 청소년들의 보호 등을 맡았다.[129] 비슷한 시기에 사제들과[130] 수사들을 지원하기 위해, 한층 개선된 조건으로 어린이들에 대한 그리스도교적 교육을 제공하기 위하여 엄청난 노력을 기울였다. 이는 무지(無知)가, 교회가 직면한 최대의 해악 중 하나임이 분명했기 때문이었다.

1907년 봄에 드루레는 교구 및 교황사절단과 관련된 문제를 처리하기 위하여 로마로 가서 사도좌 정기 방문(ad limina)을 하였다. 그는 중동의 정치적 종교적 상황이 격변의 연속이던 1912년 메소포타미아로 돌아왔다. 프랑스(수 세기 동안 오스만 천주교인들까지 확대하여 보호해 왔음을 문제 삼으며 교황청과의 관계를 끊어 버렸다), 영국, 독일, 이태리 등 모든 나라들이 서로를 대신하고 자신들의 영향력을 확대하려고 노력하였다. 이에 대해 콘스탄티노플은 바티칸에 공식적인 대표 사무실을 개설하고 전통적으로 보호국

129) 이 설립 계획은 라에스(Ablahad Raes)라는 이름의 한 경건한 사제로부터 비롯되었다. 그러나 1961년 수녀들은 쿠르드족과 바그다드 정부 간의 전쟁으로 인해 그들이 봉사하던 마을을 떠나야만 했다. 1998년 1월 6일 비다위드(Refael Bidawid) 총대주교는 이 공동체를 총대교구의 일원으로 인정하였다.

130) 비오 10세(Pius X)가 사제 서품 50주년을 맞아 전 세계 성직자들에게 진정한 거룩한 삶을 추구할 것을 권고했던 *Haerent anima*의 시기였다.

(protectorates)들에 의해 행사되던 역할을 점차 축소시켰다. 동시에 발칸 반도의 민족주의적 소요는 곧 오스만 제국이 유럽 영토의 상당 부분을 잃게 만들었고, 메소포타미아 북부(Upper Mesopotamia) 기독교 공동체에 어려운 시기가 올 것임을 예고하였다. 이러한 상황에서, 바티칸은 교회 구역(ecclesisatical territories)에 대한 변화를 고려하기 시작했다. 선교활동 지역의 재조정을 처음 제안한 수도회는 카푸친회였다. 1909년 카푸친 수도회의 장상을 통하여 메소포타미아의 카푸친회 선교지 말라티아(Malatia), 카르푸스(Karputh), 그리고 마뮤레 울 아지즈(Mamuret-ul-Aziz)의 상주 지역을 시리아의 카푸친 선교사들에게 넘겨주는 방안을 로마에 제시하였다. 그들의 지원을 위해서는 리옹의 카푸친 지역에 계속 의존을 하면서, 나머지 임무는 메소포타미아 대표단의 관할권 내에 있으며 팔레르모(Palermo)의 카푸친들이 인수할 것이었다. 하지만 도미니코 수도회는 어떠한 변화도 제안하지 않았다. 왜냐하면 그들의 선교는 모술을 중심으로 상당히 압축되었는데, 그 당시, 처음에는 갈랑(Galland) 신부, 다음으로는 1922년부터 메소포타미아의 새로운 교황사절이 될 베레(Berré) 신부의 지도 하에 있었다. 드루레는 그리스도교인들에게 영향을 미친 정치적 변화와 인구적 변화의 시작을 목도하였으나 그 결론은 볼 수가 없었다. 그는 퇴임하여 프랑스에서 1917년 5월 20일 숨을 거두었다.

— 제 4 장 —

20세기 인구학적·지리적 격변과 이라크의 탄생

1. 그리스도인 대위기 그리고 동방 가톨릭 신자에 대한 사도좌의 염려

20세기가 밝아오면서, 거센 폭풍이 몰아칠 조짐이 보였다. 교황 비오 10세(1903~1914)와 베네딕토 15세(1914~1922)의 재위기 중 북 메소포타미아 그리스도인들의 삶과 중동의 지리를 바꿔 놓을 엄청난 사건들이 일어났다. 튀르키예인들이 여러 민족을 탄압하는 바람에, 오스만 제국은 해체 직전이었다. 내부적으로는 민족 간 그리고 부족 간 분쟁, 외부적으로는 세계 대전 때문에 중동 전체의 모습이 바뀌게 되었다. 그리스도인 공동체는 고통, 불의 그리고 폭력과 같은 대가를 치러야 했다. 에밀 콩브 총리가 이끄는 프랑스 공화국은 교황청과의 협정을 파기하고 단교하면서, 종교와 정치를 분리시켰다. 덕분에 교회가 당국의 방해 없이 프랑스 주교들을 서임할 수 있게 됐지만, 오스만 제국의 그리스도인들에게는 가장 강력한 수호자가 사라지게 됐다. 엄밀히 따지면 그리스도인들은 1856년 이후 크림 전쟁을 통해 사회적으로 자유를 얻고 법적으로는 무슬림과 같은 보장을 받았지만, 형식상일 뿐이었다. 그리스도교인 청산과 집단 학살이 자주 일어났다. 다마스쿠스의 순교자들이 바로 그 예다. 프란치스코회원 여덟 명과 마론교도 세 명이 1860년 드루즈파 봉기에서 살해된 것이다. 아르메니아인들은 압둘 하미드 2세 술탄 통치기에 처음으로 심각하게 박해받기 시작하는데, 술탄은 쿠르드 비정규병들로 이루어진 준군사 조직을 만들어, 1894년에서 1896년 사이에 수십만 명의 아르메니아인들을 학살했다. 1909년에는 '영 투르크'라고 불리던 청년 투르크당이 오스만 제국과 러시아의 전쟁에서 아르메니아인들이 러시아 편을 들었다는 이유로 박해했다. 1915년에서 1918년 사이에 본격적인 집단 학살이 계획되고 실행됐다. 수십만 명의 아르메니아인들이 잔인하게 살해됐는데, 종종 쿠르드인들이 공모했다. 강제 추방 중 혹은 피란 중에, 기아와 탈진으로 사망한 사람들도 많았다. 아르메니아인들과 더불어, 수십만 명의 칼데아인과 다른 그리스도인들도 튀르키예 정부에 의해 살해됐다.[1)] 집단 학살에서 살아남은 생존자들은 그리스도인 선교사들과 함께 1921년에 튀르키예 공화국이 생기면서 추방되었고, 결국 완전히 종적을 감췄다. 주교 다섯 명이 순교하고, 세 명은 망

1) Congregazione per le Chiese Orientali, Atti del Conbegno di storia ecclesiastica contemporanea(Città del Vaticano, 22-24 ottobre 1998), La Questione armena: la Chiesa martire, in Fede e Martirio - Le Chiese orientali cattoliche nell'Europa del Novecento, LEV, Città del Vaticano, 2003; 제케얀(B.L Zekeyan)에 의하면 "제1차 세계대전의 혼동 속에서 백만 명 이상이 스러졌다", p.164; M. Impagliazzo, *Una finestra sul massacre - Documenti inediti sulla trage degli armeni(1915-1916)*, Guerini e Associati, Milano, 2004; R. Roberson, *The Eastern Christian Churches, Orientali Christian*, Roma 2007, p.147; J. Yacoub, *Oui, s'en souviendra?*, 1915; *le Génocide assyro-chaldéo-syriaqe*, Cerf, Paris, 2014.

명 중 선종했다. 설정된 교구 16개 중 세 개만 살아남았는데, 사제 250명 중에 약 126명이 살해되고, 수도자들도 목숨을 잃었다. 1915년 여름에는 창설된 지 35년밖에 되지 않는 시에나의 성녀 카타리나회의 수녀 일곱 명이 살해됐는데, 수도회 창설자 두 명도 포함됐다. 피, 폭력과 불의의 회오리가 지역을 휩쓸고 갔다. 그리스도인 학살을 직접 목격한 마르딘의 도미니코회 장상인 프랑스아 도미니크 베레 신부는 튀르키예인들이 "튀르키예 내부의 적인, 그리스도인들로부터 국가를 해방시키겠다"라고 주장했다고 보고했다. 튀르키예인들은 1894~96년 집단 학살 때와 마찬가지로, 유럽이 그리스도인들 대신 복수하지 않을 것이라 믿었다. "결국 우리 동맹인 독일인들이 도와줄 것"이라고 믿은 것이다.[2)] 베레 신부는 그들이 새빨간 거짓말과 가짜 혐의를 붙여 수천 명의 여성, 남성과 아이들을 죽일 명목을 만들었다고 했다. 아시시의 성 프란치스코 수도회의 경우도 마찬가지로, 경찰이 수도회를 프랑스 협회라고 낙인찍고, 마르딘의 가톨릭 신자들 모두를 프랑스의 비밀 협회 회원으로 간주해, 반역의 증거라며 이용했다.[3)] 모술의 도미니코회 미션도 전쟁의 피해를 입었는데, 일부 건물이 붕괴되고 약탈도 벌어졌다. 1917년 8월 1일에 베네딕토 15세가 교전국 지도자들에게 전쟁을 끝내라고 재차 호소하며, "정의롭고 영속적인 평화"를 구축하기 위해 실질적인 제안들을 고민해 보자고 초대했다. 또 전(前) 오스만 제국 영토와 "특히 아르메니아를 위해서"[4)] 공평과 정의의 해결책을 찾자고 했다.

---

2) Rapport du T.R.P. Berré – Massacres de Mardin, del 15 ennaio 1919, p.2(Fondo NA Iraq in ASV).

3) *Ibid.*, p.4.

이렇게 혼란스럽고 광포한 시기에, 페르시아의 교황사절인 자크-에밀 손타그가 목숨을 잃었다. 그는 1918년 7월 우르미아에 있는 빈첸시오회 미션에서 우르미아의 칼데아교 대주교인 토마스 아우도와 많은 그리스도인들과 함께 살해됐다. 살마스에서는 빈첸시오회 두 명, 칼데아교 사제 한 명 그리고 수많은 그리스도인 남성, 여성과 아이들이 살해됐다. 젊은 여성들과 소녀들은 페르시아 영주들에게 바치기 위해 이미 납치됐다. 당시 살상에서 탈출한 칼데아교의 아지즈 주교는 튀르키예인, 페르시아인 그리고 쿠르드인이 하나 같이 자기방어를 할 수 없는 사람들을 맹렬히 공격했다고 알렸다.[5)]

사태가 진정되지 않자, 레오 13세 재위기에 포교성성 아래에 있던 동방교회부(pro Orientalibus)와 미신자부(pro Infidelibus)를 이미 분리시킨 사도좌는 동방교회와 강한 연대를 보여 주고 지원하고자 했다. 베네딕토 15세는 1917년에 동방교회성을 설립하고, 포교성성이 아니라 자신이 직접 관리했다.[6)] 동방교회성은 모든 동방교회의 신자들, 규율과 전례와 관련된 모든 문제를 관장할 능력이 있었고, 동방 전례와 라틴 전례의 신자들이 함께 연관된 사건들도 다룰 수 있게 했다. 게다가 베네딕토 15세는 그리스도인의 연대를 보여 주기 위해 그리스도인 일치 8일 기도 주간을

4) Benedict XV, *Ai capi dei popoli belligeranti* : AAS IX(1917), pp.421~423.

5) A. Smets, *Memoire sur les massacres survenus dans les dioceses de salmas et d'Ourmia*, in NA deposit Iraq in ASV.

6) Benedict XV, motu proprio *Dei providentis*(1917.05.01.); 교황이 직접 동방교회성의 장관이 되어, 추기경을 차관으로 뒀다(AAS IX〔1917〕, pp.529~531); 네 명의 교황이 동방교회성의 장관직을 맡았다. 베네딕토 15세(1917~22), 비오 11세(1922~39), 비오 12세(1939~58) 그리고 요한 23세(1957~63)이다.

제정하고 성 에프렘을 교회의 박사로 선포했다. 또 교황청 동양 연구소를 세워 서구가 동양을 이해할 수 있도록 예비 조사를 하게 했다.

2. 하심 왕국, 공화국 그리고 이라크 교회의 위기와 발전

1915년에 오스만 제국이 붕괴되면서, 메소포타미아(지금의 이라크)가 세 개의 주(vilayet)로 나뉘었다. 바로 바그다드, 바스라 그리고 모술이다. 튀르키예가 중부와 동부 지역의 통치권을 포기하면서 새로운 국가들이 탄생하게 됐다. 민족 지도자와 위계질서가 있는 지역 정부들이 있었지만, 제국 내에서도 권위를 갖고 상당한 자유를 누리는 힘이 센 부족 혹은 종교가 영향력을 발휘했다. 1916년 5월 16일에 영국과 프랑스가 오스만 영토 배분 문제를 두고 사이크스-피코 비밀 협정을 체결했다. 영국은 1914년에 바스라를, 1917년에는 바그다드를 점령해, 이 도시들은 영국의 신탁통치를 받았다. 모술, 쿠르디스탄과 시리아는 프랑스가 감독하게 됐다. 키르쿠크와 모든 유전은 계속 영국이 관리했다. 협정은 체결됐지만, 바스라부터 모술까지 메소포타미아 전체가 영국의 손아귀에 들어갔다. 프랑스가 항의했음에도 불구하고 말이다. 1920년 4월 산레모에서 중동 땅을 공식적으로 나누는 데, 프랑스는 시리아와 레바논을 얻고, 영국은 팔레스타인과 트란스요르단을 얻고, 공식적으로 메소포타미아 전체를 포기했다. 이에 프랑스는 다시 항의하는데, 모술과 북부 국경 지대 소유권 문제는 나중으로 미뤄졌다가 세브르 조약(1920년 8월10일)을 통해 다시 바뀐다.

튀르키예와 영국 간 갈등이 벌어지고, 1925년 12월 16일 국제연맹에 의해 최종적으로 지정학적 문제가 해소됐다.

1920년에 이라크가 정치적 지역적인 독립체로 부상하면서 내부 권력 다툼이 벌어졌는데, 이런 문제는 이라크의 역사에서 항상 존재했다. 시아파, 수니파와 쿠르드인들이 함께 사는 종교적 현실, 부족이 특정 지역에서 영향을 미쳐온 전통, 그리고 여러 민족이(칼데아인, 아시리아인, 시리아인, 튀르키예인, 유대인, 만다에안, 야지디인, 샤바크인, 카키인) 살면서 생긴 파벌주의 때문에, 영속적인 일치를 이루려는 대중적 운동은 일어나지 못했다. 가장 힘이 센 민족 공동체와 종교단체들이 오히려 더욱 닫히고, 상대하기 힘들어지고, 서로를 불신하며, 자신의 역사 종교적 영역 안에서 따로 살려고 했으며, 항상 자기 이익을 추구하면서 갈등이 늘어갔다. 이런 새 국가에서 그리스도인 공동체도 분열되고, 서로 뜻이 맞지 않았다. 신자들은 지역에서 강력한 그룹이나 해외에서 자신을 보호해 줄 대상을 찾아야 했다. 칼데아인, 시리아인과 아르메니아인들(1930년대의 아시리아인은 제외하고)은 자기 땅을 얻고 싶었으나 실패했고, 결국 그리스도인들이 항상 그래왔듯 신자들끼리 함께 마을을 구성해, 넓은 땅에 흩어져 살았다. 외부 압박, 국내 실향 그리고 더 풍요로운 삶을 위한 이주 때문에 그리스도인들이 더욱 흩어졌으며, 그들은 일을 하고 생활 수준을 높이기 위해서라면 어디라도 갔다.

사회 불안이 곧바로 시작됐다. 1920년 7월 유프라테스 하부와 중부(나자프와 카르발라)에 영국의 신탁통치를 지지하거나 반대하는 시아파 사이의 충돌이 있었고,[7] 북부에서는 쿠르드인들이 기대했던 독립된 쿠르디스탄을 얻지 못했다는 배신감 때문에 불만을 품었다. 튀르키예의 잔혹한 박해로 거의 말살된 그리스도인들은 자신을 보호해 줄 대상도 없는 상황에서 생존의 위협을 느꼈다. 이때 특히 수니파 내에서 조심스럽게 이라크의 독립을 찾자는 움직임이 서서히 일어났고, 지금까지는 정치적으로 부재했고 이 신생 국가에서 부족한 모든 이상을 옹호하는 민족주의가 지지를 받게 된다. 국가 일치, 부족주의 극복, 종교와 민족 파벌주의 극복, 자치 정부 그리고 부와 자원의 자체 관리와 같은 이상이었다. 보호국인 영국은 이런 초기 민족주의를 의심의 눈초리로 바라보았고, 이미 정착되어 있는 부족과 도시주(city-provinces) 통치 방식을 더 신뢰했다. 1925년에 초안이 나온 이라크 헌법을 보면 그걸 알 수 있는데, 하나는 부족들을 위하고, 다른 하나는 도시들을 위해 두 개의 법전을 만든 것이었다. 영국의 영향권에 있는 중동의 이라크는 입헌군주제로, 의원단과 민주 정부가 있는, 파이살 1세가 다스리는 하심 왕국이었다. 헌법에 의하면, 국왕은 장관을 임명하거나 사임시키고, 양원제 의회를 소집하고, 선거를 공표할 권한이 있었다. 사실 부상하는 민족주의에 맞서 살아남기 위해서 하심 왕조는 영국의 후원이 필요했다. 때로 폭력적인 반란도 일어났고, 영국은 이를 진정시키려고 독가스를 쓰기도 했는데, 키르쿠크와 쿠르디스탄의 일부 마을들을 본보기로 삼아 처벌했다.

7) Cf. M. Galletti, *Iraq, il cuore del mondo, stampato in proprio*, Roma, 2011, p.50: "큰 도시는 영국의 군사 통치 아래에 있었고, 1920년 10월에 봉기가 일어나자 영국이 즉각적으로 대응해, 이라크인 6,000명이 사망하고 영국군과 인도군은 500명이 사망했다.

이라크 왕국은 사실 어떤 역사적 지정학적 현실에도 근거하지 않으며, 한 민족이 쭉 같이 살아온 것도 아니다.[8] 여러 민족, 부족, 종교 그리고 문화가 수백 년 동안 함께 살아온 땅에서 대제국이 망하면서, 전쟁에서 이긴 세력들이 만든 정치적 현실이다. 이라크인이 알고 있는 국경은 한쪽으로는 사막 때문에 그어지는 불분명한 선과 다른 쪽으로는 페르시아 산맥이었다. 그들은 에미르 왕을 중심으로 민족 정체성을 구축해야 했는데, 그는 아랍 전통보다는 유럽의 정치 구조에 더 가까운 의회와 정부의 힘을 얻어 백성의 일치를 보장하는 인물이었다. 이 때문에 계속 역할의 혼란이 있어, 해소되지 않는 불만과 시위가 끊이지 않았다. 결국 이라크를 다스릴 군부정권이 들어서, 국가 일치를 꾀한다. 쿠르드인들은 국제 정치의 희생양으로 이라크, 튀르키예, 시리아와 이란 사이에 찢어져 살게 되고, 오랫동안 굽힐 줄 모르는 저항과 불안 요소의 원천이 되었다. 오스만 제국의 지배를 받다가 하룻밤 사이에 영국의 손에 넘어간 이라크는 영국의 엄격한 통제를 받았다. 영국은 1924년에 영국군을 영구적으로 주둔시키게 하는 조약을 이라크 의회에 강요하고, 또 영국에게 법안 거부권을 허용하게 한다. 이렇게 정치적으로 혼란한 시기에 중산층이

8) Cf. U. Dann, *Iraq unde Kassem - A political History, 1958-1965,* London, Pall Mall Press, 1969. 오스만 제국에서 수니파 아랍인, 시아파, 쿠르드인, 투르크멘인, 그리스도인, 유대인, 야지디인, 사바인 그리고 이란인이 함께 섞여 살아온 현실은 이라크의 정치에 결정적인 영향을 미쳤다. 중앙정부는 추상적인 개념이었고, 페르시아와의 국경은 계속 바뀌고, 지금 볼 수 있는 지방 자치나 행정 구조가 없어, 어떤 명령이 내려오면 대도시 내에서만 적용됐다. 유럽의 사고방식이 들어오면서 진정한 행정 체계가 만들어지지만, 파이살 국왕은 원래 이라크 사람이 아닌데다가, 영국이 12년 신탁 통치를 하면서 조국 이라크에 충성하자는 생각은 사람들 사이에 뿌리내리지 못한다.

늘어나고, 범아랍주의가 인기를 얻게 됐다. 이라크의 경제는 지금까지 보통 농업과 상업 위주였는데, 처음으로 본격적인 개발이 시작됐다. 큰 석유 매장지가 발견되고 처음으로 석유 탐사권을 나눠주었다(1925).

1932년 10월 3일에 이라크가 국제연맹에 가입한다. 1932년부터 1958년 사이에 첫 번째 왕위 계승식이 열려, 가지 왕자가 1933년에 국왕이 된다. 1939년에는 아들인 파이살 2세가 왕위를 잇는다. 파이살 왕자는 어린 나이에 즉위하여, 삼촌인 압둘 일라가 섭정한다. 당시 정치는 불안했고, 경쟁과 갈등으로 점철됐다. 1933년 쿠르드인인 바크르 알아스카리 장군이 아시리아의 그리스도인들을 학살했고, 1936년부터 여러 전투가 벌어지면서, 1941년에 추축국 편에 선 라시드 알리 알 가일라니가 권력을 잡는다. 그는 영국이 개입하면서 쫓겨나고, 그걸 계기로 영국은 제2차 세계대전 중에 이라크를 점령하고, 어린 파이살 2세를 위해 친영 성향의 섭정 압둘 일라를 밀어 준다. 전후에 이라크는 팔레스타인의 처우를 안타깝게 여기게 되고, 1948년에 아랍 연맹에 가입한다. 누리 알사이드(1888~1958)는 친영 성향의 영향력 있는 정치인으로, 이라크 총리를 여덟 번이나 지냈다. 알사이드는 1954년에 의회를 해산하고, 정유 특허권이라는 새로운 수입원을 가지고 산업과 농업 개발 사업을 벌였다. 쿠르드 민족주의를 지지하는 소련의 영향권에서 벗어나기 위해 1955년에 메소포타미아와 서방을 연결하는 바그다드 조약 기구 설립을 진두지휘했다. 하지만 압둘 카림 카심 장군이 갑자기 떠오르면서 알사이드는 힘을 잃고, 카심은 1958년 7월 14일에 쿠데타를 일으켰다. 그는 쿠데타 성공 후 바그다드 조약 기구에서 탈퇴하고, 알사이드 총리와 왕족 모두를 처형하고, 이라크를 공화국으로 선포한다. 이로써 신생 국가의 격동의 역사에 새로운 장이 열렸다.

오스만 제국이 붕괴되면서 메소포타미아, 쿠르디스탄 그리고 소아르메니아의 고대 교황사절관은 여러 신생 국가 사이에 나뉘게 된다. 사도좌는 이런 상황 때문에, 프랑수아 드루레(Drure) 대주교가 프랑스로 떠난 후에 후계자를 임명하지 않았다. 그 대신 1919년 10월에 주님 성묘 성당의 사제인 아드리안 스메트 주교를 사도좌 순시자로 보냈다(1919~21). 스메트 주교는 교황사절관과 성 요한 신학원의 소유권을 받기로 되어 있었다. 전쟁 중에 이 건물들을 처음에는 튀르키예인들이, 그 후에는 영국인들이 병원으로 이용했기 때문이다. 하지만 그는 건물 회수와 신학원 재개를 신속히 처리하지 않았다. 스메트 주교는 지역 교회들과 관계를 다시 쌓는 것을 우선시했는데, 박해와 전쟁 때문에 교회들 사이의 관계가 많이 바뀐 것이다. 그는 도미니코회 미션을 재정비하기로 마음을 먹고, 장상의 부탁에 따라 직업 학교와 고등 교육 기관을 세우고, 새로운 요구에 응답하기 위한 사목 사업을 벌였다. 베네딕토 15세가 특별히 지시한 대로, 사도좌 순시자는 전쟁 고아들에게 신경을 쓰고 아이들을 돌봐주는 데 필요한 자금을 많이 받았다.[9)] 스메트 주교는 고아들이 너무나 많은 바람에 처음

9) 전쟁 중에 바티칸은 재소자, 난민, 추방자 그리고 점령지의 가난한 시민들을 위해 중요한 안내소를 세웠다. 베네딕토 15세는 이런 연대 활동이 전후에도 계속되어 전쟁의 끔찍한 상처를 치유하고, 민족들의 화해에 기여하기를 희망했다. 이런 이유에서 사도좌가 전쟁고아들과 메소포타미아인들을 지원하게 된 것이다.

에는 모술 도미니코회의 보육원과 바그다드 가르멜회의 보육원에 아이들을 나눠 보내다가, 교황사절관 근처에 새로운 기관을 설립하거나 좋은 가정에 입양 보내는 가능성을 타진했다. 결국에는 새로운 교육 기관 설립이 교황의 바람과 더 잘 맞다고 판단해, 동방교회성에 서한을 보냈다(1920년 4월 20일). 학교가 아이들의 현재 상황만 돕는 것이 아니라, 그들의 미래를 도와줄 수 있기 때문이었다. 그는 또 사절관과 신학원의 재산을 되돌려 받고, 신학원을 재건해 1923년부터 학생을 받아 양성했다. 그 후 10년간 신학생들은 칼데아교 신학원과 마르 베남의 시리아교 수도회에서 양성됐다. 스메트 주교의 이런 활동은 새 이라크 왕국이 교육 체계를 확립하려고 하는 시기와 맞물렸고, 그래서 국가가 교육 문제에 간섭하기 시작했다. 지역의 새 보호자인 영국은 전통적인 교육 기관 대신, 더 효율적이며 국가가 완전히 관리하는 교육 체계를 지지했다.

스메트 주교는 메소포타미아 교회들의 상황에 각별한 관심을 기울이고, 각자의 어려움들을 잘 이해했다.[10] 그는 5년간 혼란을 겪은 자코 교구와 아마디야 교구를 방문했는데, 그곳은 가난하고 사람들은 교육받지 못하고, 예배소들이 엉망이었다. 그는 "교회가 아니라 마구간처럼 보였다"라고 씁쓸하게 말했다.[11] 문

10) 그는 1920년 2월 11일 자 문헌에 다음과 같은 문제들을 썼다. 기혼 성직자의 무지(가장 고립된 마을에 살기 때문에 사목자의 현존은 있지만, 신자들을 가르치지도 않고 자신의 나쁜 버릇도 고치지 않는), 더 교육받은 독신 사제와 기혼 사제와의 갈등, 교구와 본당의 경제적 어려움, 끈질긴 부족주의와 대중영합주의적 사고방식, 종교 지도자들을 향한 공개 비판, 교회법 인지 부족, 남아 있는 교회에 대한 존중 부족 그리고 수도 생활을 지탱해 줄 영적 활동 부족 등이다.

11) 게지라 교구가 파괴되면서, 자코 교구는 원래 있던 그리스도인 마을 15개에 추

제는 사람들이 가난하고 지도자들이 신경을 안 쓸 뿐만 아니라, "쿠르드인들이 사는 땅"에는 안전이 없고, 지역 족장이 엄청난 세금을 매기는 것이었다. 이런 어려움들을 덜기 위해, 1932년 미국에 교황청 재단인 "Opera di Assistenza a favore dei Profughi"(후에 가톨릭 근동 복지협회 CNEWA로 불림)가 설립됐다. 이 단체는 그 지역 교회와 동방교회성의 선교사들에게 너무도 절실했던 지원을 보냈다.

오스만 제국이 붕괴되면서 또 피해를 입은 사람들은 아시리아-네스토리안인들이다. 아시리아인은 약 6만 명이 되는데, 총대주교 시몬 19세 벤자민(1903~18)과 함께 원래 근거지인 코드차니스를 버리고 떠났다. 신도들은 흩어지고, 총대주교는 우르미아로 이동했다가 거기서 암살당했다. 그의 후계자는 시몬 20세 파울로스(1918~20)인데, 총대교구좌를 모술로 옮겼다. 얼마 후 시몬 21세 이사이(1920~75)가 12세의 나이로 승계했다. 그는 선임 총대주교의 조카로, 세습에 따라 즉위하지만 바로 영국의 성공회 학교로 유학을 떠났다. 그는 1929년에 이라크에 돌아왔다가 1933년에 추방당했다. 그 후 키프로스로 망명을 갔다가, 미국에 정착했다. 아시리아-네스토리안인들은 총대주교가 떠나는 바람에 자신을 지켜줄 사람도 없고, 계속 정치적으로 압박을 받고 땅도 없어 난민 신세가 되어, 처음에는 바그다드 근처인 바쿠바로 갔다가, 다른 마을로 옮긴다. 몇 천 명은 우르미아로 가는 데, 우르미아는 당시 아가(Agha) 페트로스가 다스리고 있었다. 다른 이들은 이라

가로 9개 마을까지 영적으로 돌보게 됐다. 그리고 아마디야에는 그리스도인 마을이 20개 있었다.

크 정부에 도움을 청하지만, 정부도 그들을 위한 어떤 해결책을 내주지 못했다. 교황청은 이런 민감한 상황을 주시하며, 네스토리안을 위한 개종 사업회(Opera per la Conversion dei Nestoriani)를 통해 도와주었다. 전쟁이 터지기 전부터 작은 마을 학교 50개를 열어, 실향민들에게 시급하게 필요한 것들을 마련해 주려고 한 것이다. 상황이 변함에 따라, 1921년에 이 사업회는 네스토리안을 위한 교황청 개종 위원회로 개편되어, 칼데아 총대주교 유수프 6세 토마스가 의장으로 추대되고, 주교 여러 명과 도미니코회 미션의 장상이 그를 도왔다.

1921년 12월 말, 스메트 주교는 이라크를 떠나 페르시아에서 교황사절로 임명됐다. 그는 유능한 사람으로, 메소포타미아에서 이룬 업적들이 높이 평가된다.

베네딕토 15세는 끔찍한 전쟁을 예견하고 전후 상황도 감당했는데, 그의 후계자로 비오 11세 교황이(1922~39) 즉위했다. 비오 11세는 지혜와 열정과 끈기를 가지고 교회 생활의 전반에 손을 대었고, 사도좌의 영적이고 윤리적인 사명을 전 세계에 드러냈다. 그가 선출된 다음 날인 1922년 12월 23일에, 회칙 *Ubi arcano*를 반포하고 자신의 사목 표어를 "그리스도 왕국의 그리스도의 평화"라고 소개했다. 그는 재위 기간 17년 동안 희년을 세 번 기념하고, 그리스도왕 대축일을 전례력에 포함시키고, 교회의 교구 숫자를 늘리고, 이교인 선교에 박차를 가했다. 그는 정교회들과 다시 일치를 이루는 것을 아주 중요하게 여겼는데, 선임 교황들처럼, 이 일을 가톨릭교회에서 떨어져 나간 형제들이 다시 돌아오는 것으로 이해했다. 그는 동방 가톨릭교회와의 관계에 대해서, 자의 교서 「하느님의 거룩한 교회」(*Sancta Dei ecclesia*, 1938년 3월 25일 반포)를 통해 동방교회성의 권한을 확장하고, 근동 전체 즉 이집트, 팔레스타인, 트란스요르단, 키프로스, 튀르키예, 시리아, 레바논, 이라크 그리고 이란에 독점적인 관할권을 주었다.[12] 동방 신학과 전례 연구와 발전을 위해, 파리의 이스티나 연구소와 로마의 교황청립 러시아 대학 설립을 지원했다. 또 새 동방교회법전을 준비하는 위원회를 발족했다. 동방교회성 차관인 티세랑 추기경은 비오 11세를 "끊임없이 지성을 넓히고, 그리스도교의 동방 전례에 그의 희망과 사랑을 쏟아부었다"라고 평가했다.[13]

전 세계가 강해지는 전운을 느끼고 있을 때, 비오 11세의 후계자인 에우제니오 파첼리 추기경(후에 비오 12세, 1939~58)은 사도좌의 도덕적 권위를 이용해, 제2차 세계대전을 막아보려고 했다. 그가 민간인, 재소자와 망명자들에게 물질적으로 필요한 것을 주고자 얼마나 노력했는지는 잘 알려져 있다. 교회 내적으로는 특히 동방교회에 신경을 썼는데, 티세랑 추기경은 동방교회성의 모든 직원에게 보내는 회람을 통해 비오 12세가 동방교회성의 장관직을 손수 맡았음을 알리며, 동방교회에 "우리의 모든 바람과 희망에 세심히 신경을 써 주는 또 다른 사목자가 있다"라고 썼다. 비오 12세는 동양에 조예가 깊었으며, "여러 문제를 각별히

12) AAS 30(1930), pp.154~59.

13) Lettera della CCO N. 133/39, dell' 11 febbraio 1939(Fondo NA Iraq in ASV).

신경을 써서 처리했다." 회칙 「동방교회」(1944)를 통해, 그는 교회가 다시 하나가 될 경우에, 아무도 자신의 전통이나 예식을 바꾸도록 강요받지 않을 것이라는 원칙을 재확인했다.[14] 그리고 다음 해인 1945년에 회칙 「모든 동방교회들」을 통해 브레스트 연합과 그 중요성을 상기시키고,[15] 마지막으로 「동방교회」(1952)에서 소련 정권이 동방 가톨릭 신자들을 억압하는 것을 비난했다.[16] 비오 12세는 동방교회의 교회법을 쇄신하고 여러 문서를 발표해, 1990년에 동방교회 교회법이 발효되기 전까지 실행된 여러 규범을 마련하였다. 여기에는 혼인법(Crebrae Allatae, 1949), 절차법 개정(Sollicitudinem nostrum, 1940), 교회의 재물과 현세의 재물 권리(Postquam apostolicis litteris, 1952) 그리고 전례에 따른 새로운 규범과 신자들의 권리(Cleri sanctitati, 1957)가 있다. 비오 12세는 1950년에 교회 일치 운동을 성령의 업적이라고 인정하는 중요한 훈령을 반포해, 초교파적 시대의 기반을 마련했다.[17]

1920년에서 1950년까지 로마 교황들이 동방교회를 위해 한 활동을 통해, 우리는 메소포타미아 그리스도인들의 삶을 건드린 가장 주요한 사건들을 살펴볼 수 있다. 실질적으로는 지역 그리스도인들이 평화롭게 살며, 지난 20년의 상처를 치유할 수 있는

---

14) ASS 36(1944), pp.129~147. 알렉산드리아의 성 치릴로의 선종 1500주기를 맞아, 교황이 현시대의 좋은 모범으로서 성 치릴로의 가르침과 사도좌에 대한 충성을 상기시켰다.

15) AAS 38(1946), pp.33~63. 루테니아 그리스 가톨릭교회와의 일치 350주년을 맞아, 비오 12세가 전 세계 주교들에게 이 역사적 사건의 중요성을 설명하고, 박해받는 가톨릭 신자들에게 희망과 격려를 전했다.

16) AAS 35(1953), p.524.

17) *De motione oecumenica*, AAS 32(1950), pp.142~151.

시간이었다. 예전과 같은 심각한 박해는 벌어지지 않았고, 영국이 후원하는 왕조는 소수민들이 정당한 대우를 받도록 보증했다. 평범한 그리스도인들은 정치나 경제 문제에 어떤 발언권도 없었지만, 칼데아교 총대주교가 자신의 공동체를 대표해 필요한 말을 했고, 교황사절이 부임하면서 유화적인 분위기가 흘러, 가톨릭 가정들이 자신을 돌보고 자녀를 키우고, 각 신앙 공동체의 발전을 위해 힘쓸 수 있게 됐다. 교구 통합은 새로운 지정학적 현실에 맞춰가기 위한 것으로, 지역 교회에 밝은 미래가 올 수 있다는 희망을 주었다.

1921년 12월 베네딕토 15세는 세상을 떠나기 직전에, 도미니코회의 도미니크 프랑수아 베레를 라틴 교회의 바그다드 총대주교로 서임했다. 1922년 9월 19에, 비오 11세는 그를 메소포타미아, 쿠르디스탄 그리고 소아르메니아의 교황사절로 임명했다. 선교사인 베레는 1884년에 모술로 건너와 성 요한 신학원에서 가르쳤고, 도미니코회 미션의 장상이 되었다. 전쟁 중에 튀르키예에서 4년간 수감되었다가 프랑스로 추방됐지만, 계속 이라크의 도미니코회 미션에 관심을 가졌다. 그는 전후에 완전히 무너진 선교지 건물들을 다시 세우기 위해 돌아왔고, 교황사절관과 전례간(inter-ritual) 연합 신학교 재건도 책임졌다. 이미 언급됐듯이 성 요한 신학원은 전쟁 중에 영국이 관리하는 병원으로 용도가 변경됐다가, 다시 신학생들을 받게 됐다. 베레 주교는 네스토리안인 개종 평의회(opera per la conversion dei nestoriani)를 성공적으로 재조직하고, 베네딕토 15세 보육원을 운영했다. 그는 교황사절의 보호 아래에 있는 이 보육원을 무척 아꼈다. 그 또한 아이들을 돌보는 일을 우선시하며, 사도좌 순시관이었던 스메트 주교가 시작한 일을 계속하였다. 고아들은 모술뿐만이 아니라 우르미아, 시이르트 그리고 마르딘의 거리에서 노숙하며 버려진 채 구걸을 했고, 경찰이 아니고는 다른 누구도 관심을 보이는 사람이 없었다. 어떤 아이들은 무슬림이나 쿠르드인들에게 노예로 팔려 갔는데, 이들 중에는 순교자나 신앙 증거자의 자녀들도 꽤 있었다. 보육원에는 소년 60명이 살았는데, 개인 후원자나 교황사절이 도움을 주어, 공부를 하고 직업 훈련을 받았다. 교황사절관이 바그다드로 옮기면서, 베레 주교는 보육원을 도미니코회에게 넘겨주었다. 수사들은 영적 지도, 규율 지도 그리고 행정을 책임지고 교황사절은 감독만 하였는데, 그는 지역 도미니코회와 이런 관계로 다른 교회 활동을 했다.

그리스도인들이 말하는 "커다란 고난" 이후에 교회가 벌인 사회사업, 특히 어린이들 관련 사업은 신자 공동체에 큰 도움이 됐다. 수많은 그리스도인 밀집 마을들이 파괴되고, 실향민들이 텐트 같은 임시 숙소에 살고, 미래가 불확실한 끔찍한 상황에 처했기 때문이다. 그들 중 다수가 국제 사회의 배신을 당했다고 느꼈다. 법정에서 체계적으로 부당한 대우를 받는데도 보호를 받을 수 없고, 살인과 약탈에서 무방비한 상태였기 때문이다. 1922년에 법이 제정되기는 했지만,[18] 새 이라크 왕국의 법체제는 바뀌지 않았고, 쿠란이 여전히 유효한 유일한 법전으로 간주되어, 무슬림의 증언이 그리스도인이나 다른 종교인과 같은 "미신자"(in-

18) 10월 10일에 체결된 앵글로-이라크 조약에 따라 보편적인 양심의 자유가 보장됐고, 이라크 왕국의 헌법은 이를 따를 의무가 있었다.

fidel)의 증언보다 설득력을 가졌다. 그리스도인 마을은 가혹한 세금을 내야 했고, 행정 당국의 철저한 무시를 당하며, 보건 시설, 식수나 관개수(灌漑水)도 없었다. 국제연맹 이사회 위원회가 1925년 7월 16일에 발표한 보고서는 모술 지역을 꼽아, "소수민들을 위해 보호 조치를 반드시 취해야 하며, 오래된 권리와 전쟁이 일어나기 전에 있었던 관례를 회복해야" 한다며, "모든 그리스도교인이 종교의 자유와 교육을 받을 자유를 누려야 한다"라고 주장했다.[19]

도미니코회 미션에서 오래 머문 베레 주교는 이런 상황을 잘 알기에 로마에 선교지와 교구에 관한 심층적인 보고서를 올렸다. 1924년 12월 15일에 쓴 편지에서, 튀르키예 마므렛 울 아지즈의 카푸친회 수사인 바실 신부가 마르딘 미션의 상황을 설명했다.

> "피해를 입거나 파괴된 공소 여섯 개 중에 메제레의 신학원, 성당 그리고 여학교만 그곳을 휩쓸고 간 폭력에서 살아남았고(…). 근처 마을 세 개에는 돌 하나도 제대로 남아 있는 게 없는데, 다행히 오르파의 선교 공소에는 프랑스와 말라티아의 신부님들이 돌아오셔서, 그분들이 아르메니아 가톨릭 주교님의 현존을 지키고 있습니다. 주교님이 그리스도인 가정 30가구와 남아 그곳을 지키고 있어, 당국이 그분을 쫓아내고 싶어 했습니다. 수많은 사람이 이주했고, 그리스도인들은 정말 손가락으로 셀 수 있을 만큼 줄어들었습니다."[20]

---

19) Fondo Berré, Documento della Commissione del Consiglio della Societa delle Nazioni(Fondo NA Iraq in ASV).

1926년 1월에 아제크(Idil), 메디아트, 아인와르데, 엔헬, 메지카 그리고 드예벨(Djebel-Tour)의 마을들이 또 공격받는 바람에, 사도좌가 튀르키예 당국에 항의하였다. 같은 해 12월 28일에는 마르가(모술 북동부에 있는 쿠르드 땅으로, 마타, 베찰라, 베얄도 그리고 베키카와 같은 마을들이 있다)에서 국경 경계를 새로 획정한다는 이유로 가톨릭 신자들을 강제 추방했다.[21] 교황사절인 베레 주교는 역경에 처한 난민들을 위해 경제적 구호를 보내 달라고 로마에 요청했고, 이에 비오 11세는 너그럽게 응답했다.[22] 드예벨(Djebel)과 아제크에서 튀르키예인들이 그리스도인들과 일부 야고보파 성직자들을 많이 괴롭히고 체포했는데, 이유는 콘스탄티노플에서 교황사절을 통해 그리스도인들을 옹호해 준, 로마의 교황에게 돌아가 다시 일치를 이뤘다고 벌을 준 것이었다.

1927년 베레 주교는 비오 11세를 알현했는데, 교황은 그에게 야지디인을 사목적으로 돌보고, 성직자를 영적으로 양성하고, 칼데아인과 시리아인들이 협력하게 하고, 학교들에 특별히 신경을 써 달라고 부탁했다. 교황은 특히 이라크에 고등 교육 기관을 세우길 원했고, 1928년 7월 7일에 학교 설립을 승인하여 운영에 필요한 보조금을 매년 보내 줄 것을 약속했다. 하지만 그는 이 학교가 영어를 쓰는 수도자들이 운영하는 가톨릭 기관이 되어야 한다고 단서를 붙였다.[23] 라틴 교회의 주교인 베레는 "그리스도

20) Fondo Berré, lettera del 15 dicembre 1924(Fondo NA Iraq in ASV).

21) Fondo Berré, resoconto del 4 gennaio 1925; rapporto n.232 del 28 dicembre 1926(Fondo NA Iraq in ASV).

22) Fondo Berré, lettere di ringraziamento del clero e dei fedeli(Fondo NA Iraq in ASV).

인을 특징짓는 표지인 형제애"(1926년 사순 시기)와 "그리스도에 바탕을 둔 교회의 본성: 같은 신앙을 고백하고 한 목자 아래에 일치되다"(1927년 사순시기)와 같은 중요한 사목 교서를 썼다. 그의 가르침은 종종 그가 좋은 관계를 유지한 다른 지역 교회까지 전해졌다. 그의 재임기 중 유수프 6세 에마뉘엘 토마스 총대주교는 바그다드에 티 없으신 마리아의 딸 칼데아교 수도회를 설립해(1922), 가난하고 방치된 젊은이들을 가르치고 교리 교육을 하고, 자선 활동을 하고 본당들을 돕도록 하였다.[24] 여섯 명의 수녀로 시작된 수도회는 금세 자라났다. 비슷한 시기인 1928년 4월 4일에 교황이 시에나의 성 카타리나의 도미니코회 방인 제3회 설립을 승인한다. 이 수도회는 방인 가정 교사 제3회라고 불리며, 가난한 여자아이들을 교육하고, 병자와 궁핍한 사람들을 돌보는 일을 했다.[25] 두 수도회는 당시 이라크 교회에 필요한 일들을 하고, 많은 젊은이가 강하게 이끌렸던 수도 생활을 가능케 하기 위해 만들어졌다. 사실 베레 주교는 방인 수도 공동체를 만드는 걸 선호했고, 이것이 지역민의 사고방식과 요구에 더 잘 부합할 수

---

23) Fondo Berré, lett.n.276/28 del 31 agosto 1928(Fondo NA Iraq in ASV). 에마뉘엘 2세 토마스 총대주교도 한동안 바그다드에 2만 루피의 기금을 마련하여 대학을 설립하려고 노력했고, 칼데아 보육원 두 곳(여성과 남성 각각 한 곳씩)을 책임지고 있었다. Fondo Berré, lettera al cardinale Marini, del 1 luglio 1922(Fondo NA Iraq in ASV).

24) 1923년 5월 20일 유수프 6세 에마뉘엘 토마스는, 안토니오 지부니 신부와 필립 사우리즈 신부가 자신의 격려를 받아, 여성 공동체를 만들었다고 동방교회성에 알렸다. 여성 10명이 함께 살며 성모 승천 대축일에 수련기를 시작했다. 총대주교는 새로운 수도회가 교회에 필요한 여러 일을 할 거라고 믿었다. Fondo Berré, lett.n.10509/23, del 10 agosto 1923(Fondo NA Iraq in ASV). 동방교회성성은 1922년 8월 7일에 설립됐다.

25) 1935년에 교황령이 최종적으로 승인되면서, 교황사절이 직권자 주교가 되고 수도자들은 자신이 세례받았던 전례를 계속 따라가게 됐다.

있을 거라고 봤다. 그는 또 서구의 수도회들이 가난한 집안 출신의 젊은이들을 항상 받아주는 건 아니라고 불평했다. 그들을 대놓고 열등한 지원자 취급을 했던 것이다. 결국 베레 주교는 이런 지원자들을 어차피 적응을 잘 못할 유럽 수녀회에 보내는 것이 소용이 없다고 봤다. 그보다는 그들을 라틴 교회 선교사들에게 보내 지도를 받고, 자신의 특정 전례 교회와 끈을 유지하게 했다. "라틴 선교사들은 그들에게 자신의 전례에 기대고픈 바람과 자신의 영적 지도자들에게 순종할 마음을 불러일으킬 것이다."[26)]

1929년 4월에 베레 주교는 모술에서 선종하고, 그의 비서인 도미니코회의 안토냉 드라피에 신부가 교황사절 직무 대행이 됐다.[27)] 1929년 10월 7일에 드라피에는 네오카사레아 폰투스 명의 대주교이자 메소포타미아, 쿠르디스탄 그리고 소아르메니아의 교황사절로 서임된다. 게다가 같은 해 11월 26일에는 라틴 바그다드의 교구장 서리로 임명된다. 그는 1936년 11월 19일까지 중동에서 일하고서, 인도차이나의 교황사절로 이임했다.

메소포타미아 땅의 대부분이 이라크 왕국에 편입됐지만, 교황사절은 튀르키예와 시리아와 같이 다른 국가로 넘어간 땅에서도 계속 권한을 가졌다. 정치적 변화, 박해와 그리스도인의 대탈출 때문에 교구의 지형이 완전히 변했다. 드라피에 대주교 임기

---

26) Fondo Berré, 'Notice sur la formation des Communautés del Religieuses indigènes dans le Missions d'Orient', lett.n.276/28 Rome le 3 juin 1919 (Fondo NA Iraq in ASV).

27) 그는 1891년 4월 28일 프랑스 베르됭 교구의 크루즈앵 보브르(Creuse-en-Woevre)에서 태어났다.

말기에 구역을 정리하였는데, 그는 상(上)게지라(Upper Gezira)가 시리아 국경 안에 들어가게 되면서, 그 땅을 시리아 교황사절에게 넘겨주었다. 또 교황사절관을 모술에서 이라크 왕국의 수도인 바그다드로 옮기기로 결정이 나, 1936년 봄에 사절관 이전이 이루어졌다.

드라피에 대주교 재임기에 중요한 정치적 사건이 여럿 일어났다. 이라크 왕국이 국제연맹에 가입하는데(1932), 국제연맹은 1925년에 모술을 두고 튀르키예와 이라크 사이에 일어난 충돌을 중재했다. 또 영국이 강요한 25년간의 연맹 조약이 폐지되고, 작은 아시리아-네스토리안 공동체의 반란이 군부의 무력 대응으로 끝이 나면서 수많은 사람이 목숨을 잃었다(1933).[28] 아시리아-네스토리안 공동체의 반란과 실패는 이라크 왕국이 차후에 소수민 반란의 심지를 꺾는 선례를 만들었다. 시몬 11세 이사이 총대주교는 이라크 시민권을 박탈당하고, 미국으로 추방됐다. 이런 배경에서 드라피에 대주교는 이라크 국왕과 좋은 관계를 유지하라는 명을 받고, 국왕에게 가톨릭 신자들이 영토 주장이나 자주권을 요구하지 않을 것이며, 이라크의 민족 정체성과 일치를 이루는 데 협조할 것이라고 약속하며, 그 대신 종교의 자유를 보장해 달라고 제안했다. 종교의 자유가 신생 왕국의 일치를 거스르는 것이 아니었기 때문이다. 아시리아-네스토리안인들 편에 서서 독립국이나 자치구를 세우는 것을 돕자는 유혹 앞에서, 이라크의 가톨릭 신자들은 지역 가톨릭 교계제도의 결정을 따라, 선량한

28) 가톨릭 사제들을 비롯하여 수백 명이 강제 진압으로 살해됐다.

시민으로서 이라크의 번성을 위해 협조해야 했다.

교회 내 문제로는, 자신이 속한 전례와 상관없이 이라크 주교들의 만남을 격려하는 것이 시급했다. 친선의 만남(amicabiles conventus)을 통해 이라크 가톨릭교회의 발전을 도모하는 가장 적절한 방법을 찾는 것이다. 사도좌의 허락과 격려를 받은 교황사절은 이 중요한 임무를 행하는데, 지역 주교들에게 만남을 통해 기회들이 생긴다고 설득한 것이다. 1931년 봄에 그는 주교 간 협력을 개선하기 위해 교육 사업, 에페소 공의회 기념, 가톨릭 액션 설립, 교회법원 통일 이외 여러 야심 찬 사업을 계획했다.

이라크 교회의 역사에 주요한 사건 중 하나는 바그다드에 예수회가 들어온 것이다.[29] 교황이 이라크에 고등 교육 기관을 열어 신자 어린이들의 개인적이고 교육적인 양성을 책임지기를 바란다는 의사를 전하자, 이라크의 교계제도는 그 방안을 찾았다. 로마는 보스턴의 예수회에 부탁하고, 예수회는 1932년 6월 30일에 이라크 교육부로부터 바그다드 칼리지를 설립할 허가를 얻는다. 1936년에 학생 1,000명을 수용할 건물이 시공된다. 학생들이 5년 과정으로 토목공학 학사와 행정학 학사 학위를 위한 예비 공부를 하면, 미국 대학으로 유학을 갈 길이 열리게 됐다. 바그다드 대학은 문화적으로 종교적으로도 중요했고, 무슬림과 그

29) 1931년에 이라크-미국 교육 협회가 설립되고, 미국 정부의 인정을 받는다. 이라크 교육부 장관이 학교 설립을 허락한다. 1932년에 예수회원 네 명이 바그다드로 건너와, 무라바가에 바그다드 대학을 세우고, 2년 뒤에는 술라이크구로 옮겨와, 1934년부터 1969년까지 수사 70명이 일하며, 1956년에 설립된 알히크마 대학에서도 가르친다. 1969년에 정부가 바그다드 대학을 국영화한다.

리스도인들이 거의 비슷한 숫자로 다녔으며, 유대인 학생들도 있었다. 이라크의 많은 지성인들과 전문직 인사들이 이 대학 출신이다. 그 사이에 드라피에 대주교는 지역 종교 지도자들과 함께 모술에 시리아 학교를 세우는 일을 추진했고, 이라크의 소수민 보호와[30] 상(上) 메소포타미아의 사목 활동 재개를[31] 위해 힘썼다. 또 다른 중요한 문제는 신학교가 "종교 학교"로 지정돼 있음에도 불구하고 시민 당국이 성 요한 신학원 학생들에게 "국가를 위한" 의무를 면제시켜 주지 않고, 종교 학교를 다른 일반 공립 고등학교처럼 취급해 통제하려는 것이었다. 칼데아교 총대주교인 유수프 6세 에마뉘엘 토마스는 자기가 세운 신학원을 운영할 권리를 두고 당국과 싸워야 했다. 그는 신학원을 "(칼데아) 민족의 기쁨"이라고 불렀는데, 신학생들은 칼데아 대성전의 전례 생활을 활기차게 만들고, 대성전에는 "사람들의 마음을 건드리는 아름답고 오래된 예식들이 있어, 목자의 목소리를 들을 수 있도록 신도들을 교회로 데려왔다"라고 봤다. 또 "우리와 헤어진 형제들이 이미 사라진 유서 깊은 예식들을 우리 신학원이 보존해 주기 때문에 부러워한다"라고 했다.

1936년 봄에 로마에서 드라피에 대주교에게 모술을 떠나 교

30) 1935년 통계자료(statistical Handbook of Middle Eastern Countries)에 따르면 이라크에는 여러 전례를 따르는 그리스도인이 110,885명 살았고, 그중 78,355명은 북부 지방에 살고, 31,671명은 중부와 남부에 살았다.

31) 강제 추방과 교구 파괴가 일어나며 목숨을 내놓은 순교자들이 많이 나왔지만, 선교사들은 아직 상게지라에 남아 있는 신자들을 위해 새 본당을 세우자고 계속 요청했다. Cf. Fondo Drapier, let. N.859/26, dell'8 marzo 1937; mons. G. Hindié, alla Delegazione Apostolica di Mesopotamia(Fondo NA Iraq in ASV).

황사절관을 바그다드로 이전하라는 명령이 왔다. 사실 그는 이라크에서 꽤 오랫동안 비호감 인물이 되어 버렸고, 모술의 프랑스 영사관과 너무 친밀히 지낸다는 말이 돌았다. 그래서 1935년 반 그리스도인 시위가 일어난 후, 그리스도인들이 연루된 재판에 그의 이름이 언급됐다. 주이탈리아 이라크대사관의 무하질 알파차치 대사가 바티칸에, 이라크는 이제부터는 더 이상 프랑스, 영국 혹은 이탈리아 출신의 교황사절을 받지 않겠다고 선언했다. 이라크는 영향력이 그리 강하지 않은 벨기에나 네덜란드에서 사절이 왔으면 한 것이다. 또 교황사절관을 바그다드로 옮기고, 관할구역이 이라크 국경 내로 제한되길 바란다고 했다. 마지막으로 알파차치 대사는 진심이라기보다는 예의상으로 교황청과 수교를 희망한다고 했다. 1930년 초반부터 수교 이야기가 있었고, 시도도 있었다. 바티칸은 이라크 정부가 공식적으로 요청을 하는 한 거부하지 않겠다는 태도를 보였다. 사도좌는 특히 다음 두 가지 문제를 염려했다. 소수민, 특히 가톨릭 신자들의 종교의 자유 수호와 가톨릭 학교 보호였다. 하지만 이라크 정부의 외교 정책에 입김이 센 영국은 수교에 대해 의구심을 표현했고, 결국 외교 수립이 진행되지 않았다. 의지는 있었지만, 아직 때가 아니었던 것이다. 드라피에는 참 난감한 상황에 처했고, 자신이 이라크에 계속 있는 것이 부적절하다고 판단되면 떠나겠다고 했다. 그는 결국 떠나는 게 좋다고 보고, 좀 더 중립적인 국가에서 사절이 새로 오는 걸 지지한다고 했다. 그가 바그다드로 이임하자 모술의 가톨릭 신자들은 큰 상실감을 느꼈다. 그가 니네베 평원과 쿠르디스탄의 그리스도인 공동체와 오래 함께했으며 칭송받을 만한 현존이었기 때문이었다. 그가 떠나면서, 교황의 대리인이 모술에 머무는 시대는 끝났다. 몇 달 후 그는 인도차이나로 보내지고, 거기서 우연하게 다르도예(Georges de Jonghe d'Ardoye) 주교를 만났다. 그는 건강상의 이유로 유럽으로 돌아갈 준비를 하고 있었다. 드라피에는 다르도예(d'Ardoye)가 이라크에서 자신의 후임자로 최적이라고 생각했는데, 그가 벨기에 사람이라 더욱 그랬다.

드라피에 대주교가 떠나던 때에는 이라크에서 그리스도인들을 향한 적대감은 거의 없었다. 정부는 어느 정도 예배의 자유도 보장했다. 하지만 정부와의 관계에서 여전히 어려운 부분이 있었는데, 특히 교육 문제였다. 교회와 교회의 권리를 강하고 효과적으로 옹호해 줄 능력자들이 없었던 것이다. 칼데아교 총대주교인 유수프 6세 에마뉘엘 토마스는 바그다드, 바스라 그리고 모술에 있는 교회재단 학교 운영권을 포기했고, 다시 그 권리를 찾을 가능성은 낮았다. 그의 신자들은 신심은 강했지만 교회 내에 종교문화라는 것은 별로 없었다. 사제들은 제대로 교육은 받았지만, 강론을 하지 않고 종종 깊은 영적 양성도 받지 않았다. 사목 활동은 전통 전례 행사로 제한되어 선교적 추동력이 전혀 없었다. 무슬림이 그리스도교로 개종하는 경우는 전혀 없었고, 개종은 네스토리안인들이 했는데, 특히 그리스도인 배우자를 만났을 경우에 그랬다.

교황사절관이 바그다드로 이전하면서 사도좌는 새로운 지정학적 현실에 적응하기 위해 영토를 재정리하고, 메소포타미아, 쿠르디스탄과 소아르메니아의 교황사절을 이라크의 교황사절이라고 이름을 바꾼다.32)

3. 이라크의 불안과 전쟁: 교회의 복잡한 역할

유럽에서 나치즘과 파시즘이 부상하면서, 그 여파가 저 멀리 이라크에까지 미쳤다. 새로운 폭력적인 사상이 이라크 일부 언론의 지지를 받게 되고, 히틀러의 독일이 영국의 지배에 도전이 된다며 환영받았다. 파시즘 사상은 지역의 정치적 야망과 쉽게 어우러졌다. 튀르키예인들은 독일과의 옛 동맹을 되살리려고 하고, 쿠르드인들은 언제나 독립 쟁취를 위한 합의를 이루려고 하고, 이라크 민족주의는 외국인 혐오와 젊은 층의 지지를 받는 범아랍주의로 빠르게 변질됐다.

1939년 9월 5일에 영국의 압박을 받은 이라크 정부가 독일과 단교했다. 이라크군은 육군 25,000명과 작은 규모의 공군으로 이루어졌는데, 원유 하역장이 지중해에서 걸프만까지 이르는 이라크에 매장된 엄청난 석유에 비해서 너무 보잘것없었다. 결국 이라크는 영국 편에 서서 승전을 위해 요구하는 것은 모두 다 들어주고, 이탈리아와 일본과 같은 다른 '힘의 축' 국가들과 단교했다. 처음에는 강하던 친(親) 독일 분위기가 금방 사라지고,[33] 라시드 알리 알 가일라니 총리가 결국 이라크에서 쫓겨났다. 1941년 6월 2일에 새 정부가 구성되는데, 정치 불안 때문에 난동이 일어나 바그다드의 많은 유대인이 집과 재산을 약탈당하고, 적지 않은 그리스도인 가정도 같은 피해를 입고 교회도 공격받는다.

---

32) Decreto dlla CEO n.120/29 del 24 settembre 1938 e lettera n 120/29, del 14 novembre 1938(Fondo NA Iraq in ASV).

33) 독일대사관은 단교 후에도 얼마간 문을 열고, 이라크에 반영국 정서를 키우려고 힘썼다.

1941년 11월 16일 이라크 외무장관은 프랑스를 점령한 비시 프랑스(Vichy France)와 단교하고, 프랑스 대사관이 문을 닫는다. 1943년 1월 16일에 이라크가 공식적으로 추축국에 전쟁을 선포하는데, 사실 전쟁이 이라크까지 오지도 않았는데 그렇게 한 것이다. 영국은 페르시아에서 팔레스타인까지 군사 작전을 벌이고 메소포타미아를 엄격히 통제하는데, 특히 튀르키예 국경이었다. 이라크는 군사 작전을 위해 보류된 장소로 전락해, 폴란드군 7만 명이 주둔하고 이탈리아와 폴란드 포로수용소가 세워졌다.[34)]

유럽과 전 세계에 국가사회주의가 점점 퍼지면서, 이라크의 교황사절관은 정신을 바짝 차리라는 지시를 받는다. 당시 교황청 국무원장이던 파첼리 추기경은 비밀 서한을 보내, 선교지 대표들에게 나치의 전복적인 외교를 조심하라며 회칙 *Mit brennender sorge*을 통해 이렇게 경고를 했다.

> "독일이 가톨릭교회를 가장 박해하는 주체가 되었다. 나치 당국은 교회 사람들과 교회의 일을 공격하는 데 전혀 주저하지 않고, 교회 고위층과 교황을 모욕하는 만화와 기사를 계속 찍어냈다. 제3제국의 외교단은 교회와 그 대표자들을 배려하는 태도를 보였는데, 교회가 독일에서 존중받는다는 거짓 인상을 심어주기 위해서이다. 그러기에 독일을 대표하는 이들이 친절하게 다가오면 교회 고위 관리들은 속지 말아야 한다. 독일의 교회가 처한

34) Cf. P. Blet, *Le Sanit Siège et la Guerre en Europe. Actes et Documents du Saint Siège relatifs à la Seconde Guerre Mondiale*, LEV, 7(1973), p.436; 9(1975), p.69.

심각한 상황을 통해 보면, 교황의 대표들 모두 바짝 경계해야 할 필요가 있다."[35]

파첼리 추기경은 비오 12세로 선출되고, 교황사절관의 모든 직원에게 바티칸 시민권을 주게 했다(1940년 7월 6일). 그들이 공식적으로 중립을 유지하고 자유롭게 행동하며, 세계대전 중에도 안전하기 위해서였다.[36] 동시에 그는 이라크를 비롯한 여러 교황사절관과 대사관들을 재정비해 시민들, 죄수들과 망명자들을 돕는 인도적 구호 활동을 적극적으로 하게 했다.

드라피에 대주교가 떠나면서, 미국 예수회의 윌리엄 라이스 신부가 임시로 교황사절관을 책임지게 됐다(1936~38). 그는 바그다드의 라틴 대교구 총대리였다. 드라피에의 후계자를 찾는 일은 쉽지 않았다. 이라크 정부는 프랑스 출신 인물이 교황사절이 되는 걸 강하게 반대하며, 아예 이라크에 외국인 교황사절이 들어오는 것이 적절치 않다고 여겨, 이라크 대주교인, 예를 들면 칼데아교 총대주교가 그 직무를 하는 게 낫지 않겠냐고 제안했다.[37] 프랑스는 사도좌와 20년간 단교했다가 1924년에 다시 외교 관계를 수립하는데, 이라크에 종교의 자유에 관한 제네바 협약을 존중하라고 압박했다. 여기에는 교회가 자주적으로 통치할 수 있는

35) Lettera della Segreteria di Stato prot. 3117/37, del 6 agosto 1937(Fondo NA Iraq in ASV).

36) 이 부분에 대해서는 다음 것을 참조 바람: Pierre Blet, *Pie XII et la Seconde Guerre mondiale d'après les Archives du Vatican*, Perrin, Paris, 1997, pp.125~154.

37) 이 얘기는 총대주교의 귀에도 들어갔고, 정부는 적극적으로 그의 동의를 구했다.

자유도 포함되는데, 사실 프랑스가 이런 자유를 운운하는 건 모순이다. 또 이라크인들에게 사도좌가 국제적으로 미칠 수 있는 윤리적 권한을 상기시켜 주며, 이를 무시하지 말라고 했다. 또한 교황사절관이 이라크 왕국이 들어서기 전부터 존재했으며, 프랑스가 역사적으로 그 지역에서 중요한 역할을 해왔음을 단언했다. 바티칸과 프랑스는 새로운 인물들을 교황사절과 라틴 총대주교로 뽑을 생각도 해봤다. 여러 가지를 다 고려했을 때, 사도좌는 라이스 신부를 주교로 서임하지 않은 채 교황사절로 임명하는 게 낫다고 보고, 주이탈리아 이라크대사인 알파차치 대사에게 이런 결정을 비밀리에 알렸다. 알파파치 대사는 두 가지 이유로 반대하는데, 먼저 이라크에 예고하거나 동의를 구하지 않고 결정하는 것은 다른 나라에 대한 예우를 차리지 않는 것이며,[38] 두 번째로 라이스가 강대국인 미국의 시민인데, 이라크 정부는 강대국 출신의 교황사절을 결단코 반대한다고 알렸다. 교착 상태 때문에 바티칸이 잠시 멈춰야 했고, 라이스에게 외교 문제 때문에 인사 발표를 좀 미뤄야겠다고 알린다.[39] 사실 바티칸은 이것이 이라크 정부의 진심이라고 믿지 않았지만, 교황사절을 임명하기 전에 상대국에 먼저 허락을 받는 전통은 깨고 싶지 않았다. 라이스 신부와 칼데아교 총대주교가 이라크 당국과 만나 문제를 해결해 보려 했지만, 프랑스가 계속 반대를 하면서 시간이 흘렀다. 프랑스는 예전처럼 프랑스인 교황사절을 세우고 싶었던 것이다. 1938년 6월 라이스는 로마를 찾아갔고, 거기서 문제가 해결된다. 다르도

38) Lettera del padre Rice al caridnale Pacelli. Prot.1/116, del 9 febbraio 1938 (Fondo NA Iraq in ASV).

39) Lett. Della CEO, prot.99/37, del 3 giugno 1937(Fondo NA Iraq in ASV).

예(D'Ardoye) 주교가 유력한 후보자로 떠올랐고, 결국 10월에 그가 새 교황사절로 임명됐다. 라이스 신부는 크게 실망 하고, 1939년 1월 20일에 벨리즈 대목구장이 되어 바그다드를 떠났다.

다르도예(D'Ardoye) 주교는 귀족 가문 출신으로, 부친이 벨기에 왕국의 원로였다. 파리외방전교회에 입회한 그는 1910년 5월 21일에 사제품을 받고, 1년 뒤에 선교사로 중국으로 넘어갔다. 그는 학교를 설립하고 중국 가톨릭 청년회를 만드는 등 젊은이 교육에 큰 업적을 남겼고, 중국 가톨릭 청년회 회장직을 1931년까지 직접 맡았다.[40] 1933년 5월 23일에는 키프로스 아마투스의 명의 주교와 쿤밍(Yunnanfu) 대목구장으로 임명되었으나, 1936년에 건강상의 이유로 유럽에 돌아온다. 그 후 미스티아 명의 대주교와 이라크 교황사절로 임명될 것이라는 소식을 듣는다. 그는 1938년 11월 12일 바그다드에 도착해 직무를 시작하고 라이스 신부와 만났다. 며칠 후, 그는 이라크 외무장관인 타와피크 알수와이디를 공식 접견하였는데, 외무장관은 사도좌가 이라크 정부의 요구에 따라 교황사절관을 모술에서 바그다드로 이전하고, 작은 나라 출신의 교황사절을 뽑아 주어 기쁘다고 했다. 이에, 사도좌도 다르도예(d'Ardoye) 주교 임명 전에 이라크 당국의 허락을 먼저 맡아, 관례에 어긋나는 행동을 하지 않아 만족했다. 양쪽은 이번 문제가 원만하게 해결됐다고 봤고, 국무원장 파첼리 추기경은 가지 1세에게 보내는 편지에서 다르도예(d'Ardoye) 주교를 "높은 덕망과 재능을 가진 성직자"로 소개하며, 그에게 "최대한 잘

40) 그는 1887년 4월 23일 브뤼셀의 생 질(Saint-Gilles), 마리네스 대교구에서 태어났다.

대해 달라"고 부탁했다.[41)]

하지만 얼마 지나지 않아, 새 이라크 정부가 교황사절을 대하는 태도가 바뀌었다. 프랑스 외교관들이 그를 존중하고, 중국에서 지낸 경험 때문에 반 프랑스적이라고 여길 정도이며, 그가 중국에서 식민 정부가 종교에 관여하는 것을 반대하는 교서 *Maximum illud*의 정신을 옹호했음에도 불구하고, 이라크는 그를 의심하기 시작한 것이다. 세계 정세가 이미 경직되어 있었기 때문에, 인내하며 더 좋은 때를 기다리자는 결론이 났다. 타와피크 알 수와이디 대사는 교황사절의 편을 들고, 새 정부가 그의 역할을 이해하도록 도왔지만, 그도 더 기다리는 편이 좋다고 생각했다. 다행히 위기는 저절로 해결됐다. 1941년에 다르도예(d'Ardoye)는 큰 문제 없이 바그다드에 자리를 잡았다고 로마에 알렸다. 벨기에 출신인 그는 1638년 칙령 *Super universas*에 따라 라틴 교회의 바그다드 대교구장 자리에 오를 수가 없었다. 그래서 주교가 아닌 교구장을 임명해야 하는 문제가 생겼다. 다르도예는 이에 동의했고 1939년 2월 티세랑 추기경에게 "이것이 바그다드 대교구의 문제를 해결하는 가장 좋은 답이고, 임시방편이 영구적인 해결책이 되길 바란다"라고 편지를 썼다. 그는 이렇게 덧붙였다.

"정치적으로 보면 프랑스인 대교구장은 현명하지 않은 선택입

---

41) Lettera al re del 24 dicembre 1938(Fondo NA Iraq in ASV). 가지 1세가 1939년 4월 3일에 자동차 사고로 사망하자, 네 살 난 아들 파이살 2세가 압둘 일라의 섭정 아래 왕좌에 오른다. 1953년 4월 25일에 열린 대관식을 맞아, 비오 12세는 "진심으로 축하하고" 그가 "오래 통치하며 이라크 사람들에게 평화와 번영이 내리기를 빈다"라고 편지를 썼다.

니다. 이라크 정부는 항상 의심하며, 만약 프랑스인 대교구장이 서임되면 벨기에 출신의 교황사절을 뽑은 것이 그냥 눈가림이라고 여길 것입니다. 프랑스 전권 대사는 그가 바라는 프랑스인 대주교가 불가하다면, 프랑스인 교구장 서리라도 받아들이기로 한 것 같습니다. 서리가 가르멜회 미션의 장상직을 계속할 수 있다면 더 좋겠습니다. 왜냐하면 종교 지도자들은 이미 너무 많고, 그래서 모든 사업이 마비된 것입니다."[42]

이렇게 합리적인 걱정에도 불구하고, 교황청은 프랑스의 압박 아래 그 반대의 결정을 내리고, 1939년 4월 1일에 아르망 스테판(Armand M. Stephane Blanquet du Chayla)를 라틴 교회 바그다드 대교구장으로 임명했다.[43] 다르도예(d'Ardoye) 주교는 라틴 교회의 행정을 더 이상 책임지지 않고, 모술의 성 요한 신학원과 베네딕토 15세 고아원만 맡게 됐다. 그는 시에나의 성 카타리나 도미니코 수녀회 제 3회도 계속 관리하며, 칼데아교 총대교구 신학원에도 더 신경을 쓸 수 있게 됐다. 덧붙여 그는 발전하는 이라크에 필요한 현대적 교육 기관을 꿈꾸며, 바그다드의 카라다 구역에 가톨릭 초등학교를 설립했다. 그는 모술의 도미니코회에 고등 교육 기관을 열게 하는데, 북이라크의 그리스도인들을 위한 유일한 대학으로, 바그다드에서 예수회가 운영하는 대학과 별로 다르지 않았다. 다르도예(d'Ardoye)는 젊은이들에 특별히 신경을 쓰고, 그가 중국에서 했던 것처럼 바그다드에 가톨릭 청년회를

42) Lett. NA Iraq n.112/90, del 19 febbraio 1939(Fondo NA Iraq in ASV).

43) 그는 1887년 4월 10일 프랑스 브레스트, 캥페르(Quimper) 교구에서 태어나 가르멜회에 입회해, 1922년 12월 23일에 사제품을 받는다.

열게 했다. 또 미션 학교에서 아랍어를 가르치는 걸 강조하고, 이라크 가톨릭 학교 사찰단을 조직했다. 그는 동방교회성이 아주 강조한 그리스도인의 일치에도 신경을 썼다.[44] 또 성직자들의 특정한 태도와 습성을 비판했는데, 예를 들어 선교사들이 아랍어를 몰라서 자신의 사도직이 심각하게 제한되는 것이다. 목자인 그는 수도자의 자격을 복음을 전하는 능력으로 평가했는데, 그 결과에 별로 만족하지 않았다. 1940년 5월의 보고서에 "나는 아직 선교의 영, 극동 선교지에서는 넘쳐나는 적극적인 영을 보지 못했다" 라고 썼다.[45]

다르도예(d'Ardoye) 주교는 이라크에서 활동 중인 고대 종교 수도회들에게 자신의 존재를 적극적으로 드러내고, 소매를 걷고 나가서 일을 하라고 격려했다. 또한 가톨릭 학교의 교리 교육을 제대로 쇄신하기 위해, 주교들과 칼데아교 총대주교를 비롯한 성직자들을 소집해 영적 피정을 지도하고, 모술의 성 요한 신학원

44) Lett. CEO n. 701/38, del 14 novembre 1939(Fondo NA Iraq in ASV). 1939년 11월 11일에 비오 12세가 티세랑 추기경에게 그리스도인 일치 8일 기도 주간을 지내자고 했다. 이 기도 주간은 1916년 베네딕토 15세가 제정하고, 비오 11세가 자의 교서 *Ecclesia sancta Dei*를 통해 동방교회성이 공표했다. 비오 12세는 자신의 첫 서한 *Summi pontificates*에서 이렇게 썼다. "일치는 우리에게서 떨어져 나간 훌륭한 사람들이 희망하는 것으로, 그들은 정의와 평화를 갈구하며 베드로의 후계자를 바라보고, 그의 조언와 가르침을 기다리고 있습니다." (…) "교회를 분열시키려는 지도자들"과 관련해, 동방교회성은 교황사절들에게 "편견을 떨쳐버리고, 의로운 영혼들을 가톨릭의 진리로 데려오기 위해 모든 방법을 다 이용하고, 또 가톨릭교회 지도자들이, 신자들 사이에서 물의를 빚지 않고 가톨릭 교계제도의 존엄을 보호하는 한, 교회를 분열시키려는 지도자들과 만나 그냥 겉치레 인사만 할 게 아니라, 진정으로 만나는 것이 필요하고 도움이 될 것이다": Lett. CEO n. 283/39, del 10 maggio 1939(Fondo NA Iraq in ASV).

45) Lett. NA Iraq N. 116/444, del 4 maggio 1940(Fondo NA Iraq in ASV).

소식지에 그 만남에 대한 소식을 실었다.

이라크는 제 2차 세계대전의 피해를 직접 입지 않았고, 교회도 큰 문제 없이 계속 활동했다. 다르도에(d'Ardoye) 주교는 교황의 대리인이라는 자격 덕분에 이탈리아와 독일 포로수용소에 쉽게 들어갈 수 있었고, 바그다드에서 60km밖에 떨어지지 않은 곳에 주둔한 폴란드 병사들을 찾아갔다. 그는 만나는 모든 이들에게 영적 위로와 작은 선물을 주고, 가능하면 친척들의 소식도 전달했다.

1947년에 칼데아교를 47년간 이끈 유수프 6세 에마뉘엘 토마스의 승계식이 이뤄졌다. 새 총대주교인 유수프 7세 가니마는(1947~58)는 훌륭하고 경건한 사람이었고, 그의 재위기에 총대교구좌는 교황사절관이 옮겨간 것처럼, 모술에서 바그다드로 이전했다. 바그다드에는 5만 명의 칼데아인이 살고 있었는데, 쿠르디스탄에서의 삶이 힘들어서 그곳으로 오기도 했지만, 수도라서 더 많은 일자리가 있어서였다.[46] 새 총대주교인 가니마는 칼데아 교회가 "걱정스러울 정도의" 혼란 속에 있다고 봤고, 교회를 효율적으로 끌어올리기 위해 노력했다. 그가 세상을 떴을 때, 모든 교구에 교구장이 있고, 또 바그다드와 모술 같은 곳에는 사목 활동을 돕기 위한 보좌주교도 있었다. 1946년 11월에 고대 도시 아수

46) 1947년 인구 조사에 의하면, 이라크의 총인구는 6,946,000명이었다. 바그다드에는 550,000명이 살았고, 그리스도인 공동체의 숫자는 139,500명이었다. Cf. The Economic Development of Iraq, *bu International Bank for Reconstruction and Development*, Baltimore, The Johns Hopkins Press, 1952, p.126.

르 근처에서 멀지 않은, 시리아-가톨릭 신자들이 사는 마을인 카라코시의 성전 축성식을 위해 다르도예(d'Ardoye) 교황사절이 이라크 북부 지역을 방문했다. 그는 거기서 새 교회가 지어진 디호크(Dehoc)로 갔다가, 교회와 학교를 지을 땅을 마련한 아크라로 갔다. 그는 북부 지방을 돌며, 고대 아시리아 평야에 사는 단순하고 따뜻한 믿음을 가진 그리스도인들을 흠모하게 됐다. 그는 모술에 있는 총대교구 신학원, 전례간 연합 신학원 그리고 도미니코회 미션과 베네딕토 15세 보육원을 방문했다.

1947년 6월에 비오 12세가 다르도예(d'Ardoye) 주교를 새로 독립한 인도네시아의 첫 번째 교황사절로 보낸다. 9년간 이라크에서 일한 그가 떠나게 되자, 이라크의 주교들은 따뜻한 아버지의 영으로 자신들을 섬기며, 교회의 신중하고도 활동적인 주체였던 그를 보내게 되어 아주 슬퍼했다. 다르도예(d'Ardoye) 주교는 메소포타미아를 떠나면서 티세랑 추기경에게 교황의 사절로서 매일 자신이 "지역의 사고방식, 전통, 관습, 기질 그리고 다양한 전례를 상대하며, 그들의 서로 충돌하는 이해관계가 유럽인들과는 너무 다르기 때문에 신중함, 인내심, 온화함, 단호함과 불굴의 용기가 필요했다"라고 편지를 썼다.[47] 그의 후임으로 바그다드의 라틴 대주교인 아르망 스테판이 정해졌고, 1948년 11월 20일에 교황사절로 임명됐다.[48] 그는 라틴 교회의 교구장으로 10년(1938~48), 그 후 16년은 교황사절 직까지 맡아(1948~64), 총 26년

47) Lett. CEO n. 1776/90, del 20 agosto 1947(Fondo NA Iraq in ASV).

48) 그는 1964년 6월 1일에 두 직위에서 물러나고, 데르코스의 명의 대주교가 된다. 아르망 스테판은 자신의 사목 생활을 대부분 이라크에서 하고, 이라크의 기후와 사람들도 사랑했다.

을 유능하고 헌신적으로 섬겼다. 그는 그리스도인 공동체의 유익을 추구하면서, 프랑스인이었음에도 불구하고 이라크 당국과 잘 지냈다. 세계 대전 중에 이라크는 정치적으로 안정됐는데, 쿠르드인 반란이 일어나면 곧바로 진압했다. 종전 후 이라크는 진정한 독립을 위해 노력해, 영국의 통치에서 자유로워진다. 이라크에 친아랍적인 국민 정서가 조성되는데,[49] 이스라엘 국가가 수립된 후 팔레스타인들을 대신해 분함을 느껴 다른 아랍 국가들과 즉시 전쟁을 선포하고 1948년 5월 14일에 이스라엘을 공격하지만, 아주 처참하게 패배했다.[50] "팔레스타인 문제"는 반유대인 정서의 시금석이 되어 버렸고, 패배를 계기로 이라크에 사는 유대인들이 보복 공격당하고 새로운 박해가 시작되었다.[51] 독립을 얻은 이라크는 중립을 선언하고, 물질적 군사적 지원을 보내 준 소련에 러브콜을 보낸다. 카심 장군이 왕조를 전복시키고 공화국을 세운 후, 이라크는 비동맹의 국제 정책을 택하고, 쿠웨이트와 이란 쪽 샤트 알-아랍 수로의 통치권을 선언했다.

그 후에 더 심한 불안과 격동의 시기가 닥치는데, 1961년 가을에 쿠르드인 봉기가 또 일어나고[52] 내전으로 이어지면서, 지역

---

49) 종전 전에도 누리 알 사이드 총리는 이라크, 시리아, 레바논, 팔레스타인 그리고 트란스요르단과 함께 쿠란법을 따르는 아랍 연방 설립을 고민했다. Cf. P. Blet, *Le Saint Siège...*, *op.cit.*, 11(1981), p.100.

50) 시리아, 이집트, 요르단과 레바논이 함께 공격한다.

51) 이라크에는 유대인 120,000명이 살았는데, 1951년 전에 38,000명이 떠났고, 70,000명은 정부에게 떠나게 해 달라고 요구한다. 이에 누리 알 사이드 정부는 그들의 모든 재산을 몰수한다.

52) Lett. NA Iraq n. 9181/444, del 12 gennaio 1962(Fondo NA Iraq in ASV). 말라 무스타파 바르자니는 북이라크에 자치적인 쿠르디스탄을 세우자고 호소하며, 튀르키예와 이란 사이의 국경 지대를 장악한다.

그리스도인들이 큰 위기에 처한다. 약 15,000명의 신자가 고향과 집과 재산을 버리고 모술, 바그다드와 바스라로 피신했다. 칼데아 교회의 아마디야 교구, 아크라 교구와 자코 교구가 완전히 무너졌다. 성 오르미스다 동굴 수도회에도 피해가 미쳐, 수도원장이 체포되어 고문을 받고 쿠르드인과 협조했다는 혐의로 20년형을 받았다. 자코의 교구장인 토마스 주교도 체포되어 징역 1년을 받았다가 강제 추방됐다. 아마디야와 아크라의 주교들은 로마로 잠시 피신했다. 1963년 2월 압둘 살람 아리프 장군이 카심 정권을 타도하고, 카심과 여러 공산주의자가 암살됐다. 사회주의 아랍일치주의 노선을 가진 바트당이 정권을 잡은 것이다. 4년 사이에 쿠데타가 두 번 일어났다. 그럼에도 불구하고, 이라크는 석유 채굴 덕분에 놀라운 경제적인 도약을 했다. 교황사절이 석유가 "이라크에 황금 강을 만들었다"라고 로마에 알릴 정도였다.[53)]1964년 초에 쿠르드인과의 전쟁이 끝나고, 양측이 종전에 합의했다. 1964년 5월 3일 임시 이라크 헌법이 제정되고, 이라크를 "아랍과 이슬람 유산"의 원칙에 기반한 "민주적 사회주의 공화국"이라고 선언했다. 정부는 학교, 병원, 도로, 새 동네 그리고 국영 은행들(1964)을 만들고, 사설 병원과 교육 기관들을 국영화하기 시작했다. 주로 도시에서 대규모 공사가 착수되어 매일 수천 명의 일군들이 몰려왔는데, 농촌의 가난에서 탈출해 풍족한 삶을 누리고 싶어서 왔다.

신자들은 마을에 살 때는 쉽게 종교 생활을 할 수 있는데,

---

53) Lett. NA Iraq n. 5524/90, del 15 febbraio 1955(Fondo NA Iraq in ASV).

큰 도시로 나오면서 신앙의 위기를 겪게 되고, 그래서 성소가 급격히 줄어들었다. 북부 그리스도인 마을에서도 도시로의 이주가 일어났지만 성소는 계속 나왔다. 교육 분야에서는, 가톨릭 학교들이 큰 인기를 끌어 14,000명 이상이 다녔다. 사목 분야에서는 아르망 스테판 대주교의 말처럼, 주교들이 사목에 신경을 쓰지 않는 문제가 있었다. 교구에 속한 성직자들을 돌보지 않았는데, 이것은 아르망 스테판이나 선임 교황사절들도 해결하지 못한 문제였다. 그리스도인 공동체 간 관계에서도 종종 자신이 남보다 더 낫다고 생각하고, 당파주의와 지역주의에 빠져, 자신이 아는 전통 밖에 있는 것들을 의심의 눈초리로 봤다. 가장 큰 그리스도인 공동체는 칼데아 교회로, 총대주교 파올로 2세 케이코가 수장이었는데, 그는 1958년 12월 13일 선출되어, 1959년 3월 12일에 교황 23세로부터 교회적 친교를 인정받았다. 경건한 인물로 평가되는 그는 성당을 건설하고, 유치원과 초등학교를 세웠다. 또 양떼를 가까이하는 사목자로서 자신은 검소한 삶을 즐겼지만, 교회를 아주 존중하고, 총대주교의 역할, 지위와 권한을 높이 봤다. 정치 문제에 있어 너무 조심스러운 태도를 취하면서 남들의 오해도 샀는데, 정치 불안, 쿠르디스탄인 반란 그리고 그리스도인 마을 약탈 사건 등 때문에 그와 이라크 정부와의 관계가 어려웠다. 수많은 칼데아 교도와 이시리아인들이 자기 고향에서 쫓겨났는데도 정부가 중앙화 정책을 지지해 달라고 했기 때문이다. 많은 가정들이 집과 땅을 잃고, 직장과 돈도 없었다. 그들이 기댈 수 있는 유일한 곳은 교회였으며, 아르망 스테판 교황사절은 종종 그들을 제일 먼저 도와주는 인물이었다.

케이코 총대주교가 아직 아크라 교구장이던 1953년에 이라크에 작은형제회가 들어오고, 1955년에는 샤를 드 푸코의 '예수의 작은 자매들의 우애회'와 구속주회가 들어왔다. 그들은 총대교구좌 신학원에서 가르치고, 사람들에게 교리를 가르치고 수도회에 영적 지원을 해 달라는 부탁을 받았다. 비슷한 시기에 예수회가 알히크마 대학을 설립했는데(1955년 5월 5일), 이 대학은 바그다드 대학과 함께 수년간 정부의 지지와 보호를 받다가, 결국에는 국영화 정책으로 국가 소유가 됐다.

아시리아 동방교회는, 어린 나이에 총대주교 자리에 올랐다가 1933년에 추방되어 미국으로 망명을 떠난 시몬 21세 이사이의 재위기인 1964년에 분열이 일어났다. 일부 주교들이 (전례력을 계산할 때) 율리우스력 대신에 그레고리우스력을 받아들였다고 항의를 하고, '동방 고대 성 사도 가톨릭교회'를 만들었는데, 다른 이름으로는 동방 고대교회라고 불린다. 이들은 스스로를 셀레우코스-크테시폰 교회의 후계자로 여겨 1968년 바그다드에 따로 총대교구를 세웠다. 인도의 총대주교인 토마스 다르모는 자신을 새 총대주교로 뽑아 준 주교 세 명을 축성했지만, 신자 대부분은 계속 시몬 21세 이사이를 따랐다. 상황이 이렇게 되자, 시몬 21세가 이라크로 돌아왔고, 이라크 정부는 충성을 약속하는 조건으로 그를 복권시키기로 한다. 당시 집권당이던 바트당은 시몬 21세를 깍듯이 모셨고, 대통령령으로 그를 아시리아 공동체의 최고 지도자로 인정했다.[54] 당국은 이로써 쿠르드인과의 갈등을

54) 1970년의 일이다. 총대주교는 아흐메드 하산 알바크르 대통령을 만나, 이라크 시민권을 되찾고 이라크 북부에서 거주할 권리를 얻는다. 하지만 그는 곧 미국

끝내고 아시리아인과 일치할 수 있을 것으로 생각했는데, 시몬 21세는 이라크에서 잠시만 머물고 다시 미국으로 돌아갔다. 그는 1972년에 다시 돌아왔지만, 이미 신자들의 신임을 다 잃어버린 때였다. 1969년 토마스 다르모 총대주교가 사망한 후에도 교회의 분열은 계속됐으며, 동방 고대교회는 1970년 2월에 새 총대주교로 아다이 2세 기와르기스를 뽑았고, 그는 바그다드에서 착좌했다. 어느 칼데아교 고위 성직자는 쿠르드인과 시리아인들을 두고 "신자들은 참 좋은데, 교계제도는 엉망이고 갈라졌다"라고 평가했다. 아시리아 교회는 지금까지도 두 개로 분리되어 있는데, 아다이 2세를 따르는 소수와 딩카(Dinkha) 4세 카나니아(Khanania)를 총대주교로 모시는 다수가 있다.[55]

정치적인 국면으로 돌아와서, 이라크 임시 헌법이 제정되면서 아랍인과 쿠르드인들이 한 나라에서 함께 살아야 했다. 당국은 분리독립과 같은 다른 대안은 전혀 고려하지 않았다. 법적으로 승인된 정당은 세 개였는데, 집권당인 국민민주당(NDP), 쿠르드 민주당(PDK) 그리고 이라크 공산당(PCI)이다. 1963년 2월에 살해된 카심 장군이 남겨 놓은 것은 불화와 분열, 일관성 없는 외교 정책, 그리고 쿠르드 분리주의 운동이다. 바트당이 쿠데타로 정권을 잡았는데, 이들은 공산주의자들을 용인하지 않는 걸로 유명했다. 11월에 압둘 살람 아리프가 권력을 쥐고, 산업과 금융 분야의 국영화를 계속 추진했다. 1966년 4월에 그는 헬리콥터 추

으로 돌아갔다.

55) 딩카(Dinkha) 4세는 1976년에 선출되었다. 시몬 21세는 마지막 세습 총대주교로, 결혼을 하면서 환속했다. 시몬 21세는 1975년에 캘리포니아 샌프란시스코에서 아시리아 청년의 손에 암살됐다.

락 사고로 사망하고, 그의 형인 압둘 라만 아리프가 대통령으로 취임했다. 그런데 1968년에 또 쿠데타가 일어나 라만 아리프가 축출되고, 아흐메드 하산 알바크르 장군이 권력을 잡는다. 쿠데타의 배후에 당시 혁명 사령부 평의회 부의장이던 사담 후세인이 있었다. 사담 후세인이 몰락하는 2003년까지 바트당은 집권당이 되었다. 바트당은 "부활" 정당이라고 불리는데, 자유주의와 민족주의(일치, 자유, 사회주의)를 내세우는 세속적 사회주의 운동을 했다. 소련과 가깝게 지내며 외교면에서는 반제국주의를 지향하고, 이스라엘을 철저히 반대했다. 사담 후세인은 1969년 7월 6일에 이라크 공화국의 대통령이 됐다. 그는 국내 반체제 인사들을 강하게 억압하고 정부 패권을 반대하는 시민 단체도 탄압했다. 이라크 공산당과 쿠르드 민주당은 역사적으로 비아랍 도시 또는 지역인 키르쿠크와 니네베 평원에서까지 강행되는 아랍화 과정을 반대하다가 역시 탄압받았다. 그는 이라크에 남아 있는 몇 안 되는 유대인들을 쫓아내고, 1980년에는 4만 명의 시아파 무슬림을 이란으로 인도했다.

사담 후세인은 1970년에 쿠르드인들에게 어느 정도 자치권을 주겠다는 합의에 서명했지만, 약속을 지키지 않는 바람에 쿠르드인과의 갈등도 계속됐다. 결국 1974년에 쿠르드인들이 합의를 깨고, 약 4만 명의 페쉬메르가(쿠르드 무장 조직)를 보내 바그다드 정부에 맞서 싸우게 한다. 하지만 쿠르드인들은 완전히 패배했다. 말라 무스타파 바르자니는 아들인 마수드 바르자니에게 지휘권을 물려주고, 그 사이에 잘랄 탈라바니가 이란과의 국경 지대인 술라이마니야에서 쿠르디스탄 애국 연합을 세웠다. 1970년

대와 80년대에 이라크 쿠르드인들은 완전히 짓밟히고, 어떤 경우에는 집단 학살까지 당했다.[56] 폭력적인 아랍화 과정은 그리스도인 마을에서까지 강행되어, 여러 마을이 추방이나 이주 때문에 축소되고, 일부는 유령 마을이 되어 버렸다. 아직 남아 있는 사람들은 가정들과 공동체가 파멸된 그 시기를 고통과 깊은 회한으로 기억한다.

호전적인 후세인 정권은 국민의 고통에는 전혀 마음을 쓰지 않고, 또 다른 전쟁을 시작했다. 이란과 오랫동안 싸워온 샤트알 아랍 수로의 영유권을 두고서 일어난 전쟁이다. 사담 후세인은 알제 협약을 파기하고,[57] 수로의 영유권을 주장하며 동부의 넓은 지역을 장악한다. 피비린내 나는 이란-이라크 전쟁은 좀처럼 끝나지 않았고, 아야톨라 호메이니 통치 아래의 이란은 예상 밖으로 강하게 대응했다. 긴 전쟁으로 경제적 피해가 막심했고, 전 세계적으로 석유 가격이 급등했다. 이란이 강해지는 것을 염려한 다른 아랍 국가들이 참전하면서, 한쪽에는 유럽과 미국, 다른 쪽에는 이란을 지지하는 중국과 소련과 같은 공산국가들이 대치했다. 이라크 내에서는 쿠르디스탄 분리주의자들이 정부가 이란과의 전쟁으로 정신이 없는 기회를 틈타, 자신이 최근 당한 박해를 곱씹으며 테러를 일으키고 복수를 감행했다. 이라크인들은 그 전

---

56) 사담 후세인은 Halabja, Haladin, Bergalou 그리고 Chinara 마을에 화학 무기를 살포했고, 이 사건은 후세인 정권의 끔찍한 유산으로 남아 있다. 1974년에서 1990년까지 쿠르드인과의 전쟁으로 수천 명의 희생자가 나왔다. Cf. M. Galletti, *Iraq...*, *op.cit.*, p.70.

57) 1975년 3월 페르시아의 레자 팔라비와 사담 후세인이 체결한 상호 협정으로, 1959년 6월 13일과 12월 26일자로 이뤄진, 쿠르디스탄 분리에 대한 합의가 포함된 광범위한 협상이었다.

쟁을 파괴, 죽음, 경제 위기 그리고 치안과 개발의 퇴보 시기로 기억한다. 이라크 전역이 전쟁의 피해를 입고 모든 공동체가 고통을 받았는데, 희한하게도 동지에게는 너그럽고, 원수에게는 가차 없는 바트당의 정치적 기반은 오히려 굳건해졌다. 1988년에 유엔 안보리가 이라크와 이란을 함께 규탄하자 양측은 휴전에 합의하고 이전 상태로 돌아가기로 약속했다(1990). 이란-이라크 전쟁으로 40만 명이 사망하고, 75만 명이 다치고, 7만 명이 전쟁 포로가 됐다. 이라크는 800억 달러라는 엄청난 빚을 지게 되는데, 그중 140억 달러는 쿠웨이트에서 빌렸다. 쿠웨이트는 이를 빌미로 이라크와의 국경 문제를 재고하려 했다. 이라크와 쿠웨이트의 국경 문제는 이라크가 건국될 때 쿠웨이트를 하나의 주로 취급하면서 시작됐다. 에미르가 통치하는 쿠웨이트는 영국이 만든 국가로, 1961년 6월 19일까지 영국 보호령이었다. 이라크와 쿠웨이트의 갈등은 해결이 나지 않았고, 쿠웨이트에 엄청난 양의 석유가 매장되어 있다는 게 드러나면서 더 심각하게 고조됐다. 이란과의 전쟁이 끝나고 석유 가격이 떨어지면서, 이라크는 큰 타격을 입고 신속한 경제 회복을 할 수 없게 됐다. 1990년 8월 2일에 사담 후세인은 미국이 반대하지 않을 거라고 생각해, 쿠웨이트를 공격해 7개월간 점령하는데, 이에 유엔이 강하게 반응했다. 유엔 안보리는 결의 제660호를 통과시켜 이라크군에게 철수하라고 요구하고, 군사 점령으로부터 쿠웨이트를 해방시키는 것을 승인하고(결의 제678호), 이라크에 군사 경제적 제재를 가했다(결의 제661호). 이라크인들은 특히 제재의 피해를 봤다. 미국은 유엔의 지지를 받아 35개 국가로 이루어진 다국적 연합군과 함께 걸프 전쟁을 시작하고, 제2차 걸프 전쟁(이라크 전쟁)과 2003년 바트당 정권 붕괴를 통해 이라크를 통치하게 된다.

4. 사담 후세인의 몰락

이란과의 전쟁부터, 특히 걸프 전쟁 이후에 사담 후세인의 힘이 약해지지만, 국민은 그를 스스로 쫓아낼 수 없었다. 그는 25년간 이라크를 다스리면서 쓸데없는 전쟁을 시작하고, 증오를 조장하고 사회 발전을 막았다. 그는 최고 지도자라는 뜻의 'Rais'라고 불렸는데, 모두를 불신하고 국제적으로 인기가 없는 것을 받아들이고 혼자 완전히 분리되어 살았다. 그의 가족, 특히 자녀들은 폭력적이고 강압적이어서 국민의 미움과 두려움을 샀다. 그는 쿠웨이트 침공이 실패하는 바람에 잠시 흔들렸다가, 곧 시아파 반군들과 쿠르드인을 다시 심하게 짓밟기 시작했다. 시아파 반군은 후세인의 기반이 흔들리는 것을 보고 용기를 얻고, 기를 꺾을 수 없는 쿠르드인들도 해방과 독립을 위해 다시 일어섰다(1991년 3월). 이에 이라크군이 강경하게 대응하면서 또 다른 분쟁이 벌어졌다. 유엔은 결의안 제688호(1991년 4월 5일)를 공표하고 국제적인 "인도적 중재"를 호소해, 수천 명의 목숨을 살리고 36선 이북과 32선 이남을 비행 금지 구역으로 만들었다. 영국과 미국이 쿠르디스탄을 옹호하면서 이라크 북동부에 보호국이 생기고, 1992년 선거를 통해 쿠르디스탄 자치 지역 의회가 만들어졌다. 전체 의석 중 50석은 PDK, 50석은 PUK, 그리고 아시리아 칼데아인들은 5석을 받게 됐다. 이런 정치 환경이 조성되고 자치 지역 의회가 "이라크 의회 민주주의 내 국가 연합"(1992)이 되겠다는 결정을 내리면서, 쿠르디스탄은 자신의 정치적 방향성을 제시하고 스스로 경제 개발을 주도하기 시작했다. 제2차 걸프 전쟁에서 이라크가 미국과 영국을 비롯한 연합국으로부터 군사적으로 점령당하면서 사담 후세인은 몰락했다. 쿠웨이트가 해방될 때부터, 미국은 핵무기, 생화학무기 그리고 미사일 군비 축소에 관한 유엔의 제재에 비협조적이라는 이유로 사담 후세인과 공개적으로 충돌하는 태도를 보였다. 유엔 제재는 사실 이라크가 대량의 재래식 군사 무기를 구축 유지하는 것을 막지 못했고, 이라크는 이웃 국가와 이스라엘에 괜히 군사력을 과시했다. 이런 상황이 10년 정도 지속되었지만, 2001년에 일어난 9·11 사태가 종지부를 찍었다.[58] 부시(G.W. Bush) 정부는 9·11 테러의 주범을 사담 후세인으로 지목했다. 하지만 이런 "고발"은 핑계라는 의견이 있다. 이라크가 니제르에서 우라늄을 받고 생화학무기를 소유하고 있다는 것이 사실이 아닌 것처럼 말이다. 2002년에 부시 정권과 영국의 토니 블레어 총리는 사담 후세인을 제거하기로 결단을 내렸다. 게다가 이스라엘도 자신을 전멸시키겠다고 종종 협박한 후세인이 사라지기를 바랐다. 프랑스와 러시아가 어떤 종류의 군사 작전도 반대하자, 미국과 동맹국은 "예방적인 전쟁"을 주장했는데, 이는 가톨릭교회, 특히 성 요한 바오로 2세가 반대하는 것이었다. "예방적인 전쟁"은 한 나라에 민주주의를 도입해야 한다는 그럴듯한 이유로 전쟁을 시작하는 것이기 때문이다. 사담 후세인은 한편으로는 국제적으로 이라크 침공을 반대하기 위한 힘을 모으고, 다른 편으로는 신속한 국내 개혁을 단행하여, 자신이 물러

58) 알카에다가 뉴욕의 세계무역센터, 워싱턴DC의 펜타곤과 펜실베이니아에서 테러 공격을 자행해, 전 세계를 경악케 했다.

나고 아들 쿠사이에게 정권을 물려주겠다고 했다. 이는 시리아의 하페즈 알아사드 대통령과 아들 바샤르 알아사드(2000)나 요르단의 후세인 1세와 아들 압둘라 2세(1999)가 한 행동과 별반 다르지 않다.

쿠르디스탄은 연합국 군사 작전을 지지하고, 쿠웨이트를 비롯한 다른 걸프만 아랍 국가들도 지지를 보냈다. 튀르키예, 요르단과 시리아는 덜 협조적이었다. 후세인은 국제적인 군사 압박에서 빠져나가려고 했지만 실질적인 양보는 하지 않았다. 그는 미국과 연맹국들이 강한 군사 연합체를 만들어 공격해 올 준비가 됐다고 보고, 요르단에 연락을 취하고 바그다드 교황 대사관에도 사절들을 보내 도움을 청했다. 모든 대량 살상 무기를 버리라는 요구를 받은 그는 48시간 이내에 부족 지도자들과 만나 이것을 실천한 방안을 추진하고 미국이 요구하는 무엇이든지 들어줄 태도를 보이지만, 자신은 물러날 마음이 없다는 걸 분명히 했다. 성 요한 바오로 2세가 미국과 이라크에 평화 사절을 보냈지만, 미국이 이라크를 공격하겠다는 결단을 이미 내렸기에, 교황의 평화 중재는 실패한다. 성인 교황의 강한 경고도 조지 W. 부시 대통령의 마음을 돌릴 수 없었던 것이다. 다른 연맹국들도 별 저항 없이 미국 편에 서고, 결국 전쟁이 일어났다. 2003년 3월 19일은 이라크와 전 세계에 아주 슬픈 날이었다.

"이라크 자유 작전"은 공식적으로 42일간 벌어지고, 5월 1일에 공식적인 전쟁이 끝나지만, 군사 점령은 계속됐다. 이라크는 가장 끔찍한 폭력과 혼란에 빠진다. 치욕, 복수, 절도, 약탈, 방화

그리고 공공 건물과 사유지에서 약탈이 벌어졌다. 이는 이라크 역사에서 가장 어두운 시기라 할 수 있다. 이라크 자유 작전은 21세기의 언론 매체 덕분에 전 세계에 실시간으로 방송됐다. 최첨단 무기와 강력한 레이저로 이라크 정권의 소중한 것들을 표적으로 삼았지만, 그래도 수많은 민간인이 희생됐다. 쿠르드인, 시아파, 정부 반대파, 쿠웨이트 관련 인사들(10년 전에 이라크가 침공한 것을 복수하기 위해)과 같은 이라크 내의 반대파들이 연맹국 편을 들었고, 이라크를 떠났던 많은 망명자가 "새로운" 이라크를 세우기 위해 돌아왔다.

후세인은 결국 잡혀서 재판을 받고 2006년 11월 5일에 교수형을 당했다. 그의 두 아들인 우다이와 쿠사이는 2003년 7월 22일 모술에서 전투 중 숨지고, 고위 관리들은 재판을 받고 처형됐다. 시민 사회와 정치를 어느 정도 회복시키려는 수많은 노력에도 불구하고, 이라크는 여전히 지구상에서 가장 살기 힘든 나라 중 하나이다. 그리스도인들이 잔혹한 박해를 받고, 시아파와 수니파는 서로 철천지원을 품고, 경찰과 정치인들이 공격받고, 정치 지도자들이 국가 기강을 세울 능력이 안 되고, 국가 기관들은 총체적으로 약하고, 군은 효율적이지 않고, 부정부패가 극심하고, 경제는 석유 채굴에만 의지하며, 가장 똑똑하고 교육받은 사람들은 다 이민을 떠났으며, 미래에 대한 희망이 없는 곳이다. 외세는 눈독을 들이고 있는데 국내에서는 서로 싸우기에 바쁜, 현대의 이라크라는 말썽 많은 나라가 만들어졌다. 이라크는 평범한 인생을 꿈꾸는 사람들이 사는 아주 아름다운 나라이며, 후세인과 같은 인물이 나오지 않고 억압이 없으면 잘 살고 발전할 나라다.

그러니 이런 질문을 던질 수 있겠다. 이라크에 평화로운 미래가 올 것인가?

— 제 5 장 —

교황청과 이라크

1. 평화와 인권 수호를 위해

지난 50년 동안 교황청과 이라크의 관계는 평화 장려, 그리스도인들의 종교적 권리 존중 촉구, 젊은이들 교육에 대한 공헌, 인권과 자유 수호, 종교 간 및 에큐메니컬한 관계 증진이라는 동일한 주제가 지배적이었다. 이러한 원칙은 사도좌(Apostolic See)의 비전을 구현하며, 제2차 바티칸 공의회 이후 가톨릭교회가 자신의 이미지를 어떻게 표현해 왔는지를 고려하면 더욱 그러하다. 이러한 이미지는 현대 세계에서 교회의 선교 및 사목적 역할을 고무하고 제시하는 헌장(Gaugium et spes)에 깊이 새겨져 있다. 이라크의 모든 가톨릭 주교와 동방의 아시리아 교회의 일부 참관인들(observers)이 공의회에 참석하였다.[1] 이 참관자들은 공의회 교부

1) 교구, 신학교, 종교 공동체 등 교회 기관들이 기도와 정보, 내부 토론을 통해 참여했다. 예를 들어 모술의 성 요한 신학교는 당시 총장인 도미니코회 오메즈 신부가 동방교회성 장관인 가브리엘 아카시우스 쿠사 추기경에게 보고한 대로 정보, 기도, 아이디어 교환의 세 가지 프로그램을 제공받았다.

들이 교회와 국가의 관계 및 권리 옹호에서, 무력 사용에서 벗어나 인권이라는 보편적 가치의 증진을 향해 강조하고자 했던 변화의 당사자들이자 그 증인들이었다. 공의회는 동방 가톨릭교회와의 관계 및 교회 간의 관계를 활성화시켰으며, 교령 *Orientalium ecclesiarum*은 하나의 그리스도 교회라는 일치 안에서 교회의 본질과 정당한 자율성을 재확인하였다. 또한 서로 다른 신학적·전례적·영적 유산의 평등성을 재확인하고 이러한 유산을 보존·발전·계승해야 할 보편 교회의 의무를 강조하였다. 이 교령은 또한 로마와의 친교를 통해 교부이자 교회 지도자로 인정받은 총대주교들(patriarchs)에게 특별한 존엄성과 권리를 부여하였다. 「일치 교령」(*Unitatis redintegratio*)은 「교회 헌장」(*Lumen gentium*)에 명시된 비가톨릭 신자에 대한 교회의 교리를 되풀이하면서 모든 그리스도인의 일치라는 목표를 향해 전 교회가 노력할 것을 촉구하였다. 이라크의 상황에서 공의회는 즉각적인 결과를 낳았다. 예를 들어 동방교회성(Congregation for the Eastern Churches)은 모술, 바그다드, 바스라의 자치 선교부(mission sui iuris)의 선교 활동을 억제하고 그들의 업무를 라틴 일반 교회에 넘겨주었다. 또한 칼데아 교회가 재건되었다. 모술은 1967년 대교구로 승격되었으며, 아르빌에 있는 고대 쿠르디스탄의 자리는 1968년에 복원되었고, 북쪽으로는 바그다드 군대와 쿠르드 페쉬메르가(peshmerga) 간의 충돌로 인한 난민 위기와 수많은 기독교인의 피난을 우려하여 아마디아(Amadia), 아크라(Aqra), 그리고 자코(Zakho) 교구의 재편이 고려되었다.[2] 1962년 10월에는 이라크 공화국 대표단이 총회 개회식

2) 1969년 7월, 쿠르드 무장 전사들이 메시(Messi) 성모 수도원(Alqosh)을 습격하여 많은 칼데아 수도사가 부상을 입었다. 모술 평야를 향하고 있는 이 산은 정

에 참석했고, 이후 폐회식에도 참석하였다. 1966년 바그다드에 교황청의 일부로 인정되는 대사관이 설치되고, 바티칸에도 이라크 공화국 대사관이 개설되면서 교황청과 이라크 간의 외교 관계 수립에 유리한 조건이 조성되었다. 바그다드 주재 모리스 페랭[3] 교황 대사는 외교적 인정을 받은 최초의 대표자가 되었고, 이라크 측에서는 칼릴 하심 대사가 교황청에서 이라크의 첫 번째 대표자가 되었다.

교황 대사(pro-nuncio)로서 페랭은 처음에 라틴 대교구의 사목 책임을 맡았지만 잠시 동안에 불과했다. 1972년 교황청은 외교 사절(diplomatic delegate)의 역할을 직접적인 현지 사목 활동에서 분리하고, 교황청 대표에게 이라크 정부와 연락하고 가톨릭 주교들의 사목 업무를 지원하며 교황청과 비가톨릭 및 비기독교인 간의 관계를 증진하는 일을 맡겼다. 라틴 대주교는 전적으로 라틴 교구를 책임지고 이라크의 다른 교구들과 직접 사목 협력을 담당하게 되었다. 당시 이라크는 정치적으로 아랍민족주의(Arabism)와 사회주의에 감염되어 있었고, 특히 6일 전쟁(1967) 이후 반 서방 외교 정책을 추구했다. 이러한 상황으로 인해 고대 이라크 유대인 공동체[4]와 외국인 선교사들에 대한 핍박이 다시 시작되었다. 미

부와 반군 간의 치열한 전투의 진원지였다.

3) 1904년 6월 30일 그르노블(Gernoble)에서 태어난 페랭(Paul-marie-Maurice Perrin)은 1936년 사제 서품을 받았다. 그는 1947년 6월 7일 우티카(Utica)의 명의 주교로 선출되었고 1947년 10월 28일 카르타고(Carthage)의 대주교 보좌로서 주교서품을 받았다. 1953년 10월 29일 페랭(Perrin)은 대주교를 대신하여 대교구의 교구장으로 승진했으며, 선교준비위원회 위원으로 활동했다. 1964년 7월, 그는 튀니스(Tunis)의 고위성직자로 임명되었다. 교황청 외교관으로서 그는 교황 대사(pro-nuncio)라는 칭호를 받았다.

국 예수회는 특히 바그다드에서의 교육 활동에 대한 통상적인 평가가 있음에도 불구하고, 편견에 의해 평가되어 1969년 8월 알히크마(Al-Hikmah) 대학과 바그다드 대학 모두 폐쇄되었다. 이와 같은 조치는 이라크에서의 선교사 활동과 교육 및 사회 분야에서, 교회의 역할에 영향을 미치는 중대한 변화의 출발점이 되었다.

페랭은 이를 즉각적인 관심사로 삼아 선교사들을 대신해 시민 당국에 지속적으로 청원을 하고, 쿠르디스탄에서의 전쟁 이후 한동안 망명 중이던 칼데아 주교들의 귀환을 요청함으로써 핍박의 추세를 막으려 노력하였다. 이라크 교회 내에서 그는 학교, 소수자 보호, 정교회 및 비그리스도교인과의 관계, 평신도 사도직, 와크프(waqf)[5] 보호, 교회 기관의 법적 성격 획득 등 공동 관심사에 대한 주교들의 노력을 통합하기 위해 "종교 간 주교회의"(inter-ritual bishops' conference)를 만들도록 독려하였다. 주교들은 교회들 사이에 존재했던 오랜 분리 정신을 극복하고 공통의 무질서와 상호 사업 부족을 해결할 수 있는 기회로서 종교 간 회의의 창설을 환영하였다. 페랭은 또한 사제 양성 개혁이라는 골치 아픈 문제도 제기하였다. 그는 바그다드에 주요 신학교 하나를 세우고 바그다드와 모술에 두 개의 소신학교(minor seminaries)를 설립하자는 아이디어를 부활시켰다. 그의 열망은 모든 사제가 의례에 따른 구분 없이 확고한 문화적·신학적·사목적 교육을 받

4) 1945년에 25만 명에 달했던 유대인 공동체는 1950~51년의 탈출기에 이어 현저하게 감소하였으며 1972년경에는 겨우 600명의 유대인이 이라크에 살았다.

5) 와크프는 종교 공동체(그리스도교인, 회교도, 그리고 기타 종교인들)를 지원하기 위한 자산을, 양도할 수 없는 권리로 정부에 의해 인정을 받는 일종의 보증이다.

고, 서로 다른 교회들(칼데아, 시리아 가톨릭, 아르메니아 가톨릭, 그리스 가톨릭, 그리고 라틴 교회) 간의 지속적인 협력을 위한 자치구를 만드는 것이었다. 한 세기 동안 성 요한 신학교에서 사제 양성을 담당했던 프랑스 도미니코회는 심각한 성소자 위기를 겪으며 신학교에 대한 봉사를 줄여야 했다. 이러한 결정으로 인하여 지역 교회는 공의회의 권고에 따라 사제 양성에 대한 책임을 져야 할 의무를 갖게 되었다.

페랭은 1969년 이라크를 떠났다. 잠시 동안 파올로 모스코니(Paolo Mosconi, 1970~71)[6] 대주교가 그 뒤를 이었고, 얼마 지나지 않아 장 루프(Jean Rupp, 1971~78)[7]가 그 뒤를 이었다. 한편 라틴 대교구는 가르멜 수도회의 어니스트 찰스 알버트 냐리(Ernest Charles Albert Nyary)[8]가 관리하게 되었다. 루프 대주교는 관대하

---

6) 바티칸 외교관인 모스코니(Mosconi)는 1914년 9월 3일 이탈리아의 산타 줄레타(Santa Giuletta)에서 태어났다. 그는 1938년 토르토나(Tortona) 교구에서 사제 서품을 받았다. 이라크로 가기 전에 마다가스카르(Madagascar)에서 교황대사(apostolic pro-nuncio)를 역임하였다. 그의 짧은 직무 기간 동안(건강상의 이유로 은퇴함) 이라크는 1968년 9월 21일에 제정되었던 임시 헌법 대신에 1970년 7월 16일 새로운 헌법을 채택하였다.

7) 장 루프(Jean Éduard-Lucien Rupp)는 1905년 10월 13일 베르사유 교구의 생제르맹앙레(Saint-Germain-en-Laye)에서 출생했다. 1934년 사제 서품을 받았으며, 1954년 10월 28일 파리 대교구에서 보좌주교가 되었고, 그 후 모나코 공국의 교구장(see of the Principality of Monaco)으로 승격되었다. 그는 1975년 4월 4일, 모나코 왕국과 바티칸 사이에 외교 관계가 성립된 후 쿠웨이트의 교황 대사(pro-nuncio)가 되었다.

8) 냐리(Ernest-Marie de Jésus-Hostie Charles Albert Nyary, OCarm)는 1906년 8월 30일에 출생하였다. 그는 헝가리인이었으나 프랑스로 귀화하였다. 가르멜회에 입회하여 1937년 5월 22일 사제 서품을 받고 1954년 이라크 가르멜 선교회의 대표가 되어 1969년까지 그 직책을 수행하였다. 1972년 3월 23일에 주교로 선출되어 이듬해 5월 31일에 착좌한 그는 이라크의 시민생활과 종교 생활에 대해 잘 알고 있었으며, 모든 사람의 존경과 추앙을 받았다. 이후 1983년

고 친절한 성격의 소유자였다. 그는 이라크에 도착한 후 니네베 평원과 쿠르디스탄을 방문한 사목 보고서에도 일부 묘사한 것처럼, 이라크의 그리스도교 공동체가 살아 있고 국가 발전에 잘 통합되어 있으며, 견고하고 단순한 믿음을 잘 드러내고 있다는 인상을 받았다. 그러나 그는 일부 성직자들 사이에서 아랍사회주의 이데올로기(Ba'athist ideology)가 뿌리를 내리기 시작하면서 신자들 사이에 불만과 불안이 생겨났고, 다른 여러 교회의 교계제도(hierarchies)에 대한 진정한 당혹감이 생겨났다고 지적했다. 이와 관련된 사실로서, 총대주교 치에코(Chiekho)는 항상 정부에 충성하는 신중한 태도를 유지해 왔지만 교회의 권리가 훼손되는 것을 보고는 비판적인 태도를 취할 준비를 갖추었다.[9] 또한 시민 정부는 교회 기관이나 적어도 영향력 있는 회원들의 지지를 구하고, 교회가 서방에 미칠 수 있는 긍정적인 국제적 영향력 때문에라도 교회와 좋은 관계에 있는 것처럼 보이려고 노력했다는 점도 주목해야 한다. 정부가 선의의 제스처를 취한 한 예로, 1974년 10월 당시 부통령 사담 후세인은 모든 외국인 남녀 종교인에 대한 추방 명령을 취소했으며 그들에게 임시 거주권을 허용하였다.

교황 대사(pro-nuncio) 루프(Rupp)는 이라크에서 제네바로 파견되어 유엔 주재 교황청 신임 대표로 부임하였다. 이라크의 사담 후세인 정권과 이란의 아야톨라 호메이니(Ayatollah Khomeini) 정권 사이의 영토 분쟁인 샤탈-아랍 위기(Shattal-Arab crisis, 1974~

5월에 사임하였다.

9) 예를 들면, 그는 그리스도교 학생들에게 코란 경전(Qur'an) 수업을 강요한 민간 정부의 시도를 공개적으로 강렬하게 반대하였다.

75)가 고조되고 있을 때, 외교관 출신 안토니오 델 주디체(Antonio del Giudice) 대주교가 후임으로 이라크에 부임했다.[10] 그의 4년 임기는 복잡하고 정치적으로 어려운 시기였다. 교회는 정권의 간섭이 심해지는 상황에서 자율성을 확보하기 위해 노력했고, 자유를 지키기 위해 끊임없이 투쟁해야 했다. 외국인 성직자에 의존하던 라틴 교회는 정부가 외국인 종교인의 체류 비자를 갱신하지 않기로 결정하면서(1980년 2월 26일) 거의 완전히 타격을 입었다. 교황청 대표의 즉각적인 개입으로 정부 당국은 이 결정을 중단했다가 다시 번복했다. 그러나 가톨릭 학교의 국유화, 종교단체로부터 몰수한 학교 건물 소유권 문제, 그리스도교인 학생에게도 종교 교육을 위해 코란을 의무적으로 가르치는 문제 등으로 인한 균열이 계속되고 있었다. 이와 같은 억압적인 분위기 속에서 정치적 반체제 인사들과 많은 그리스도인들의 이주가 시작되었다. 반복되는 전쟁과 경찰의 탄압, 법치주의에 의한 기본적인 보호의 부재로 인해 그리스도교인들은 꾸준히 이 나라를 떠날 수밖에 없었다. 미국, 캐나다, 영국, 스웨덴, 그리고 오스트리아가 그들이 선호하는 목적지이자 이라크 디아스포라의 중요한 커뮤니티가 있는 곳이 되었으며, 이들 커뮤니티를 위한 적절한 사목적 지원을 마련하는 것이 또 다른 문제로 대두되기 시작했다. 1982년 여름의 무더위 속에서 델 주디체 대주교가 선종했고, 교황 요한 바오로 2세(Pope John Paul II)는 후임으로 루이지 콘티(Luigi Conti)를 선택했다.[11] 이미 피비린내 나는 이란-이라크 전쟁이 진행 중이

10) 델 주디체(del Giudice) 대주교는 1913년 6월 16일 나폴리 근처 카소리아(Casoria)에서 출생했다. 1936년 사제 서품을 받고 1940년부터 교황청에서 외교관의 직무를 시작하였다.

11) 신임 교황 대사대리 콘티(Conti)는 1929년 3월 2일 이탈리아 체프라노(Cepra-

었고, 이로 인해 그리스도교 공동체에서도 수많은 희생자가 발생하고 있을 때 그의 임무는 시작되었다. 교황 요한 바오로 2세의 명령에 따라 인도주의적 대응을 위해, 교황청 정의평화위원회(Pontifical Commission for Justice and Peace) 위원장 로저 에체가라이(Roger Etchegaray) 추기경은 양측에 잡혀 있던 수천 명의 포로들을 가족에게 돌려보내기 위해 바그다드와 테헤란으로 향했다. 콘티의 재임 동안 모술의 성 요한 신학교는 마침내 문을 닫았다. 도미니코회가 신학교 운영에서 철수하자, 건물이 쇠락하고 신학생들은 바그다드로 이전하면서 이라크 교회에 대한 짧지만 가치 있는 봉사의 역사는 마침내 막을 내렸다. 이 신학교는 많은 성직자를 양성하고 사목과 사회봉사의 중심지 역할을 해왔으며 이라크 성직자 대다수의 영적 생활에 중요한 기여를 하였다.

콘티의 후임은 마리안 올레스(marian Oles, 1988~94) 교황 대사였다.[12] 그는 임기 동안 1988년 이란 이라크 전쟁의 종식과 1990년 쿠웨이트 침공을 겪었다. 이 전쟁은 이라크의 패배로 이어졌고, 이라크에 가해진 가혹한 상황은 길고 고통스러운 내부 위기로 이어졌다. 이라크 국민에게 이 시기는 고통의 세월이었으며, 정권은 엄격한 통제를 가하고 국민에게 정치적 자유에 대한 모든 가능성을 박탈했다. 한편 제재로 인해 의약품을 비롯한 식량과 기타

---

no)에서 출생했다. 1954년 사제 서품을 받았으며 1975년 8월 2일 그라지아나의 명의좌(titular see of Graziana)로 승진했다. 이전에는 아이티의 교황 대표부와 카리브해의 안틸레스 제도에서 교황사절을 역임하였다.

12) 1934년 12월 8일 폴란드 미아스트코보(Miastkowo)에서 출생한 그는 1961년 사제 서품을 받았다. 1987년 11월 28일 라지아리아의 명의 주교좌(the titular see of Raziaria)로 선출되었으며, 이라크와 쿠웨이트 교황 대사대리를 역임했다.

물품이 부족해졌고, 병원에는 의사와 적절한 물품이 부족했다. 12년 동안 이라크는 경제·문화·사회적으로 장기적인 쇠퇴기를 겪었으며, 많은 젊은이가 군대의 양심과 경제적 어려움을 피해 이주할 기회를 모색했다. 그러나 경제적 제재가 바그다드 정권을 무너뜨리지는 못하였고 이라크인들은 정부의 엄격한 통제 아래에서 소박한 삶에 적응해 나갔다. 친군부 성향의 올레스는 전쟁 기간 내내 이라크에 남아 현지의 존경과 찬사를 받은 몇 안 되는 외교관 중 한 명이었다. 교황청은 한편으로는 국제 정의의 회복(쿠웨이트에서 이라크군의 철수를 의미)을 주장하면서도 다른 한편으로는 패배의 부담과 국제 제재의 무게가 무고한 이라크 국민에게 전가되는 것을 막기 위한 노력을 아끼지 말 것을 요구하였다. 에큐메니컬 차원에서 이라크 교회는 기법적으로는 경배의 자유를 유지하고 있지만, 전체주의 정권에 의해 크게 제한되어 일상생활의 모든 면이 통제되었다. 한편, 30년간의 체이코(Cheikho) 총대교구장의 관리 이후 칼데아 교회는 라파엘 I세 비다위드(Raphaël I Bidawid, 1989)라는 새로운 지도자를 맞이하게 되는데, 그는 선출되기 전까지 칼데아인들의 베이루트(Beirut) 주교였었다.[13] 칼데아 교회는 그리스도교 공동체 중 가장 큰 규모와 영향력을 가진 교회였으며 전통적인 생활 방식을 유지하는 것을 선호했지만, 성직자 중 상당수는 점점 더 현대화를 요구하고 있었다. 재임 기간 동안 올레스는 사랑의 선교회(캘커타의 성녀 테레사의 수녀회)의 바그다드 방문을

13) 비다위드(Bidawid) 총대주교는 1922년 4월 17일 모술에서 출생하여 1944년 사제 서품을 받았다. 1957년 10월 6일 아마디아좌(see of Amadia)로 선출되어 착좌식을 가졌다. 1966년 3월 2일 칼데아인들의 베이루트좌(see of Beirut)로 전임되었으며, 1989년 칼데아 교회의 총대주교로 선출되어 그해 6월 11일 요한 바오로 2세 교황으로부터 서임(ecclesiastical communion)을 받았다.

환영하였다. 이들은 사담 후세인 대통령의 개인적 초청으로 바그다드에 도착하여 정신적·신체적 장애아들을 위한 작은 보육원의 운영을 맡았다.

올레의 후임은 주세페 라자로토(Giuseppe Lazzarotto, 1994~2000)였다. 그가 도착해 보니 이라크는 경제 제재로 인해 기본적인 민간 제도와 서비스가 심하게 훼손된 상태였다.[14] 정치적 상황은 점점 더 긴장되고 있었다. 사담 후세인 정권은 자신의 대가족을 포함한 고위 관리들의 숙청과 탈출로 크게 흔들렸다. 후세인이, 필요하다면 가족이라도 기꺼이 제거하겠다는 의지를 보였기 때문이다.[15] 쿠르디스탄 역시 정치적 군사적 긴장이 지속되는 상태였기 때문에 주민들은 항상 긴장 상태에 놓여 있었다. 두 정치 세력인 쿠르드 민주당(KDP 또는 PDK, Kurdish Democratic Party)과 쿠르드 애국 연합(PUK, Patriotic Union of Kurdistan)은 바그다드 정부에 대해 공개적으로 호전적인 태도를 유지하면서 지역 정치 주도권을 놓고 경쟁을 벌였다. 1996년 12월, 유엔과 이라크는 마침내 "식량을 위한 석유"(oil for food) 프로그램에 합의하여 바그다드 정부가 국민을 위한 기본 생필품(식량, 의약품, 위생용품) 구매를 위해 제한된 양의 석유를 판매할 수 있도록 했다. 그러나 유엔의 무기와 핵 사찰에 대한 소위 대통령 시설 개방을 계속 거부하여 양측에 대한

14) 라자로토(Lazzarotto)는 1042년 5월 24일 파두아(Padua) 교구의 카르파네(Carpané)에서 출생했다. 1967년 서품을 받았으며, 누마나(Numana) 명의좌에 선출되어 1994년 10월 7일 대주교가 되었다.

15) 여기에는 후세인 대통령의 측근이자 사위인 카셈(Abd al-Kamel Kassem) 장군도 포함되었는데(1996), 대량 살상 무기에 관한 언급이 이라크, 유엔, 그리고 미국과의 긴장을 더욱 악화시켰기 때문이었다.

압력은 점차 고조되었다. 현장 접근에 대한 요구가 점점 더 거세지자 국제 사찰단이 추방되었고, 새로운 폭탄 테러가 발생했다. 마침내 유엔 안보리와 이라크는 결의안 제1284호(1999)를 통해 국제 제재로 가장 큰 타격을 입은 일반 이라크 주민들을 구제하기 위한 타협에 이르렀다. 1999년 겨울, 2000년 대희년의 희년 순례를 준비하면서 요한 바오로 2세는 칼데아인들의 우르(Ur)에 개인적인 "평화의 순례"를 제안했지만 사담 후세인은 교황의 이라크 입국을 거부했다. 이는 엄청난 외교적 실수였으며, 사담 후세인 정권의 역사적 근시와 일반적인 편집증을 여실히 보여 주는 것이었다. 즉각적인 외교적 후유증 외에도 사담 후세인을 더욱 약하게 보이게 만들었고 국제적으로 불신 받는 평판을 얻게 되었다.

종교적 영역에서는 가톨릭교회와 동방 아시리아 교회 간의 상호 이해를 증진하기 위해 그 해에 중요한 에큐메니컬 조치들이 취해졌다. 수년간의 "비공식 대화" 끝에 점점 더 온화한 접촉이 이루어지면서 국제 신학 대화 공동위원회(International Commission for Theological Dialogue)가 설립되었고, 1994년 교황 요한 바오로 2세와 딩카 4세(Dinkha IV) 총대주교 간의 공동 그리스도론 선언(Common Christological Declaration)[16]과 1996년 비다위드 1세와 딩카 4세의 공동 성명[17]을 발표하게 되었다. 이 작업은 이듬해 칼

16) "우리의 그리스도론적 차이가 무엇이든 간에, 우리는 오늘날 우리가 하느님의 은혜로 하느님의 자녀가 될 수 있도록 사람이 되신 하느님의 아들에 대한 동일한 신앙 고백 안에서 하나된 우리를 경험합니다." 가톨릭교회와 동방의 아시리아교회간의 공동 그리스도론 선언("Common Christological Declaration between the Catholic Church and the Assyrian Church of the East", *L'Osservatore Romano* (November 12, 1994). 이 역사적인 문서는 에페소 공의회를 둘러싸고 두 교회 사이에 존재했던 그리스도론적 논쟁을 종식시켰다.

데아 총대주교와 아시리아 총대주교가 서명한 공동 법령(Joint Synodal Decree for Promoting Unity)에 의해 더욱 강화되었다.[18] 2001년 10월에는 교황청 신앙교리성(Congregation for the Doctrine of the Faith), 동방교회성(Congregation for the Eastern Churches), 교황청 그리스도교일치촉진평의회(Pontifical Council for Promoting Christian Unity)가 공동으로 집필하고 동방 아시리아 교회의 성체성사의 유효성을 인정한, 동방 아시리아 교회와 칼데아 교회 사이의 「성체성사 참례에 관한 안내서」(*Guide for the Admission to the Eucharist*)를 발표하면서 유대 관계가 더욱 강화되었다.[19] 칼데아 교회의 중요한 행사는 2000년 6월, 새천년의 희년을 맞아 로마에서 열린 특별 시노드를 기념하는 행사였다. 교황 요한 바오로 2세는 성직자들을 맞이하면서, 교회가 고유의 교회 전통을 통해 하느님 나라를 선포하는 사명에서 새롭고 더 넓은 지평에 눈을 돌릴 것을 촉구하였다. 몇 달 후, 라자로토는 이라크에서 교황 대사로서의 임무를 완수했고, 그 후임으로 본인(저자)인 페르난도 필로니(Fernando Filoni, 2001~6) 대주교가 임명되었다. 요한 바오로 2세는 '평화와 화해의 전령'이 되어 달라고 요청하였다.[20] 사실 그 나라

---

17) Patriarch Mar Raphaël Bidawid / Partiarch Mar Dinkha IV, "Joint Patriarchal Statement", *Eastern Churches Journal* 3, no. 3(1996), pp.171~73.

18) Mar Raphaël I Bidawid / Mar Dinkha IV, *Joint Synodal Decree for Promoting Unity between the Assyrian Church of the East and the Chaldean Catholic Church*, August 15, 1997.

19) Congregation for the Doctrine of the Faith, Congregation for the Eastern Churches, and Pontifical Council for Promoting Christian Unity, "Guide for the Admission to the Eucharist", *Information Service*, no. 108(2001/IV), 148 and following.

20) 1946년 만두라(Mandura, Taranto)에서 출생하여 1970년 7월 3일 이탈리아 레체(Lecce) 나르도(Nardò) 교구에서 사제 서품을 받았다. 2001년 3월 19일 요

는 심각한 내부적 및 외부적 위기에 처해 있었다. 유엔이 부과한 이른바 스마트 제재로 경제 불황의 늪에서 벗어날 수 없었다. 반면 정치적 탄압과 경찰국가의 통제는 점점 더 엄격해졌다. 유엔은 모든 문제에 대한 "포괄적 해결"(comprehensive settlement)의 첫 번째 문구인 "포괄적 대화"(comprehensive dialogue)를 받아들일 수 없었고, 따라서 조성된 분위기는 군사적 충돌로 이어질 운명처럼 보였다. 그리스도교 공동체조차도, 눈에 띄게 이슬람적 태도를 보이는 정부의 새로운 탄압에 처해 아랍민족주의인 바트주의(Ba'athism)의 세속적 기원을 제쳐두어야 했다. 이슬람 포퓰리즘으로의 기조 전환은 그리스도교인 부모가 자녀에게 "아랍인이 아닌"(un-Arab) 이름을 지어주는 것을 금지하고, 그리스도교 종교인의 여행 및 신분증을 취소하고,[21] 학교에서 그리스도교인들에게 코란 공부를 다시 도입하려는 등의 조치를 통해 대중의 지지를 얻으려 하였다. 국가가 심각한 경제난에 처해 있음에도 불구하고 정권은 기념비적인 모스크를 짓는 데 막대한 돈을 썼고, 모술에서는 수니파 와하비(Sunni Wahhabis)가 교회, 성직자, 신자들을 협박하는 사례가 반복적으로 발생하였다.

미국과 동맹국들의 "예방 전쟁"(preventive war)[22]은 2003년 3

한 바오로 2세에 의해 볼트르눔의 명의주교좌(titular see of Volturnum)로 승격하고 2001년 3월 19일 주교 서품을 받았다.

21) 그리스도인에 대한 시민적 인정은 완전히 없어졌고 그들은 "비무슬림"으로 재분류되었다. 정부는 그리스도교적 이름을 가진 자들이 서방으로 이주하기 더 쉬워질 것을 우려하였다. 무슬림에 대한 종교적 명칭과 인정은 그대로 유지되었다.

22) *La Civiltà Catolica*는 2003년 1월 18일 자 사설에서 "No a una guerra 'preventiva' contro l'Iraq"("이라크와의 '예방적' 전쟁은 안 된다")는 제목의 논

월 19일에 시작되었으며, 짧고 파괴적인 전쟁이었다. 4월 9일 바그다드 함락과 함께 군사 및 정치 구조는 해체되었다. 교회는 자체적인 구조를 통해 환대와 구호를 제공할 준비가 되어 있었고, 성스러운 건물은 그리스도인과 무슬림 모두에게 개방되었으며, 물과 음식을 나누었다. 교회 기관과 현지 및 해외 성직자들은 용기와 헌신으로 모범을 보였다. 4월 29일, 이라크 주교들은 만장일치로 이라크의 미래 정치 체제가 민주주의 원칙을 존중하고 그리스도인들의 종교적·문화적·사회적·정치적 권리를 인정할 것을 촉구하면서, 특별한 특권을 요구하는 것이 아니라 차별을 방지할 것을 요구하였다. 중병을 앓고 있던 비다위드(Bidawid) 총대주교는 2003년 7월 레바논에서 선종하였다. 같은 해 12월 3일, 에마뉘엘 3세 델리(Emmanuel III Delly)가 그 뒤를 이었고, 요한 바오로 2세는 즉시 서임(ecclesiastical communion)을 허락하였다.[23)]

평을 통해 미국 행정부의 논리가 얼마나 위험하고 도덕적으로 용납할 수 없는지를 상세히 설명하였다. 1991년, 요한 바오로 2세는 이미 이라크와의 첫 전쟁을 앞두고 부시 대통령에게 "전쟁은 돌아올 수 없는 모험"(War is an adventure with no return)이라고 경고한 바 있다.

23) 1927년 9월 27일 이라크 텔카이프(Telkaif)에서 출생한 델리(Delly)는 1952년 12월 21일 사제 서품을 받았다. 제2차 바티칸 공의회 동안에 그는 아시아의 팔레오폴로리의 명의 주교(titular bishop of Paleopololi)로 선출되어 그 교구의 보좌주교로 임명되었으며 1963년 4월 19일 착좌식(episcipal consecration)을 가졌다. 1967년 5월 6일 카스카르의 명의 주교좌(titular see of Kaskar)로 승격되어 처음에는 케이코(Cheikho) 총대주교, 다음에는 비다위드(Bidawid) 총대주교의 전례법 대주교(curial archbishop)로 일했다. 그는 2012년 12월 19일 총대주교직(patriarchal office)을 그만두고 퇴임하여 개인 생활을 하다가 2014년 4월 9일 선종하였다. 사담 후세인 정권이 몰락하자 그는 다음과 같이 선언하였다. "정치적으로 우리는 구정권으로부터 해방되었지만 사실 우리는 지금 점령당하고 있다. 그리고 국민들은 다른 국민과 마찬가지로 이를 좋아하지 않는다." 그는 수많은 그리스도인의 목숨을 앗아간 무수한 테러 공격을 통해 교회와 이라크 국민이 겪은 가장 어려운 순간을 목격하였다.

이는 교회와 이라크 국민의 고통에 대한 큰 연대와 인정의 제스처였다. 베네딕토 16세 교황은 2007년 11월 24일 추기경 회의에서 그를 추기경으로 임명했고, 이라크 태생으로는 처음으로 칼데아 총대주교로서 추기경단(College of Cardinals)에 합류하였다. 그러나 건강상의 이유로 2012년 12월 19일 사임하였으며, 2013년 1월 31일 루이 라파엘 1세 사코(Louis Raphaël I Sako)가 그 뒤를 이어 2013년 2월 1일 서임을 받았다.[24]

2. 이라크는 어떤 나라인가

아랍민족주의인 바트주의(Ba'athist) 정권과 그 지도자의 종말은 이라크에 평화를 가져다주지 못했다. 이어진 군사 점령은 증오와 보복의 소용돌이를 일으켰고, 테러리스트 세력의 지원으로 장기간의 도시전과 무장 저항으로 이어졌다. 제2차 걸프전 이후 몇 년 동안 이라크는 살기 힘든 나라가 되었다. 납치와 살인은 외국인과 이라크인, 군 관리와 언론인, 인도주의 및 경제 종사자, 정치인과 종교 지도자, 여성과 어린이 모두에게 흔한 일상이 되어버렸다. 전 세계는 미디어를 통해 무고한 사람들을 참수하는 끔찍한 모습이나 기타 냉혈한 처형 방법, 정치 및 외교 기관과 경찰에 대한 파괴적인 공격의 공포를 경험했다. 교회와 이슬람 사원도 예외는 아니었다. 이라크는 무법천지의 나라, 정치 테러리

24) 1948년 이라크 쿠르디스탄의 자코(Zakho)에서 출생한 사코(Sako)는 1971년 사제 서품을 받았고, 총대교구좌에 선출되기 전에 2003년 9월 28일 칼데아의 키르쿠크(Kirkuk) 대주교로 임명되었다.

스트와 범죄자, 사이비 종교 무장 단체들의 손아귀에서 헤어나지 못하는 곳이었다.

수니파 아랍인(많은 이들이 점령군을 통해 시아파와 쿠르드족에게 권력이 넘어간 것에 대해 분개하고 있음)과 종파적 시아파, 전직 아랍민족주의의 바트파, 알카에다 조직원, 단순한 일반 범죄자들(모두 무기, 폭발물, 돈을 잘 공급받고 새 정부의 여러 계층과 결탁해 있음)이 점령군과 새로 훈련된 경찰을 심하게 시험하고 있었다. 믿을 만한 정보에 따르면 2004년부터 2009년까지 테러 공격과 폭력 범죄의 희생자는 총 109,032명으로, 이 중 66,081명은 민간인, 23,984명은 테러리스트, 15,196명은 이라크 군인, 3,771명은 동맹군(allies)이었다.[25] 파괴는 끝이 없었다. 바그다드는 높은 장벽과 도로 차단, 레드존과 그린존으로 나뉘어 끝없는 금지와 통제를 받고 있다. 전기는 거의 없고, 수로와 하수도는 물론 전화선도 끊겼으며, 석유 공급도 부족했고, 통행이 불가능하고 위험한 도로로 인해 수도와 국가는 도시적·제도적 붕괴를 겪었다. 그러나 그 암흑의 시기에도 "사담의 성채"(the citadel of Saddam)로 불리던 이라크의 중심부에서 2004년 7월 임시 헌법이 제정되어 2005년 1월 30일 자유선거가 실시되었고, 2005년 10월 15일 국민 투표로 승인된 새 헌법이 마련되었다. 2005년 4월 6일 쿠르드족 지도자 잘랄 탈라바니(Jalal Talabani)가 공화국 대통령이 되었고, 의회와 새 정부가 선출되었다. 평화에 대한 이야기가 나왔고 이것이 진정한 희망으로 보였다. 하지만 아쉽게도 실현이 되지는 못했다. 사실, 제도들

25) Cf. M. Galletti, *Iraq, il cuore del mondo,* Rome, Edizioni Labrys, 2011, p.94.

은 아직 존중과 평화로운 시민 공존을 갈망하는 국민의 기대에 부응하지 못하고 있다. 이는 단순히 계속되는 테러 공격의 문제뿐만 아니라 정당 간의 극심한 정치적 분열의 문제이기도 하다. 지금까지 이라크 민주주의는 들쭉날쭉한 이라크 사회의 모든 흐름과 한계를 보여 줬다. 안정적인 제도 없이 법치에 기반을 둔 공존을 이루거나 고착화된 당파주의를 극복할 수 있는 희망은 거의 없다.

이라크는 중동에서 중요한 역할을 담당하고 있다. 종교적으로는 시아파의 요람으로서, 정치적으로는 아시아에 속한 이란과 이스라엘을 포함하는 중동의 시작점으로서, 경제적으로는 막대한 석유 매장량을 가지고 있다. 역사적으로 왕국 시절과 제1공화국 시절에 그랬던 것처럼 이라크는 수니파 아랍 세계로 기울면서, 석유가 풍부하고 페르시아만 아랍 국가들의 중요한 전략적 이웃인 강력한 시아파 이웃 이란과 강한 긴장 관계를 형성했다. 현재 시아파 쪽으로 기울어진 이라크는 강력한 수니파 커뮤니티의 압력을 받고 있다. 역할이 뒤바뀐 메소포타미아 땅은 메디아가 칼데아를, 마케도니아가 아시리아를, 로마인이 파르티아를, 아랍인이 사산조를, 몽골이 아랍인을, 오스만이 페르시아 사파비족(Safavids)을 점령했던 전체 역사에서 그랬던 것처럼 새로운 점령자가 될 수 있는 이웃의 시선 속에 남아 있기 때문에 또 다른 시련과 투쟁이 기다리고 있지 않을까 의문이 생긴다.

시아파의 가장 성스러운 장소를 장악하는 것은 “큰 종교적 요인”(big religious factor)이며, 이라크의 사회 정치적 긴장의 핵심이 될 이슬람 이분법을 압축한 것이다. 사실 쿠파(Kufa), 카르발라(Karbala), 나자프(Najaf)는 시아파에게 "성스러운"(sacred) 도시이자 이슬람 신앙 고백의 발원지이다. 특히 종교 행사인 아슈라(Ashura) 기간에는 수니파 갱단이 순례자들을 상대로 저지른 테러 공격이 반복적으로 발생하고 있다. 이 지역은 이슬람 공동체를 구성하는 두 주요 파벌 간에 항상 분쟁의 근원으로 남아 있을 것이다.

이와 같은 분쟁의 역사는 무함마드가 죽은 지(632) 수십 년 후, 메소포타미아의 아랍 정복자들이 사산조(Sassanids)를 물리치고 팔레스타인과 시리아에서 승리의 군대에 합류하여 다마스쿠스(Damascus)가 칼리파국(caliphate)이 된, 이슬람의 시작점으로 거슬러 올라간다. 칼리프로 선출된 최초의 세 사람(Abu Bakr, Omar, Othman)은 무함마드의 후손에게 충성하는 측에게서 "찬탈자"(usurpers)로 간주되었다. 무함마드의 사촌이자 사위인 알리 아비 탈립(Ali ibn Abi Talib, 656~61)은 직계 남성 상속자가 없는 상황에서 이슬람의 정치적·종교적 지도권을 스스로 주장하며 무함마드의 계보를 이어갈 것이라고 주장했다. 알리의 "당"(party)인 시아파[sci'at: '시아'(Shia)라는 단어에서 유래]는 무함마드의 후손에게 계승권이 있다고 믿었고, 이로 인해 움마(umma), 즉 이슬람 공동체에 분열이 생겼다. 반대 세력 간의 투쟁에서 알리는 시핀(Siffin, 유프라테강 상류)에서 패배했고, 메소포타미아 하류로 피신하여 661년 쿠파(Kufa) 회교 사원(mosque)에서 살해당했다. 그의 폭력적인 죽음은 그를 "알라의 성자 알리"(Ali the saint of Allah)로 선포한 시아파 분파의 가입을 촉진했다. 그의 주장을 아내 파티마 사이에서 태어난 아들 후세인(Husain)이 이어받아 반란을 지휘하다가 다마스쿠스에서 우마야디(Umayyadi)의 우세한 군대에 패배한 후 카르발라(Karbala)에서 두 아들(Ali Akbar와 Ali Aqar), 이복형, 조카, 추종자 72명과 함께 죽음을 맞이하였다. 이 사건은 680년 10월 10일에 일어났으며, 지금도 시아파의 참회 기념일(Ashura)로 기억되고 있다. 알리는 나자프에, 후세인은 카르발라에 묻혔고 두 사람의 무덤은 중요한 순례지가 되었다. 이들의 죽음으로 우마야디 칼리프(caliphate)의 권력은 더욱 공고해졌고 시아파는 페르시아로 뻗어나갔다. 시아파는 다마스쿠스의 우마야디에 대한 반작용으로 환영을 받았다.

시아파와 수니파 공동체를 분열시키는 강력한 종교적 적대감은 이라크의 정치적 종파 분쟁(politico-sectarian disputes)에도 스며들어 있으며, 분쟁의 두 측면 사이에 실질적인 경계선은 존재하지 않는다. 카르발라와 나자프는 이라크와 그 밖의 지역에서 항상 시아파 권력의 중심지였으며, 종종 바그다드의 수니파 정치세력과 대립각을 세우는 지역이기도 하다. 이러한 역사적 긴장은 현재 시아파와 이른바 ISIS 칼리프 국가 간의 갈등에서도 나타나고 있다. 증오에서 관용으로 넘어가려는 의지가 있을 때까지, 그리고 이 두 공동체가 상대방의, 그리고 이라크의 모든 종교 공동체의 권리를 기꺼이 존중할 때까지 평화는 불가능하다.

3. 오늘날 이라크의 그리스도인

동방교회는 이라크에 존재했던 최초의 그리스도교를 계승한 교회이다. 이미 언급했듯이 이 교회는 사도 시대로 거슬러 올라가는 교회로, 5세기에서 6세기 사이에 다른 그리스도교회와 친교(communion)를 잃었다. 고립과 과잉으로 인해 오늘날 바그다드에 총대주교좌(patriarchal see)를 두고 있는 칼데아 교회가 탄생했고,[26] 동방 아시리아 교회는 시카고에 본부를 두고 있다. 최근 몇 년 동안 딩카 4세(Dinkha IV) 총대주교에 의해 아시리아 교회는 총대주교직의 세습을 폐지하고 성직자 직책에서 네스토리우스파를 명시적으로 언급하는 것을 없앴다. 1994년 가톨릭교회와 동방 아시리아 교회 간의 "공동 그리스도교 선언"(Common Christological Declaration)을 통해 칼데아 교회와의 교리 대화가 재개되었고, 가톨릭 측에서는 동방의 아시리아 교회의 성찬 전례에 사용되는 감사 기도인 아나포라(anaphora)의 유효성을 인정하였다. 고대 동방교회(1964년 동방의 아시리아 교회의 분열로 만들어진 바그다드의 총대교구좌)는 더욱 분명하게 네스토리우스파 교회로 남아 있으며, 율리우스력의 전례 사용을 유지하고 있다. 수치상으로 볼 때 칼데아 교회는 이라크, 유럽, 미국, 캐나다, 그리고 호주 전역에 흩어져 있는 100만 명 이상의 신자를 보유한 가장 큰 교회이며 번성하고 있는 아시리아 디아스포라 커뮤니티가 모든 국가에 흩어져 있다. 이와 같은 주요 그리스도교 종파 외에도 시리아

---

26) 교황 율리우스 3세(Julius III)가 1553년 4월 28일 교령 *Divina disponente clementia*에 의해 총대교구좌를 설립하였으며, 후에 "칼데아인들의"라는 표현이 첨가되었다.

가톨릭과 정교회, 아르메니아 가톨릭과 정교회, 그리스 가톨릭, 라틴계 등 기타 여러 그리스도교 공동체가 이라크에 여전히 거주하고 있다.

메소포타미아에서 그리스도인은 수적으로는 소수이지만 다른 의미에서 중요한 존재이다. 여러 세대에 걸친 박해와 지난 세기의 시민 정책으로 인해 그 수가 줄어들기는 했으나 그리스도교는 이 나라의 문화와 전통에서 중요한 부분을 차지해 왔다. 하지만 다음과 같은 질문이 제기된다: 이 다양하고 풍요로운 그리스도교의 존재가 가까운 미래에 다른 소수 종교에도 똑같이 적용될 수 있을까? 아니면 한때 이 땅에서 번성했던 유대인 공동체처럼 사라져 버릴까? 이 질문은 인간의 문제에 자비로운 관심을 가지고 있거나, 아니면 2천 년의 역사 동안 아브라함과 수많은 예언자의 땅에서, 성령의 예언자 에제키엘, 지혜로운 사람 다니엘, 하느님과 대화한 사람 나훔, 니네베의 설교자 요나 등 회교도들도 이들의 무덤을 숭배하는 수많은 선지자의 땅에서, 그리스도교인들이 수행해 온 문화와 역할을 높이 평가하는 모든 사람을 사로잡는 질문이다.

이들 공동체의 생존은 바그다드 중앙 정부와 쿠르드 자치구가 이들을 사회의 필수적인 부분으로 인정하는 데에 달려 있다.[27] 그러나 더 큰 문제는 이라크의 미래에 대한 확신이 없다는

27) 2003년부터 오늘날까지 이라크 점령 기간에 80개가 넘는 교회와 성스러운 건물들이 테러리스트들의 공격을 받았다(S. Rassam, *Christianity in Iraq*, Australia, Freedom Publishing, 2010, pp.242~47).

것이다. 국민 사이에는 피로와 두려움이 팽배해 있고, 국가 시설과 정치권에 대한 경험이나 기대는 의심과 실망을 넘어서는 수준이다. 상황이 절망적이지는 않지만, 국내외의 지원 없이는 상황이 변하지 않을 가능성이 높다. 시아파, 수니파, 쿠르드족으로 분열된 이라크는 경제적으로 부유층과 빈곤층으로 나뉘어 있고, 수많은 종파가 엄격하게 분열되어 있다. 이 나라는 통합과 확실성을 외치는 나라이다. 그리스도인들은 하나의 공동체로서 완전한 시민권에서 오는 통합과 확실성을 원하며, 법적으로 소수자로 전락하지 않기를 원한다. 그러나 바그다드의 라틴계 대주교인 장 벤자민 슬레이만(Jean Benjamin Sleiman), OCD(Order of Discalced Carmelites)는 "신앙에 다시 활력을 되찾고" 더 이상 "과거의 역사에 집착하는 소수자처럼 행동할 필요가 없다"라고 썼다. 그들은 공동의 선과 올바른 조직을 위해 시민권과 인권 헌장을 바탕으로 조국을 재건해야 한다. 이라크의 그리스도교인들은 무력감에 갇힌 소수가 아니라 위대한 국가의 시민들이다.[28)] 하지만 이것으로 충분할까?

이 땅을 구성하고 있는 집합체인 모자이크(mosaic)는 여러 가지 신념과 사회적 조건을 가진 수천 명의 이탈로 인해 심각한 위협을 받고 있다. 오직 평화, 진정한 평화만이 이를 종식시킬 수 있다. 하나 된 이라크는 모든 국민과 중동, 그리고 전 세계에 큰 선물이다. 이런 의미에서 그리스도인들이 이라크에 남아 이라크의 발전에 기여하는 것은 매우 중요하다. 그들은 이 모자이크의

---

28) N.B. Sleiman, *Nella trappola irachena*, Milan: L Paoline, 2007, p.122.

일부이기 때문이다. 많은 사람이 관찰했듯이, 그들은 조절(moderation)의 필수 요소이며 위대한 이라크 사회의 가장 좋은 부분을 자극하고 호소하기 때문에 이슬람 세계에도 도움이 될 것이 분명하다. 이런 이유로 그들이 고국에 머물 수 있도록 돕고 그곳에 그들을 위한 자리가 있다는 것을 믿도록 돕는 것이 필수적이다. "이라크 그리스도인들은 항상 공동체의 살아있는 양심의 일부였다. 이를 통해 우리 주 예수 그리스도의 메시지를 전하는 특별한 메신저이자 시민으로서 이라크 국민의 인간성, 즉 선과 사랑, 평화의 가치로 특징지어지는 사람으로서의 이라크를 드러내는 데 참여하였다"라고 무함마드 푸아드 마숨(Muhammad Fuad Masum) 대통령은 프란치스코 교황에게 편지를 보냈다.[29)]

오랜 역사와 가능성, 책임으로 가득 찬 현대 이라크는 (특히 불화, 질투, 시기, 억압의 원인이 되는 막대한 석유 자원 때문에) 그 어느 때보다 더 많이 보호하고, 돕고, 지원해야 한다. 그러나 첫 번째 책임은 시아파, 수니파, 쿠르드족 등 이라크의 3대 공동체가 무슬림, 그리스도인, 야지디족(the Yazidi), 만데오족(the Mandeo), 기타 모든 소수민족이 고국으로 돌아가 평화에 기여하고 살 수 있기를 원하고 이를 허용하는 것이다. 바로 이 점을 잊지 말자.

이 지구의 역사는 사람과 사건의 네트워크로 이루어져 있으

---

29) 필로니(Filoni) 추기경이 전달한 무함마드 대통령에게 보낸 교황의 메시지에 대한 답신인, 2014년 10월 무함마드 마숨(Muhammad Fuad Masum) 대통령의 서신.

며, 오늘의 역사는 어제의 역사와 분리될 수 없다. 메소포타미아의 침략, 피에 젖게 만든 끔찍한 전쟁, 강간한 독재자, 삼켜 버린 욕망 등 어떤 측면은 반복되는 것처럼 보인다. 최고와 최저, 파괴와 약탈, 납치와 몸값, 사랑과 죽음, 이 모든 것들이 이곳에 영원히 존재해 왔다! 성서에도, 폐허에도, 모래폭풍의 비명에도, 책과 오늘날의 뉴스에도 기록되어 있다.[30)]

이 나라와 국민에게 더 밝은 미래가 기다리고 있을까? 아직은 알 수 없다.

---

30) F. Filoni, *La Chiesa nella terra di Abramo*, Milan, Italy, BUR Biblioteca Universale Rizzoli, 2008, pp.12~13.

/옮/긴/이/의/ /글/

2019년부터 동방가톨릭교회법 강의를 시작했다. 수업을 하느라 그 교회의 법률과 전승들을 접하면서 그 교회들이 굉장히 오랜 세월 동안 번창했었다는 점을 알게 되었다. 특히 현재의 중동 지역, 좀 더 자세히 말해 이라크 지역에서 번창했었다는 점이 눈에 띄었던 것이다. 그럼에도 불구하고 정치·종교·사회적 변화에 따라서 극심한 고통을 겪었다는 점도 알게 되었다.

고통이란 측면에서 한반도에 살고 있는 사람들의 고통과 이라크교회 지역 신자들의 고통이 동시에 다가왔다. 고통받는 교회에 속한 신자들을 더 깊이 이해하기 위해 이 책의 저자이신 필로니 추기경님께 번역 허가를 받아 출판하기에 이르렀으나, 많은 수업과 학사 업무로 번역 작업이 늦어져서 이제야 우리말로 출판하게 되었다.

이 책이 동방가톨릭교회에 대한 이해를 도와주고 그 고통받는 교회의 신자들을 기억하고 여러 방법으로 그들을 돕는 데에 작은 역할이 있기를 바란다.

이 책이 출판되는 데 협력해 주신 가톨릭대학교출판부에 감사드리는 바이다.

2025년 2월 22일

옮긴이 한영만 신부